教育部人文社会科学重点研究基地
清华大学技术创新研究中心

CSSCI集刊

创新与创业管理

（第32辑）

Management of Innovation and Entrepreneurship

陈　劲　主编

科 学 出 版 社
北　京

内 容 简 介

“创新与创业管理”是由教育部人文社会科学重点研究基地——清华大学技术创新研究中心组编的学术研究丛书。本丛书主要刊载创新与创业管理领域内高质量的学术论文，包括理论探讨、实证分析、案例解读、调查报告、文献综述及评论。

本专辑共收录了10篇文章，研究主题涉及：数字创新生态系统的内涵、形成、演化与治理；基于系统思维的国际创新管理体系标准ISO 56001多场景应用策略研究；世界一流企业开放式创新平台的构建逻辑与实践进路；员工创新力的概念内涵、多维度结构与测量；RCEP框架下跨境电商发展水平对出口贸易的影响机制及实证研究；城市营商环境对社会创业的多元影响；混合所有制改革对科技型企业绿色创新影响的实证分析；隐形冠军从无到有铆劲前行；差异化变革型领导对资源拼凑的影响；技术间知识流动。

图书在版编目（CIP）数据

创新与创业管理．第32辑 / 陈劲主编．-- 北京 ：科学出版社，2025．6．
ISBN 978-7-03-082070-9

Ⅰ．F272-53

中国国家版本馆CIP数据核字第20255AT361号

责任编辑：王丹妮/责任校对：姜丽策
责任印制：张 伟/封面设计：无极书装

科学出版社 出版
北京东黄城根北街16号
邮政编码：100717
http://www.sciencep.com

北京九州迅驰传媒文化有限公司印刷

科学出版社发行 各地新华书店经销

*

2025年6月第 一 版 开本：787×1092 1/16
2025年6月第一次印刷 印张：12
字数：285 000

定价：120.00元

（如有印装质量问题，我社负责调换）

编 委 会

目录 CONTENTS

数字创新生态系统：内涵、形成、演化与治理*

周杰，周静

（西南政法大学 商学院，重庆 401120）

摘要：本文界定了数字创新生态系统的内涵、特征和构成，整合归纳了不同视角下的数字创新生态形成、演化和治理相关内容。研究发现：数字创新生态系统的内涵主要基于资源、竞合、网络视角进行界定；数字创新生态系统形成的使能者包括主体使能者、流量使能者、技术使能者，主要从商业模式、价值共创、数字技术、复杂网络等视角分析影响因素；数字创新生态系统演化表现为内生演化、外生演化和协同演化；数字创新生态系统由核心平台企业和政府监管部门等进行治理，治理机制包括关系机制、控制机制、激励机制和法律制度。未来应采取多案例研究、实证研究等方法，推动和深化数字创新生态系统的形成、演化与治理研究。

关键词：数字创新生态系统；创新生态系统；数字创新；治理机制

中图分类号：**F270**　　　　**文献标识码**：**A**

随着数字经济的高速发展，基于数字技术驱动的第四次工业革命对传统产业产生了颠覆性的影响。以微软、苹果、阿里巴巴为例，在数字资源和技术的驱动下不断进行产品创新以构建各自的生态系统来获取更多的价值。基于此，创新管理和信息系统领域的学者开始对数字创新活动展开研究，数字创新（digital innovation）被定义为将数字和物理组件进行新的组合，以产生新颖的产品[1]。随着数字创新活动的不断发展，生态系统替代传统组织成为研究数字创新活动的新形式[2-4]。数字创新生态系统（digital innovation ecosystem）拓展了现有创新生态系统理论，得到了越来越多的学者的重视[5]。已有学者主要围绕数字创新生态系统的概念和结构[5, 6]、运行路径[7-9]、治理机制及目标[10-12]、价值创造[13-15]等展开了探索性研究。这些研究体现了学者关注的重点，但整体来看仍然具有分散化的特点。数字创新生态系统作为数字创新活动的新阵

* 基金项目：重庆市自然科学基金一般项目“竞合关系视角下的战略性新兴产业联盟组合合作创新实现机制研究”（cstc2021jcyj-msxmX0838）；国家自然科学基金重点项目“创业网络对新创企业发展的作用及影响机理”（72032007）；重庆市教育委员会人文社会科学研究项目“数字创新生态系统多主体竞合关系演化及治理机制研究”（22SKGH024）。

作者简介：周杰（1978—），男，山东莱西人，西南政法大学商学院教授，博士，研究方向为战略管理、创新管理；周静（2001—），女，四川达州人，西南政法大学商学院硕士研究生，研究方向为数字创新生态系统、数字化转型。

地，尚未形成系统化的研究分析框架。在数字创新生态系统研究的起步阶段，对已有文献进行综述可以帮助后续的研究者进一步展开研究[16]。基于此，本文对数字创新生态系统这一前沿问题进行梳理、述评及展望，从形成—演化—治理的过程视角构建系统化的研究框架。

为了更好地梳理数字创新生态系统的内涵、形成、演化与治理研究现状，本文选取了2013~2023 年国内外重要期刊上发表的重要文献，在界定了数字创新生态系统的内涵、特征和构成的基础上，整合归纳了不同视角下的数字创新生态系统形成、演化和治理相关内容，进而提出未来研究展望。本文的理论贡献在于：第一，对数字创新生态系统已有相关概念进行了梳理，界定了数字创新生态系统的内涵，为后续数字创新生态系统的研究打下了基础；第二，围绕数字创新生态系统的形成、演化和治理相关研究进行了梳理，有助于厘清数字创新生态系统的发展脉络，可以为后续研究提供借鉴和指导；第三，提出了数字创新生态系统未来研究展望，有助于推动数字创新生态系统理论研究的进一步开展。

本文余下部分内容安排如下：首先，对文献进行系统回顾；其次，在文献回顾的基础上界定了数字创新生态系统的内涵、特征和构成；再次，辨析了数字创新生态系统形成的驱动力和使能者，对数字创新生态系统的演化动力、演化机制进行了剖析，讨论了数字创新生态系统的治理主体、治理机制、治理目标；最后，基于研究结论提出了未来研究展望。

1 文献回顾

1.1 研究方法

本文研究采用系统文献综述法（systematic literature review），此研究方法的优点是可以将定量研究和定性研究结合起来。系统文献综述法主要总结研究结果[17]，提供的研究框架不仅映射先前的研究，而且有助于确定未来研究的领域[18]。本文采用关键词检索的方式在 Web of Science 数据库中获取英文文献，对来源期刊、发表年份和关键词进行限定。通过对核心文献的回顾，确定数字创新生态系统关键词：digit*innovation ecosystem。为了提高检索质量，将检索来源期刊限定为 Web of Science 核心合集，检索时间限定为 2018~2023 年。为了进一步提高检索准确性，限定关键词出现在标题和摘要中。在此基础上，获得 39 篇英文文献。中文文献同样采用此类检索方法，本文选定 CNKI（China National Knowledge Infrastructure，中国知网）数据库为中文文献检索源，检索期刊来源限定为 CSSCI（Chinese Social Sciences Citation Index，中文社会科学引文索引），关键词为数字创新生态系统，在主题和摘要中均进行关键词限定，检索时间段为 2018~2023 年，获得 24 篇中文文献。为了更准确和全面地对相关研究进行梳理，由两名研究人员对 63 篇样本文献进行逐篇筛选，剔除了与研究主题相关性较弱的 15 篇英文文献和 7 篇中文文献，补充了与研究主题相关的 13 篇英文高被引文献。经过多次讨论确认最终筛选出 54 篇相关文献，其中，英文文献 37 篇，中文文献 17 篇。

1.2 文献分析

相关文献的时间分布如图 1 所示，整体呈现增长态势。从发文量可以看出 2021 年为相关研究的转折点，2021 年数字创新生态系统相关研究爆发式增长。从中英文献的时间分布可以看出，国内研究起步晚于国外。目前处于平稳增长期，相关研究还有待丰富。期刊分布情况如表 1 所示，仅展示了相关研究数量在 2 篇及以上的期刊。英文文献的代表性期刊有 *Technological Forecasting and Social Change*、*Industrial and Corporate Change*、*Technovation* 等，国内相关研究代表性期刊主要是《科学学研究》，发表相关研究 6 篇。从样本文献的期刊类别可以看出，数字创新生态系统研究呈现出跨学科的特点，从管理学逐渐向环境学、工程学渗透。

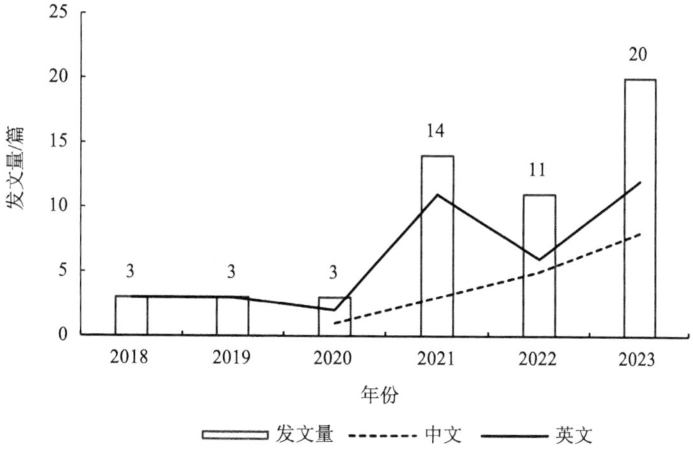

图 1 相关文献的时间分布

表 1 相关文献的期刊分布情况

期刊	数量/篇	类别
《科学学研究》	6	一般管理
Technological Forecasting and Social Change	4	创新管理
Industrial and Corporate Change	3	创新管理
Sustainability	3	环境科学与生态学
《科技进步与对策》	3	一般管理
Technovation	2	工业工程
Complexity	2	多学科、交叉学科

为了进一步整合数字创新生态系统的研究内容，两名研究人员对样本文献进行逐篇筛选，并进一步编码，分类整合为三大主题：#1 形成、#2 演化、#3 治理。经过多次讨论，最终就样本文献的主题分布达成一致意见，相关文献的主题编码情况如表 2 所示，由于个别样本文献内容覆盖多个主题，故为重复计数。

表 2 相关文献的主题编码情况

主题	中文文献	英文文献
#1 形成	张超等[5]；布和础鲁和陈玲[6]；单子丹等[19]；林艳和廖慧[20]；阮添舜等[21]；戎珂等[22]	Nambisan[2]；Beltagui 等[7]；Gupta 等[23]；Wang 和 Coe[24]；Bereznoy 等[25]；Kamalaldin 等[26]；Gawer[27]；Troisi 等[28]
#2 演化	宁连举等[8]；戎珂等[22]；杨伟等[29]；田庆锋等[30]；李晓娣和饶美仙[31]；陈红梅和蔡松林[32]；孙永磊等[12]	Beltagui 等[7]；Chae[9]；Kolloch 和 Dellermann[33]；Beliaeva 等[34]；Wang 和 Coe[24]；Kolagar 等[35]
#3 治理	戎珂等[22]；杨伟等[29]；孙永磊等[12]；梁正和李佳钰[15]；魏江和赵雨菡[11]；杨伟等[36]；林艳和卢俊尧[37]；张瑶和张光宇[38]	Wang[3]；Suseno 等[13]；Chen 等[39]；Jacobides 和 Lianos[40]；Kira 等[41]；Jenny[42]；Schmeiss 等[43]；Abbate 等[44]；Li 等[45]

2 数字创新生态系统的内涵、特征及构成

2.1 数字创新生态系统的内涵

“生态系统”一词最早由英国生态学家 Tansley 提出，重在解释物质在生物体与其环境之间转移的重要性[46]。Moore 首次将生态系统的概念引入管理研究领域，提出创新生态系统[47]。数字创新生态系统是创新生态系统研究的延伸与发展，是创新生态系统在数字创新情境下的一种表现形式[48]，包括数字创新和生态系统两部分[3]。数字创新生态系统作为数字创新活动创造价值的组织载体，许多学者分别从不同视角给出定义。

（1）基于资源视角，数字创新生态系统是数字资源赋能的创新生态系统，该定义强调数字创新生态系统中数字资源的重要性。数字创新是将数字资源和物理组件重新组合以创造新产品或提供新服务[1]。Henfridsson 等将数字资源定义为数字创新活动分析的首要单元[49]。张超等基于数字创新的定义提出数字创新生态系统Ⅰ型与Ⅱ型的概念：①创新导向的数字生态系统；②数字赋能的创新生态系统[5]。布和础鲁和陈玲以数据要素为切入点，认为数据流动是数字创新生态系统的根本属性，数字创新生态系统是利用数字技术对数据要素进行处理，从而在场景应用创新过程中由多主体互动形成的创新生态系统[6]。

（2）基于竞合视角，数字创新生态系统是多主体竞合的生态系统，该定义强调数字创新生态系统中主体之间的互动性。Beltagui 等认为，数字创新生态系统解释了与物理和数字元素相结合的创新相关的企业之间的跨行业合作和竞争动态[7]。杨伟等在此基础上提出数字创新生态系统是参与数字创新的主体通过动态合作竞争构成的生态化组织体系[29]。宁连举等认为生态系统中共生单元的竞争合作是数字创新生态系统形成的基础[8]。谷斌和李润宜提出数字创新生态系统是开展数字创新的相关产业主体通过竞争合作关系构成的生态系统[14]。

（3）基于网络视角，数字创新生态系统是多主体构成的复杂网络，该定义强调数字创新生

态系统中主体之间的结构性。数字创新生态系统建立在数字企业更加网络化的本质之上[50]。Chae 从复杂网络理论视角出发将数字创新生态系统看作异质性元素构成的复杂网络[9]。数字创新生态系统延伸了创新生态系统的一般特征，创新主体之间具有共生耦合、竞争合作等非线性交互关系和复杂网络特征[29]。Valdez-De-Leon 将数字创新生态系统定义为由数字连接和模块化使能的、彼此影响的松散交互组织网络[51]。Xu 等将数字创新生态系统定义为个体、组织和数字技术之间协同和竞争的复杂网络，共同为创新创造价值[52]。Wang 认为数字创新生态系统是由数字技术驱动创新的自治行为体的松散耦合集合[3]。

综合以上三种观点，本文将数字创新生态系统定义为在数字资源和数字技术的驱动下，多元主体进行产品或服务创新，进一步开展竞争与合作活动以实现价值共创的复杂网络状生态系统。数字创新生态系统存在多个参与主体，多个参与主体构成了由数据资源驱动的动态化和开放化的网络关系。数字资源和数字技术赋能是数字创新生态系统形成的前提，数字赋能多元主体不断进行产品或服务创新以创造价值最终实现其生态系统的价值共创。多元主体之间的竞合活动作为数字创新生态系统演化内驱力塑造着系统发展格局并影响着价值的创造和分配。

2.2 数字创新生态系统的特征

数字创新生态系统包括数字生态系统和创新生态系统两个子系统[5]，兼具数字生态系统和创新生态系统的基本特征。创新生态系统具有协调性、互补性、模块性等特征[10, 53]。数字生态系统是一个对等的分布式技术基础设施，通过互联网创建、传播和连接数字服务[54]，具有收敛性、可扩展性、自生长性和模块性等基本特征[5]。在基本特征的基础上，数字创新生态系统演化出由数据要素驱动的独特属性。综合来看，本文认为数字创新生态系统具有创新要素数字化、主体间关系网络化、资源流动复杂化、结构平台化和模块化、价值创造主体多元化等特征。

（1）创新要素数字化。数字创新生态系统是数字赋能的创新生态系统。数字赋能包括数字技术赋能和数据资源赋能，使得创新要素数字化、创新主体虚拟化。魏江和赵雨菡提出数字创新生态系统存在创新要素数字化、参与主体虚拟化、主体间关系生态化等鲜明特征[11]。

（2）主体间关系网络化。数字技术使得企业边界从供应链和价值链体系拓展到价值网络体系，数字创新生态系统建立在数字企业网络化的基础上[50]。数字创新生态系统的参与者之间关系更加动态、开放，创新合作从顺序线性的供应链模式变为多层网状的生态系统模式[55]。

（3）资源流动复杂化。数字创新具有可重编程性、数据同质性、数字技术基础设施的单元性和无形性等特征[56]。数字资源作为生产要素在数字创新生态系统内不受时间和空间的限制自由流动，数字创新生态系统中资源流动性更复杂，资源可以跨行业跨部门跨地区流动。单子丹等提出在数据资源、数字技术与知识的驱动重组作用下，数字创新生态系统呈现出主体多层次竞合、资源跨领域流动等特殊属性[19]。

（4）结构平台化和模块化。生态系统的结构特征通过各行为体之间的依存关系体现，数字创新设计基础采用模块化设计原则，模块化塑造了生态系统中相互关联的组织的特殊角色，并相应地决定了生态系统结构[22]。因此，数字创新生态系统相较于创新生态系统具有“平台化”和“网络化”同时增强的结构特征[11]。

（5）价值创造主体多元化。数字化具有改变商业地理组织的三大特征：可重编程性、数字基础设施的单元性和无形性[56]。依赖于冯·诺依曼计算架构的可重编程性，数据资源在使用过程中能够被不断地重新编程；数字基础设施的单元性和无形性使得数字生产资料可以突破时间与空间的限制而被获取，这在很大程度上改变了企业价值创造流程[57-59]。Suseno 等认为，数字创新生态系统中的价值创造实践是动态的，是基于利益相关者互动的[13]。数字技术和模块化的生产方法促使平台经济产生，它们的商业模式建立在软件代码和数据访问等无形资产之上，颠覆了传统“生产者-消费者”的创新生态模式，用户不再是单纯的消费者，而是价值共创者。

2.3 数字创新生态系统的构成

生态系统是由相互依赖、共同演化并具有能动性的行为体组成的复杂系统[60]。生态系统由一系列生态位组成，这些生态位由行动者填充[7]。一般认为，创新生态系统由顾客、供应商和互补者组成，他们相互合作与竞争以寻求生存和发展[47]。布和础鲁和陈玲认为基于数据融合而形成的具有内生演化动力的数字创新生态系统已经超出了传统创新生态系统理论的解释范畴，其构成主体与创新生态系统构成主体具有相似性和差异性[6]。数字创新生态系统的构成主体在创新生态系统中开展数字创新活动以进行价值创造，数字创新生态系统构成主体与创新生态系统构成主体的差异性在于数字技术是否赋能各主体，数字技术赋能是数字创新生态系统的重要特征。学者从生态视角、技术视角、竞合视角、网络视角对数字创新生态系统构成主体展开研究，旨在明确数字创新生态系统内行动者位置间的关系[2, 50]。

（1）生态视角。杨伟等以生态系统分层模型（ecosystem layer model，ELM）为基础，运用生态学种群理论将数字创新生态系统种群分为五类：数字产品/服务生产者、网络运营者、平台运营者、科研机构、消费者[29]。谷斌和李润宜从数字创新生态系统的内涵出发，结合生态学理论认为数字创新生态系统由网络运营者、企业和用户、政府、科研机构、创新环境构成[14]。宁连举等从共生理论出发，认为核心式数字企业共生单元、卫星式数字企业共生单元和高校科研院所共生单元共同构成数字创新生态系统[8]。

（2）技术视角。Teece 提出生态系统由平台创新者和互补者构成，平台的互补性有助于赋能生态系统[61]。Valdez-De-Leon 认为构建数字生态系统的关键核心要素是平台[51]。Wang 认为数字创新生态系统由参与开发和实施数字技术驱动的创新活动的众多行为体构成，其中包括应用程序开发人员、配件供应商、服务提供商和用户[3]。

（3）竞合视角。单子丹等以竞合关系为划分依据，将数字创新生态系统划分为主导式主体、合作式主体、嵌入式主体[19]。其中，主导式主体在数字创新生态系统中处于核心位置，拥有大量数据资源和强大的数字技术，在演化和治理过程中发挥着主要作用。合作式主体具备丰富的公共部门资源和少量的稀缺资源，但缺少成熟的数字技术，需要在主导式主体的技术支持下才能将数据资源价值最大化。嵌入式主体拥有少量的稀缺性资源，通过需要依附于主导式主体，与合作式主体保持竞争又合作的状态。

（4）网络视角。生态系统是供应商、分销商、外包公司、相关产品和服务的制造商、技术提供者、一系列其他组织的松散网络[62]。Chae 认为，数字创新生态系统是一个由组织、概念、技术、应用、基础设施、法规、专业会议和协会、工具和知识等多种异质元素共同构成的复杂网络[9]。

综合以上研究，数字创新生态系统中的众多行为体构成复杂网络，其中包括提供数字创新产品/服务的核心企业、用户、为核心企业提供服务的供应商、政府机构、科研机构，这些主体在数字创新生态系统中承担着不同的角色，彼此之间存在着既竞争又合作的竞合关系。

3 数字创新生态系统文献述评

3.1 数字创新生态系统的形成

3.1.1 数字创新生态系统形成的驱动力

数字创新生态系统作为数字经济的产物，平台企业及其生态系统是数字时代的标志性组织形式[27]。越来越多的学者基于过程视角对数字创新生态系统的形成展开研究，围绕商业模式、价值共创、数字技术、复杂网络等角度对数字创新生态系统的形成驱动因素进行探索。

从商业模式的角度看，生态系统的形成是商业模式设计的结果[10]，在商业模式设计过程中需要对生态系统的结构进行设计，以明确系统内规则、角色、行为体之间的关系。Kolagar 等从企业层面对数字服务化生态系统的驱动因素展开研究，认为公司层面的商业模式是影响企业生态系统转型过程的决定性因素之一，其中，商业模式要素评价和商业模式创新被视为塑造生态系统关系的重要因素[35]。

从价值共创的角度看，数字创新生态系统中多个主体价值共创所带来的收益是重要的驱动力，激励着各行为主体参与生态系统。在传统商业环境中，组织被视为价值的唯一创造者。在现代商业环境中，价值共创是通过组织、合作伙伴和客户的共同努力实现的[63]。任何组织都不可能创造出超越生态系统的价值，多个不同组织之间的资源整合可以创造出更多的价值[64]。在数字商业生态系统（digital business ecosystem）中，不同主体之间的协同作用可以产生价值，价值共创被视为数字商业生态系统形成和运行的重要驱动因素[54]。因此，价值共创就成为众多组织加入数字创新生态系统的重要驱动力。

从数字技术的角度看，数字创新生态系统是数字资源赋能的创新生态系统。生态系统是由生态系统行为体之间复杂的技术相互依赖而产生的[53]，生态系统的演化伴随着技术的优化[7]。模块化的技术架构塑造了生态系统中相互关联的组织的特殊角色，并相应地决定了生态系统结构[10]。有学者认为，平台架构构成了数字创新生态系统形成的基础[8, 19]，数字技术的发展驱动了数字创新生态系统的形成。张超等认为数字技术的发展加速了创新生态系统内主体、结构、制度、功能的数字化转型，形成了数字创新生态系统[5]。Wang 认为，数字技术的连通性和嵌入性赋能开发与实施创新活动的自治行为体，其关系模仿自然生态系统中相互依赖的物种，形成了数字创新生态系统[3]。

从复杂网络的角度看，数字创新生态系统指随着时间的推移而共同演化的异质要素网络[9]。网络不是设计出来的，而是产生于异质元素或主体之间的互动[65]。数字创新生态系统中的每个参与主体都是一个基本的节点，随着时间的推移，节点之间的关系、结构持续更新、演化，不断进行互动，最终形成了新的创新网络。网络中不同主体之间的互动可以加强彼此之间的联系，从而能够帮助节点企业获取具有互补性、稀缺性的创新资源，最终实现价值共创。

3.1.2　数字创新生态系统形成的使能者

生态系统具有四大基本要素，即活动、行动者、位置和联系[53]。赵超从数字化创新要素、创新系统主体、创新系统组织方式、创新系统交互方式、创新空间等方面剖析了数字创新生态系统的生成理路[66]。李晓娣和饶美仙从数字创新平台、数字创新主体和数字生态环境条件三个方面对驱动区域数字创新生态系统发展的组态路径展开研究[31]。基于现有文献，结合生态系统的基本要素，本文将数字创新生态系统形成的使能者划分为三类：主体使能者、流量使能者和技术使能者。

（1）主体使能者。参与数字创新活动的各主体使能数字创新生态系统的形成。数字创新生态系统由众多行为主体构成，其中包括提供数字创新产品/服务的核心企业、用户、为核心企业提供服务的供应商、政府机构、科研机构。核心企业作为数字创新活动的直接实施者是数字创新生态系统形成的首要使能者。

（2）流量使能者。各主体资源流动使能数字创新生态系统的形成。在自然生态系统中，各行为体之间物质、能量和信息的流动被看作是生态系统运行发展的根本动力。数字创新生态系统同样具有自然生态系统的特征，系统内部的各主体与外部环境进行物质、能量和信息的流动。杨伟等对以往文献进行总结，得出数字创新生态系统具有三类流量：经济流、技术流和关系流[29]。经济流在数字创新生态系统中表现为各主体协同创新实现价值共创。布和础鲁和陈玲认为数据流动是数字创新生态系统的根本属性[6]。此外，政府在数字创新生态系统的形成、演化和治理的每个阶段都扮演了关键的角色，政治关联被认为是重要的关系流。Li 和 Garnsey 运用生态系统分析法揭示了创新主体的行为需要与国家政策目标保持一致[67]。

（3）技术使能者。数字技术使能数字创新生态系统的形成。Agrawal 和 Narain 提出供应链数字化转型的十大使能者：大数据分析、物联网、人工智能、云计算、社交媒体、区块链、AR（augmented reality，增强现实）和可穿戴电子设备、3D 打印、高级机器人以及无人机，并运用解释结构模型（interpretive structure model，ISM）分析了技术使能因素在供应链数字化转型中的适用性，结果表明大数据分析、物联网、区块链和人工智能是供应链数字化转型过程中最强大的使能者[68]。赵超认为，数字技术使能创新系统主体、创新组织方式、创新空间、创新交互方式，形成了适应数字世界的系统平台化、分层模块化、协同组合式、并行分布式的运行逻辑[66]。

3.2 数字创新生态系统的演化

3.2.1 演化动力

（1）内生演化动力。学者分别从核心企业主导、主体间竞争驱动两个方面对数字创新生态系统内生演化展开研究。单子丹等从数据资源的视角，将数字创新生态系统竞合主体划分为主导式主体、合作式主体及嵌入式主体三种类型[19]。主导式主体通常由行业领导者和核心企业担任，拥有海量数据资源和强大算力、算法等关键数字技术，扮演生态系统驱动者角色，为其他主体搭建资源平台及关系平台。核心企业或者行业领导往往在系统中扮演数字创新生态系统驱动者的角色[48]。在实践中，一方面，生态系统内强势企业会推动生态系统发展，强势企业为了巩固在生态系统中的主导地位会对互补者制定工艺规则以连接互补者并使互补者遵守系统内规则[10]；另一方面，生态系统中的领导企业推出的“先锋”产品或服务也是推动生态系统发展的重要推动力[51]。此外，也有学者认为，数字创新生态系统中参与者之间的互动是推动演化的重要动力，特别是彼此之间的竞争被认为是重要的驱动力。Beltagui 等认为创新生态系统内各行为体对生态位的竞争是系统演化的内驱力[7]；谷斌和李润宜认为数字创新生态系统主体间相互作用推动系统整体运行阶段的变化[14]。

（2）外生演化动力。学者分别从政府推动、技术变革等方面对数字创新生态系统外部演化动力展开研究。研究发现，政府在创新生态系统演化中具有重要的引领作用[69]，以深圳市新能源公共交通创新生态系统为例，创新生态系统演化阶段可以划分为技术保护期、市场选择期、竞争扩散期，政府的支持在生态系统演化过程中发挥了重要的支撑作用[70]。Valdez-De-Leon 从技术角度提出模块化是发展数字生态系统的关键驱动因素，有助于不同组织构建互补的产品或服务[51]。Beltagui 等认为生态系统外部的行为者引入的破坏性创新会推动系统演化，如新进入者更换新的生产技术会扰乱系统内部现有生态秩序[7]。杨柏等从数字技术和数据资源两个层面对数字化转型下创新生态系统演进的驱动机制进行了研究，发现两者对于创新生态系统演进有重要影响[71]。

（3）内外整合的协同演化。利益相关者在生态系统内部扮演着不同的角色，且其权力、行为或影响程度会随时间的推移而发生变化[72]。不同利益相关者的重要性和影响力往往取决于在给定时间所处的生命周期阶段。生态系统的动态性导致核心主体（central actor）面临极大的治理挑战[73]，核心主体不仅需要对多个利益相关者的角色变化做出反应，更要对他们的行为做出预期。因此，生态系统既是主动演化的，又是协同进化的，生态系统在核心企业与利益相关者之间，以及在利益相关者之间的行动、关系和互动中不断协同演化。因此，数字创新生态系统在内生演化动力和外生演化动力的双元驱动下实现核心主体主导的主动演化与多方利益相关者的协同演化。

3.2.2 演化机制

自从 1993 年 Moore 将生态系统的概念引入创新研究领域，国内外学者对创新生态系统的演化展开了广泛研究。Moore 从竞争与合作的视角出发将商业生态系统的演化划分为出现、扩张、领导和自我更新四个阶段，为后续创新生态系统的演化分析提供了初始的研究框架[47]。通过对以往研究的回顾与总结，本文基于复杂网络理论、破坏性创新理论、竞合理论、扎根理论、演化博弈理论、生态系统理论对数字创新生态系统演化机制进行阐述。

（1）复杂网络理论。从进化生物学看，生态系统的变化是一个包含“变异和选择性保留”的进化过程。Chae 以社交媒体平台 Twitter 为研究案例，基于复杂网络理论视角探究了数字创新生态系统的产生和演变机制[9]。研究显示，数字创新生态系统的演变呈现出变异和选择性保留两种状态，且两种机制是非线性和不可预测的。在复杂网络中，变异在社区中通过出生、合并和分裂发生，选择性保留机制包括增长、收缩和消失。随着时间的推移，已有的元素通过合并和分裂进行自身的重新排列而产生新的元素，这导致了新的社区的出现与现有社区的增长、收缩和消失。随着社区的增长、收缩和消失，生态系统通过选择性保留机制进行演化。

（2）破坏性创新理论。Beltagui 等基于破坏性创新理论、生态系统理论、扩展适应理论和模块化理论，以 3D 打印生态系统作为案例，将数字创新生态系统的演化细分为四个阶段：利用已有模块实现扩展性适应驱动的创新（exaptation-driven innovation）；模块架构的转移推动新的生态系统产生；生态系统内部的竞争加剧；生态系统外部竞争实现颠覆性创新[7]。

（3）竞合理论。单子丹等对智能驾驶数字创新生态系统的演化态势进行仿真模拟实验，构建了竞合关系下数字创新生态系统多主体数据资源收益演化模型，揭示了数据资源通过塑造多主体竞合关系进一步影响价值创造的作用路径[19]。彭正银和姚双双构建了平台企业和互补者竞合关系演化模型，揭示了平台企业发展阶段、主体间创新影响系数、创新信息不对称等因素会影响竞合关系发展方向[74]。

（4）扎根理论。孙永磊等借助扎根理论从关系、知识、行为三个方面剖析了数字创新生态系统演化趋势[12]。在关系互动层面，数字创新生态系统向合作关系长期化、系统成员分群化演化；在知识能力层面，数字技术促使知识共享产生协同效应，驱动着数字创新生态系统向创新分工专业化、创新协同化演化；在行为规范层面，数字创新生态系统向创新行为效率化、集体认知规范化演化。

（5）演化博弈理论。Chen 等基于演化博弈理论对数字创新生态系统内企业价值共创的博弈过程进行建模，以科大讯飞语音生态系统（iFLYTEK）为例探索了数字创新生态系统演化三阶段：在形成初期，科大讯飞选择与外部合作伙伴（包括大客户和国际领先的智能语音公司）合作，共同创造价值以占领市场；在成长阶段，科大讯飞开发新产品，与教育行业深度合作；在成熟阶段，科大讯飞调整发展战略，实现了从单一语音提供商向生态语音平台的转变[39]。

（6）生态系统理论。尽管每个数字创新生态系统具有不同的演化机制，但各类资源要素的流动是所有生态系统共同具有的特征。杨伟和刘健以中国人工智能行业的 12 家上市公司为案例，研究发现枢纽型数字创新生态系统呈现以经济流为主导的演化模式；平台型数字创新生态系统的演化过程呈现流量转化的特点：第一阶段以经济流为主导，第二阶段转向以技术流和关系流为主导[48]。

3.3 数字创新生态系统的治理

3.3.1 治理主体

从生态系统内部来看，现有研究普遍认为数字创新生态系统的治理主体为核心主体。核心主体不仅扮演着生态系统私人监管者的角色，制定生态系统内互动的规则以规范互补者行为，还需要致力于建立对生态系统内所有行动者互惠互利的业务关系。Li 等提出在以平台企业为中心的数字创新生态系统中，首先要处理好平台企业和平台互补者之间的关系[45]。Jacobides 和 Lianos 以苹果生态系统（Apple’s ecosystem）为案例展开研究，认为在数字创新生态系统治理中平台与互补者的治理困境涵盖多个方面的主体，无论是个人（外卖骑手或应用程序开发人员），还是系统内其他的主要公司（如 Tinder），都受到生态系统领导者（如 Apple）的压制[40]。针对生态系统内部反竞争的、过度的和不公平的现象，学者从外部监管机构的视角展开了讨论。

从外部环境来看，作用于数字创新生态系统治理的主要力量为政府。政府不仅作为数字创新生态系统的外生演化动力，对数字创新生态系统的发展具有支撑和引领作用，更扮演着监管者的角色。其中，数字平台企业如何处理用户个人数据以及如何保护用户隐私是政府部门监管的重要问题。数字平台企业产生的隐私风险不仅包括收集用户个人信息数据，更延伸到深层次的个人行为倾向数据[27]。平台基于大数据、算法、人工智能模型和机器学习等方式，利用所获得的数据推测个体日常行为，从而可以提高消费者的满意度和便利度[42]。不过，针对政府监管机构是否应该干预治理，学术界存在不同意见。Petit 和 Teece 认为如果消费者接受平台带来的便利度，监管机构就不应该干预[75]。其他学者则认为政府部门应该采取监管以构建更具公平性和竞争力的生态系统[40, 42]。除了政府作为监管机构对生态系统内部不平等和不公正的竞争现象进行规制外，平台应该在数字创新生态系统治理中承担核心角色。不过，魏江和赵雨菡提出，位于数字创新生态系统不同位置节点和扮演不同角色的互补者也会影响治理机制的选择[11]。

3.3.2 治理机制

针对数字创新生态系统的治理难题，学者从不同视角探究了不同治理主体应采取的治理机制。本文对现有研究进行回顾，发现一部分学者从数字技术视角切入讨论了如何构建数字创新生态系统内部治理机制，另一部分学者从法律制度视角切入，从国家干预的立场提出了外部治理机制。本文从关系机制、控制机制、激励机制、法律制度四个方面展开阐述。

在关系机制层面，在数字创新过程中各主体交互形成的动态复杂网络关系使得传统交易成本经济学、社会网络理论、产业平台理论在数字创新生态系统治理中失效。传统产业网络理论认为网络是在没有任何指导的情况下涌现的，但基于网络编排理论，核心主体是有目的地影响和管理网络的发展。因此，核心企业需要持续地管理其生态系统关系，单个企业的竞争地位体现在其与生态系统中其他参与者的关系上，在治理的过程中要充分考虑多个主体间的关系。魏江和赵雨菡提出利用数字平台构建实现多边关系协调的机制[11]。孙永磊等提出在各主体关系长期化、系统分群化的趋势下，构建以信任为纽带的关系治理机制以建立一个和谐稳定的关系网络[12]。

在控制机制层面，数字创新生态系统价值创造来自各利益相关者的互动，这导致各主体之间的关系存在竞争与合作的模糊状态，Schmeiss 等认为控制机制需定义平台生态系统中竞争主体的互动规则以缓解利益冲突[43]。魏江和赵雨菡提出利用数字技术应用实现创新行为的控制机制：以数字化契约形式代替传统契约治理手段来解决数字创新活动中的知识产权授权与转让的问题；以数字信用为评价标准来遏制系统内各主体违规行为；以基于数字技术的信息沟通规则从认知层来实现对各主体的行为控制[11]。孙永磊等认为在行为效率化和认知规范化的演化趋势下，应采取以惯例规则为基础的控制机制[12]。

在激励机制层面，如何激励松散耦合的生态系统伙伴参与价值共创是数字创新生态系统的治理重点。Schmeiss 等揭示了区块链技术如何赋能平台激励新机制[43]。Valdez-De-Leon 认为激励措施除了公平的分成收入外，还包括获得市场渠道，以及共享营销资源和技术支持等要素[51]。魏江和赵雨菡提出整合数字资源推动参与者实现价值创造的激励机制[11]。孙永磊等提出构建以目标设定为核心的激励机制，以调动松散耦合的参与者的积极性和推动生态系统高质量创新[12]。

在法律制度层面，Kira 等提出国家必须将反垄断和隐私保护等不同目的的法规结合起来[41]。Jacobides 和 Lianos 从法律制度主义的视角阐述了现有竞争法在数字创新生态系统治理中的作用，认为需要调整现有竞争法律和优化政府直接监管形式来替代现有的监管工具，考虑到政府发挥作用的途径和法律的局限性，提出三种治理途径：一是熊彼特式（Schumpeterian）治理，即国家积极推动各企业进行产品、流程、组织创新，并将其看作增强开放经济体的结构性竞争力；二是预防原则（precautionary principle），通过积极的国家干预来应对或阻止可能有害的活动或经济结构；三是安全空间实验法，即运用沙盒（sandbox）工具对数字创新生态系统中的企业进行监管[40]。国家在特定环境（以时间、空间和活动领域来定义）中选定企业在控制风险的框架内进行实验性创新，以实验结果塑造未来的规范活动和法律实施。

3.3.3 治理目标

数字创新生态系统治理以实现价值创造、促进生态系统健康发展为最终目标[11, 43]。在现有研究中，学者更多地关注价值创造的影响因素及作用机制。Suseno 等探讨了在数字创新生态系统中，由于利益相关者的互动，价值是如何创造的[13]。Chen 等以中国人工智能代表性企业科大讯飞为案例，通过数理分析找到影响人工智能生态系统价值共创的六大因素：超额收益率、超额收益率的分配系数、系统中的协调成本、成本分担系数、模仿成本、惩罚力度[39]。Li 等以中国海尔 HOPE 平台为例，探索了数字创新生态系统中平台企业与企业间的价值共创机制，揭示了数字创新能力、开放度、商业创新模式对价值共创过程的作用和影响[45]。谷斌和李润宜采用系统动力学建模与仿真方法阐述了影响数字创新生态系统价值创造的作用路径为需求驱动、企业营业收入驱动和政府激励驱动三种类型[14]。

4 研究结论及展望

4.1 研究结论

本文以数字创新生态系统作为研究对象，对数字创新生态系统的内涵、形成、演化与治理相关研究进行梳理，主要研究内容可以采用图 2 的框架进行总结。具体来说，本文的主要工作和结论如下。

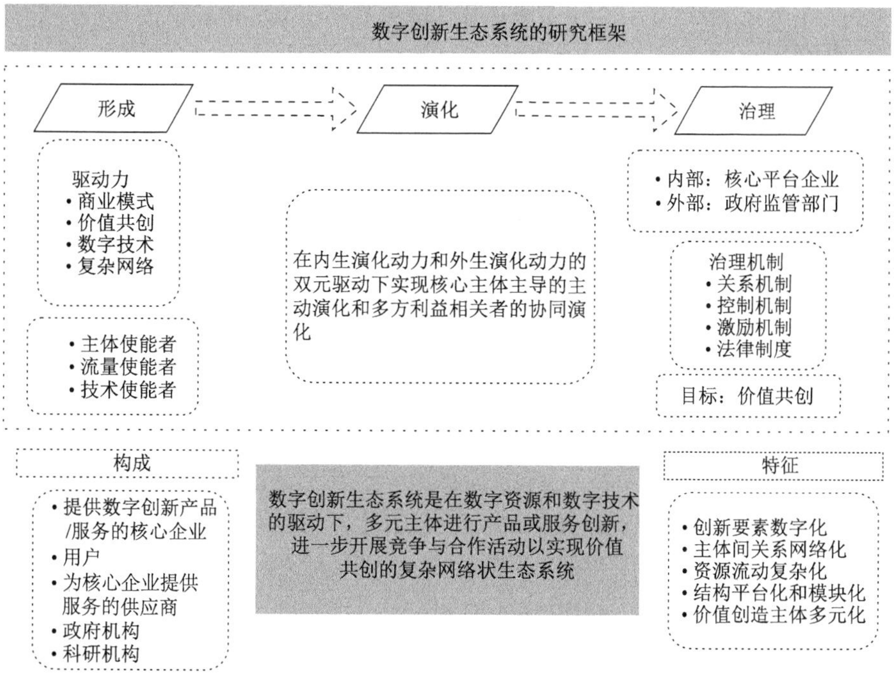

图 2　数字创新生态系统研究框架

第一，总结概括了数字创新生态系统的内涵、特征及构成。基于资源、竞合、网络视角对数字创新生态系统的概念进行了梳理，界定了数字创新生态系统的内涵：数字创新生态系统是在数字资源和数字技术的驱动下，多元主体进行产品或服务创新，进一步开展竞争与合作活动以实现价值共创的复杂网络状生态系统。数字创新生态系统构成主体包括提供数字创新产品/服务的核心企业、用户、为核心企业提供服务的供应商、政府机构、科研机构。从主体特性、资源属性、结构特征等方面看，数字创新生态系统具备创新要素数字化、主体间关系网络化、资源流动复杂化、结构平台化和模块化、价值创造主体多元化等特征。

第二，基于过程视角对数字创新生态系统的形成驱动力和使能者展开分析。从商业模式、价值共创、数字技术、复杂网络等角度总结归纳了推动数字创新生态系统形成的因素。结合生态系统的基本要素提出数字创新生态系统的使能者包括主体使能者、流量使能者、技术使能者。

第三，探究了数字创新生态系统的演化动力，总结了数字创新生态系统的演化机制。内生演化动力为核心企业主导和主体间的竞争驱动，外生演化动力为政府推动和技术变革。数字创新生态系统在内生演化动力和外生演化动力的双元驱动下实现核心主体主导的主动演化和多方利益相关者的协同演化。

第四，明确了数字创新生态系统的治理主体、治理机制和治理目标。内部治理主体为核心平台企业，外部治理主体为政府监管部门。数字创新生态系统治理机制包括关系机制、控制机制、激励机制，也需要考虑法律制度的规制。数字创新生态系统治理以健康发展为前提，以实现参与者价值共创为目标。

4.2 研究展望

数字创新生态系统作为数字经济时代背景下创新生态系统的延伸与发展，作为经济社会发展中企业开展数字创新活动的新的组织载体，受到国内外学者的广泛关注。数字创新生态系统理论仍处于发展初期，研究内容还需不断深化与完善。为推动数字情境下创新生态系统理论的拓展，丰富中国情境下的数字创新生态系统理论研究和实证研究，仍需要从以下几个方面展开研究。

一是丰富数字创新生态系统的多案例研究。数字创新生态系统仍处于演化初期，现有对数字创新生态系统的研究大多停留在理论分析层面，还需大量的案例对理论进行验证和完善。中国拥有以腾讯、阿里巴巴和百度等企业为主导的数字创新生态系统，涌现出了一大批数字创新“独角兽”企业，因此有必要在将来的研究中进一步把握中国经济政治环境下数字创新生态系统的形成条件与演化机制，以构建中国情境下的数字创新生态系统治理体系。例如，聚焦中国数字创新生态系统，基于案例分析进一步探究数字创新生态系统的演化机制，核心企业如何基于数字技术赋能构建其生态系统以实现价值共创。

二是推动数字创新生态系统的实证研究。在现有研究中，国内外学者对数字创新生态系统的实证分析还处于起步阶段，仅有部分学者运用演化博弈的方法探究了数字创新生态系统内部多主体竞合关系演化机制。在未来研究中，可借助仿真实验、机器学习等方法对数字创新生态系统的演化过程、演化结果进行研究。例如，剖析数字创新生态系统多主体演化阶段，分析多个因素对数字创新生态系统企业价值创造的影响。

三是深化数字创新生态系统治理研究。未来研究可从治理主体、治理机制及治理产出三个方面展开研究：①政府作为系统治理的主要力量，应当进一步探究政府在数字创新生态系统治理中发挥的作用，如明确政府部门在何时进行干预，不同治理阶段政府应采取什么样的策略和政府干预治理的目标。②数字创新生态系统运作体制和法律制度之间仍存在不匹配的问题[27]，需要进一步加强数字创新生态系统治理机制的研究。国外学者强调平台企业应该从数据保护、用户隐私、信息保护等角度加强生态系统治理，国内学者对数字创新过程中涉及的数据安全和消费者隐私问题的研究还有待补充和完善。在未来研究中，应当从法律视角对中国情境下的数字创新生态系统治理问题进行进一步研究，从不同视角对数字创新生态系统治理机制展开研究。③探索数字创新生态系统的治理产出结果。在价值创造过程中怎样进行合理的利益分配，如何构建公平性和竞争性共存的系统以避免“赢者通吃”的问题，如何构建约束性和开放性并存的生态系统，这些都是值得进一步探究的问题。

参考文献

[1] Yoo Y，Henfridsson O，Lyytinen K. Research commentary—the new organizing logic of digital innovation：an agenda for information systems research[J]. Information Systems Research，2010，21（4）：724-735.

[2] Nambisan S. Architecture vs. ecosystem perspectives：reflections on digital innovation[J]. Information and Organization，2018，28（2）：104-106.

[3] Wang P. Connecting the parts with the whole：toward an information ecology theory of digital innovation ecosystems[J]. MIS Quarterly，2021，45（1）：397-422.

[4] Yoo Y. It is not about size：a further thought on big data[J]. Journal of Information Technology，2015，30（1）：63-65.

[5] 张超，陈凯华，穆荣平. 数字创新生态系统：理论构建与未来研究[J]. 科研管理，2021，42（3）：1-11.

[6] 布和础鲁，陈玲. 数字创新生态系统：概念、结构及创新机制[J]. 中国科技论坛，2022，（9）：54-62.

[7] Beltagui A，Rosli A，Candi M. Exaptation in a digital innovation ecosystem：the disruptive impacts of 3D printing[J]. Research Policy，2020，49（1）：103833.

[8] 宁连举，刘经涛，肖玉贤，等. 数字创新生态系统共生模式研究[J]. 科学学研究，2022，40（8）：1481-1494.

[9] Chae B. A general framework for studying the evolution of the digital innovation ecosystem：the case of big data[J]. International Journal of Information Management，2019，45：83-94.

[10] Jacobides M G，Cennamo C，Gawer A. Towards a theory of ecosystems[J]. Strategic Management Journal，2018，39（8）：2255-2276.

[11] 魏江，赵雨菡. 数字创新生态系统的治理机制[J]. 科学学研究，2021，39（6）：965-969.

[12] 孙永磊，朱壬杰，宋晶. 数字创新生态系统的演化和治理研究[J]. 科学学研究，2023，41（2）：325-334.

[13] Suseno Y，Laurell C，Sick N. Assessing value creation in digital innovation ecosystems：a social media analytics approach[J]. The Journal of Strategic Information Systems，2018，27（4）：335-349.

[14] 谷斌，李润宜. 基于系统动力学的数字创新生态系统价值创造路径[J]. 系统工程，2022，40（3）：56-65.

[15] 梁正，李佳钰. 商业价值导向还是公共价值导向？——对数字创新生态系统的思考[J]. 科学学研究，2021，39（6）：985-988.

[16] Bacq S，Drover W，Kim P H. Writing bold，broad，and rigorous review articles in entrepreneurship[J]. Journal of Business Venturing，2021，36（6）：106147.

[17] Tranfield D，Denyer D，Smart P. Towards a methodology for developing evidence-informed management knowledge by means of systematic review[J]. British Journal of Management，2003，14（3）：207-222.

[18] Rauch A. Opportunities and threats in reviewing entrepreneurship theory and practice[J]. Entrepreneurship Theory and Practice，2020，44（5）：847-860.

[19] 单子丹，曾燕红，李慧敏，等. 数据资源如何重塑数字创新生态系统多主体竞合关系？——基于智能驾驶数字创新生态系统的解构与重组[J]. 研究与发展管理，2022，34（6）：79-91.

[20] 林艳，廖慧. 不同类型的科技型新创企业如何嵌入数字创新生态系统？——基于资源编排视角[J]. 学习与探索，2023，（4）：98-107.

[21] 阮添舜，屈蓉，顾颖. 数字平台生态系统下企业何以实现数字创新[J]. 科技进步与对策，2023，40（23）：82-91.

[22] 戎珂，柳卸林，魏江，等. 数字经济时代创新生态系统研究[J]. 管理工程学报，2023，37（6）：1-7.

[23] Gupta R，Mejia C，Kajikawa Y. Business，innovation and digital ecosystems landscape survey and knowledge cross sharing[J]. Technological Forecasting and Social Change，2019，147：100-109.

[24] Wang Y，Coe N M. Platform ecosystems and digital innovation in food retailing：exploring the rise of Hema in China[J]. Geoforum，2021，126（1）：310-321.

[25] Bereznoy A，Meissner D，Scuotto V. The intertwining of knowledge sharing and creation in the digital platform based ecosystem. A conceptual study on the lens of the open innovation approach[J]. Journal of Knowledge Management，2021，25（8）：2022-2042.

[26] Kamalaldin A，Sjödin D，Hullova D，et al. Configuring ecosystem strategies for digitally enabled process innovation：a framework for equipment suppliers in the process industries[J]. Technovation，2021，105：102250.

[27] Gawer A. Digital platforms and ecosystems：remarks on the dominant organizational forms of the digital age[J]. Innovation，2022，24（1）：110-124.

[28] Troisi O，Visvizi A，Grimaldi M. Digitalizing business models in hospitality ecosystems：toward data-driven innovation[J]. European Journal of Innovation Management，2023，26（7）：242-277.

[29] 杨伟，刘健，武健. “种群-流量”组态对核心企业绩效的影响：人工智能数字创新生态系统的实证研究[J]. 科学学研究，2020，38（11）：2077-2086.

[30] 田庆锋，沈伟康，李瑶. 共生视域下区域数字创新生态系统进化与障碍度研究[J]. 科技进步与对策，2024，41（16）：1-12.

[31] 李晓娣，饶美仙. 区域数字创新生态系统发展路径研究：基于 fsQCA 的组态分析[J]. 管理工程学报，2023，37（6）：20-31.

[32] 陈红梅，蔡松林. 区域数字创新生态系统韧性评价与时空演变分析[J]. 统计与决策，2023，39（20）：51-55.

[33] Kolloch M，Dellermann D. Digital innovation in the energy industry：the impact of controversies on the evolution of innovation ecosystems[J]. Technological Forecasting and Social Change，2018，136：254-264.

[34] Beliaeva T，Ferasso M，Kraus S，et al. Dynamics of digital entrepreneurship and the innovation ecosystem：a multilevel perspective[J]. International Journal of Entrepreneurial Behavior & Research，2019，26（2）：266-284.

[35] Kolagar M，Parida V，Sjödin D. Ecosystem transformation for digital servitization：a systematic review，integrative framework，and future research agenda[J]. Journal of Business Research，2022，146：176-200.

[36] 杨伟，劳晓云，周青，等. 区域数字创新生态系统韧性的治理利基组态[J]. 科学学研究，2022，40（3）：534-544.

[37] 林艳，卢俊尧. 什么样的数字创新生态系统能提高区域创新绩效：基于 NCA 与 QCA 的研究[J]. 科技进步与对策，2022，39（24）：19-28.

[38] 张瑶，张光宇. 区域数字创新生态系统的健康性评价及预警研究[J]. 软科学，2023，37（5）：24-30.

[39] Chen Y，Chen Y T，Guo Y L，et al. Research on the coordination mechanism of value cocreation of innovation ecosystems：evidence from a Chinese artificial intelligence enterprise[J]. Complexity，2021，（1）：1-16.

[40] Jacobides M G，Lianos I. Regulating platforms and ecosystems：an introduction[J]. Industrial and Corporate Change，2021，30（5）：1131-1142.

[41] Kira B，Sinha V，Srinivasan S. Regulating digital ecosystems：bridging the gap between competition policy and data protection[J]. Industrial and Corporate Change，2021，30（5）：1337-1360.

[42] Jenny F. Competition law and digital ecosystems：learning to walk before we run[J]. Industrial and Corporate Change，2021，30（5）：1143-1167.

[43] Schmeiss J，Hoelzle K，Tech R P G. Designing governance mechanisms in platform ecosystems：addressing the paradox of openness through blockchain technology[J]. California Management Review，2019，62（1）：121-143.

[44] Abbate T，Codini A，Aquilani B，et al. From knowledge ecosystems to capabilities ecosystems：when open innovation digital platforms lead to value co-creation[J]. Journal of the Knowledge Economy，2022，13（1）：290-304.

[45] Li Y H，Fu K W，Gong X H，et al. Research on value co-creation mechanism of platform enterprises in digital innovation ecosystem：a case study on Haier HOPE platform in China[J]. Frontiers in Psychology，2022，13：1055932.

[46] Tansley A G. The use and abuse of vegetational concepts and terms[J]. Ecology，1935，16（3）：284-307.

[47] Moore J F. Predators and prey：a new ecology of competition：leadership and strategy[J]. Harvard Business Review，1993，73（3）：75.

[48] 杨伟，刘健. 基于生态流量的数字创新生态系统演化模式：人工智能行业的探索性研究[J]. 技术经济，2021，40（9）：34-44.

[49] Henfridsson O，Nandhakumar J，Scarbrough H，et al. Recombination in the open-ended value landscape of digital innovation[J]. Information and Organization，2018，28（2）：89-100.

[50] Purbasari R，Munajat E，Fauzan F. Digital innovation ecosystem on digital entrepreneur：social network analysis approach[J]. International Journal of E-Entrepreneurship and Innovation，2023，13（1）：1-21.

[51] Valdez-De-Leon O. How to develop a digital ecosystem-a practical framework[J]. Technology Innovation Management Review，2019，9（8）：43-54.

[52] Xu Y Y，Sun H，Lyu X C. Analysis of decision-making for value co-creation in digital innovation systems：an evolutionary game model of complex networks[J]. Managerial and Decision Economics，2023，44（5）：2869-2884.

[53] Adner R. Ecosystem as structure：an actionable construct for strategy[J]. Journal of Management，2017，43（1）：39-58.

[54] Senyo P K，Liu K C，Effah J. Digital business ecosystem：literature review and a framework for future research[J]. International Journal of Information Management，2019，47：52-64.

[55] Hanelt A，Bohnsack R，Marz D，et al. A systematic review of the literature on digital transformation：insights and implications for strategy and organizational change[J]. Journal of Management Studies，2021，58（5）：1159-1197.

[56] Autio E，Mudambi R，Yoo Y. Digitalization and globalization in a turbulent world：centrifugal and centripetal forces[J]. Global Strategy Journal，2021，11（1）：3-16.

[57] Yoo Y，Boland R J，Jr，Lyytinen K，et al. Organizing for innovation in the digitized world[J]. Organization Science，2012，23（5）：1398-1408.

[58] Autio E. Strategic entrepreneurial internationalization：a normative framework[J]. Strategic Entrepreneurship Journal，2017，11（3）：211-227.

[59] Baskerville R L，Myers M D，Yoo Y. Digital first：the ontological reversal and new challenges for information systems research[J]. MIS Quarterly，2020，44（2）：509-523.

[60] Choi T Y，Dooley K J，Rungtusanatham M. Supply networks and complex adaptive systems：control versus emergence[J]. Journal of Operations Management，2001，19（3）：351-366.

[61] Teece D J. Profiting from innovation in the digital economy：enabling technologies，standards，and licensing models in the wireless world[J]. Research Policy，2018，47（8）：1367-1387.

[62] Iansiti M，Levien R. Strategy as ecology[J]. Harvard Business Review，2004，82（3）：33-35.

[63] Chuang S H，Lin H N. Co-creating e-service innovations：theory，practice，and impact on firm performance[J]. International Journal of Information Management，2015，35（3）：277-291.

[64] Adner R. Match your innovation strategy to your innovation ecosystem[J]. Harvard Business Review，2006，84（4）：98-107，148.

[65] Axelrod R，Cohen M D. Harnessing Complexity：Organizational Implications of a Scientific Frontier[M]. New York：Free Press，1999.

[66] 赵超. 数字创新生态系统的生成理路与运行逻辑[J]. 湖南社会科学，2023，（4）：65-75.

[67] Li J F，Garnsey E. Policy-driven ecosystems for new vaccine development[J]. Technovation，2014，34（12）：762-772.

[68] Agrawal P，Narain R. Analysis of enablers for the digitalization of supply chain using an interpretive structural modelling approach[J]. International Journal of Productivity and Performance Management，2023，72（2）：410-439.

[69] 高山行，谭静. 创新生态系统持续演进机制：基于政府和企业视角[J]. 科学学研究，2021，39（5）：900-908.

[70] 孙冰，徐晓菲，姚洪涛. 基于 MLP 框架的创新生态系统演化研究[J]. 科学学研究，2016，34（8）：1244-1254.

[71] 杨柏，陈银忠，李海燕. 数字化转型下创新生态系统演进的驱动机制[J]. 科研管理，2023，44（5）：62-69.

[72] Laczko P，Hullova D，Needham A，et al. The role of a central actor in increasing platform stickiness and stakeholder profitability：bridging the gap between value creation and value capture in the sharing economy[J]. Industrial Marketing Management，2019，76：214-230.

[73] Nambisan S，Sawhney M. Orchestration processes in network-centric innovation：evidence from the field[J]. Academy of Management Perspectives，2011，25（3）：40-57.

[74] 彭正银，姚双双. 平台企业与互补者竞合关系演化及治理路径研究[J]. 科技进步与对策，2023，40（15）：12-22.

[75] Petit N，Teece D J. Innovating big tech firms，big data，and competition policy：favoring dynamic over static competition[J]. Industrial and Corporate Change，2021，30（5）：1168-1198.

Digital Innovation Ecosystem: Connotation, Formation, Evolution and Governance

Zhou Jie, Zhou Jing

(Business School, Southwest University of Political Science and Law, Chongqing 401120, China)

Abstract: This study delineates the connotation, characteristics, and components of digital innovation ecosystem, synthesizing and categorizing perspectives on their formation, evolution and governance. It is found as follows: the connotation of digital innovation ecosystem is mainly defined through resource-based, co-opetition and network perspectives; the enablers of digital innovation ecosystem include subject enablers, traffic enablers and technology enablers, mainly analyzing the influencing factors from the perspectives of business model design, value co-creation, digital technology, complex networks, etc; the evolution of digital innovation ecosystem is characterized by endogenous evolution, exogenous evolution and collaborative evolution; the governance of digital innovation ecosystem is carried out by core enterprises and government regulatory departments, and the governance mechanisms include relationship mechanisms, control mechanisms, incentive mechanisms and legal regulations. In the future, multiple case studies, empirical research and other methods should be adopted to promote and deepen research on the formation, evolution and governance of digital innovation ecosystem.

Keywords: digital innovation ecosystem; innovation ecosystem; digital innovation; governance mechanism

基于系统思维的国际创新管理体系标准 ISO 56001 多场景应用策略研究*

谢志文[1]，陈倩[2,3]，李楠[4]

（1. 南方电网科学研究院有限责任公司，广州 510663；2.清华大学 经济管理学院，北京 100084；3.清华大学 技术创新研究中心，北京 100084；4.中央财经大学 商学院，北京 100081）

摘要：本文围绕 ISO 56001 体系框架中的创新环境、创新战略、创新过程与创新支持四大维度，探讨在 ISO 56001 指导下企业创新管理体系框架的具体内容。基于 ISO 56001 制定的思想理论基础——系统思维，在分析不同系统思维特点的基础上，探讨硬系统思维、软系统思维、批判性系统思维和沉浸式系统思维在不同创新场景下创新管理的指导内容。最后，采用 NVivo 质性分析，提出面向管理、科研、生产和产业创新场景的 ISO 56001 应用策略。

关键词：ISO 56001；企业创新管理体系；系统思维；创新场景

中图分类号：C931.2　　　　**文献标识码：A**

1　研究背景

2024 年 6 月 27 日，习近平总书记主持召开中共中央政治局会议，研究进一步全面深化改革、推进中国式现代化问题，并强调要在新的起点上推进理论创新、实践创新、制度创新、文化创新和其他各方面创新[1]。企业作为创新的主体，为推进不同种类创新，需要面向不同应用场景而展开创新管理工作。在实践中，使用系统语言和系统方法的一种典型且有影响力的途径是制定标准来系统地管理创新[2]。国际标准化组织（International Organization for Standardization，ISO）2019 年发布的创新管理体系指导标准 ISO 56002 和 2024 年发布的创新管理体系认证标准

---

* 基金项目：国家社会科学基金重大项目“打赢关键核心技术攻坚战的目标、主攻方向与对策研究”（23ZDA062）。

作者简介：谢志文（1982—），女，广东佛山人，南方电网科学研究院有限责任公司，硕士，研究方向为科研管理、创新管理体系；陈倩（1990—），女，江西宜春人，清华大学技术创新研究中心、清华大学经济管理学院博士后（在站），博士，研究方向为创新管理与体系工程；李楠（1996—），男，陕西西安人，中央财经大学商学院博士研究生，研究方向为创新管理、运营管理。

ISO 56001 为践行企业创新管理、提升企业创新能力、建设世界一流企业提供了体系性的指导。中国企业有必要结合中国管理情景和面向不同创新场景探讨国际创新管理体系的应用。

现代企业组织面临动态复杂的技术发展及市场变化，企业的创新不只局限于科技创新、管理创新或者商业模式创新，而是需要解决面向技术、产品、生产过程、管理或商业模式等各类创新衍生的管理问题，且需要体系性地推动不同类型创新的实现。但现有创新管理相关实践主要集中在企业内部的研究与开发或者面向市场的产线改进。相关理论研究缺乏面向多类创新多场景的考虑。具体而言，创新管理相关研究主要集中在对创新过程与创新结果的研究，并提出了相应的创新过程模式，如 Cooper 提出阶段模型[3]，Hansen 和 Birkinshaw 提出了创新三阶段过程，即创意产生、转化和传播[4]。在面向创新结果方面，比较成熟的研究主要集中在对创新价值实现因素的探讨，诸多学者如 Radnor 和 Noke[5]、Frishammar 等[6]在因素探讨的基础上构建相应的创新评审维度。自国际创新管理标准颁布以来，还未见有结合中国企业案例面向不同创新的应用场景展开创新管理体系的研究。因此，迫切需要企业结合不同创新类型的场景特点展开系统性的企业创新管理研究。

系统思维和系统方法是国际创新管理体系标准制定的主要理论依据之一[2]。探讨系统思维在其不同发展阶段的不同特点，对不同创新类型应用场景下的创新管理具有实践指导性。现有研究缺乏综合考虑系统思维、国际创新管理体系标准和不同创新场景，使得“在 ISO 56001 指导下企业创新管理体系的框架具体内容”“面向不同创新类型所处不同场景，基于系统思维的 ISO 56001 应用策略”两个研究问题的答案不清晰。为解决上述研究问题，本文在梳理系统思维、企业创新管理以及国际创新管理体系标准概念与内涵，特别是总结不同阶段系统思维特点的基础上，以有国际创新管理体系标准实践经验的中国南方电网有限责任公司（简称中国南方电网公司）为例，从集团与子公司层面面向管理、科研、生产及产业不同业务创新管理实践深入调研，提出面向不同创新场景围绕创新环境、创新战略、创新过程与创新支持的 ISO 56001 应用策略。研究结果不仅在理论上深入拓展了创新管理的系统理论基础，而且在实践上为不同业务类型的企业创新管理实践提供了指导。

2 基础理论

2.1 系统思维

系统是一个依赖于其各部分并由其“相互关联”的部分构成的可感知整体[7, 8]。系统思维是指通过考察组成整体的各部分之间的联系和相互作用来理解系统[9]。虽然系统理论在生物学家路德维希·冯·贝塔朗菲（Ludwig von Bertalanffy）提出一般系统论（general systems theory，GST）之后成为一门独立的学科，但系统思维作为系统论的基础可以追溯到古希腊哲学家对部分与整体关系的看法[10]。系统思维在围绕部分与整体关系的发展中，被应用于不同学科以理解科学、组织和社会。然而，不同学者从不同角度对系统思维和实践的历史做出了不同的解释[8-11]。系统学科中较广泛认同的典型系统思维分类方式是英国赫尔大学迈克尔・杰克逊（Micheal C. Jackson）教授与其团队[11, 12]的研究成果。具体而言，杰克逊在彼得・切克兰德（Peter Checkland）提出的软系统管理的基础上，将系统思维分为硬系统思维、软系统思维和批判性系统思维三阶段，之后，杰克逊的研究团队在三阶段基础上提出了沉浸式系统思维[11]。

具体而言，第一阶段的硬系统思维强调客体与主体相分离[10, 13]，其指导的管理通常是机械式控制生产合格产品的过程。第二阶段的软系统思维强调系统观察者在系统中的作用，将系统视为主客体动态交互的系统，强化设计者及决策者在系统中的作用。第三阶段的批判性系统思维，即强调系统中人的创造性、批判性问题的解决能力。在批判性系统思维下的管理系统弥补了第二阶段只重视决策领导者和组织设计的作用而忽视了全员系统的理性知识资本。第四阶段的沉浸式系统思维强调的是理性之上的共情与超自我觉醒的能力。根据系统理论学家的研究成果，总结不同阶段系统思维的内涵与特征，如表 1 所示。

表 1 不同阶段系统思维的内涵与特征

阶段	第一阶段	第二阶段	第三阶段	第四阶段
思维类型	硬系统思维	软系统思维	批判性系统思维	沉浸式系统思维
假设	主客观分离，被观察系统是独立且客观的	观察者不独立于系统之外	系统中每位参与者与系统密不可分	系统中每个人都有内在的创新的无限潜能
特点	可以被数学模型描述的简单系统	强调系统中人的设计与决策复杂性，用于解决人参与设计与决策的不确定性问题	强调系统中每个人的平等性与参与性	强调系统中人与系统本身自成一体
缺点	忽视了系统涌现性；无法面对多样化需求	有强化管理决策权威性的可能	系统研究区域微观化	强调人的理性之上的共性与超自我觉醒，需进一步与系统整体结合

2.2 企业创新管理

2.2.1 企业创新管理及其系统性

熊彼特在 20 世纪 40 年代后期的著作中强调创新是源于以科学研究与开发（research and development，R&D）为基础的有计划的成就，该观点与熊彼特早期以创业精神为主导的创新思想一脉相承。然而创新通常被定义为已开发和实施的想法[14]。

创新管理涵盖了创新管理过程和创新结果的双重角度。从创新管理过程的角度来看，它包括创新的三个主要阶段：创意产生、转化和传播，并涉及在这些阶段执行的关键活动[4]。这些活动包括在企业内部和外部寻找创意，选择和资助创意，以及在公司范围内推广和传播创意。从创新结果的角度来看，企业创新管理的目标是实现创新的价值和成果。这包括创新的商业化和市场成功，创造新的产品、服务或技术，满足市场需求并提供差异化竞争优势[15]。上述企业创新管理过程和创新结果的不同诠释角度对企业创新的系统性管理提出了要求。

van de Ven 是较早以系统思维看待企业创新管理的学者之一，他指出创新管理需要解决的问题包括参与人、管理过程、管理结构及环境[14]。其核心内容如下：一是针对参与人，重在解决如何管理企业不同层级人员的注意力，将只聚焦提升绩效价值创造的注意力转移到关注开发新想法上；二是管理过程方面，注重解决如何将创意转化为商业价值；三是管理结构方面，提出企业创新管理的核心之一是理解其管理部分与整体的关系；四是环境方面，强调创新管理与企业战略环境的适应性。

2.2.2 面向不同创新的企业创新管理

在传统的组织环境中，创新过程被视为一系列可分离的阶段（如设计、生产和营销），这些阶段通常是线性流程的衔接。这种创新过程有两种模式：第一种是技术驱动模式，即研发部门提出产品开发创意，被选择的创意被发送到工程制造部门生产创新产品，最后通过营销将产品进行销售或分销给客户；第二种是客户或需求驱动模式，与技术驱动模式相反，营销人员通过与客户密切互动而提出新想法，然后将其发送到研发部门进行原型开发，之后进行工程设计和生产制造。现代企业面临动态复杂的技术发展及市场变化，企业的创新不再局限于单向的技术或者客户驱动，而是将技术和客户同驱动结合解决面向技术、产品、生产过程、管理或商业模式等的不同创新及其管理问题，推动不同类型创新的实现。因此，企业的创新管理需要结合场景和不同创新类型的业务特点展开，企业创新体系性的管理更需要统筹考虑不同业务的独特性，综合顶层与分层设计特点来构建。

2.3 国际创新管理体系标准：ISO 56001 和 ISO 56002

创新管理领域的标准化活动始于 20 世纪 90 年代末。西班牙标准化和认证协会（The Spanish Association for Standardization and Certification，AENOR）于 2002 年发布了第一个试用版创新管理体系标准 UNE 166002[16, 17]，该标准后来被葡萄牙、墨西哥、巴西和丹麦等国家采用和实施，并推动了欧洲标准化委员会（Comité Européen de Normalisation，CEN）采取标准制定与推行应用的举措。随后，ISO 于 2013 年成立了由法国标准化协会（Association Française de Normalisation，AFNOR）秘书处牵头的创新管理标准化技术委员会（ISO/TC 279），该机构旨在制定提供建议而非要求的指导标准。ISO 于 2024 年 9 月正式发布 ISO 56000 系列中创新管理体系认证标准 ISO 56001。ISO 56001 适用于所有类型的组织，无论其规模、行业或创新管理的成熟程度如何。其目标是在 2019 年发布的创新管理体系指导标准——ISO 56002 基础上，协助指导企业系统性地管理创新并获得其认证，且用于认证创新管理组织的创新愿景、战略、政策和目标以及创新支持（包括资金、人员、设备等支持）与创新实施流程，以提高组织内创新工作的质量和有效性，为创新价值的实现提供保障。

作为国际创新管理体系认证标准，ISO 56001 是继之前颇具影响力的 ISO 9001 和 ISO 14001 之后由 ISO 向全世界颁布的，其在被制定的过程中就已引起了管理者和学者的兴趣。创新的性质日益复杂，开放性不断提高，利益相关者范围越来越广，信息流也越来越不确定，环境也越来越不稳定和模糊，这些都要求改进管理体系，包括能够以国际标准为依据实现创新管理体系的建设与优化[2, 18]。ISO 56001 是 ISO 56000 系列创新管理标准中的元标准，为企业创新的管理和实践提供了专业的系统框架和通用语言[2, 19, 20]，且预计在未来几年其将对创新管理实践产生重大影响。总体而言，ISO 56001 的认证内容遵循了 ISO 56002 的指导框架，主要包括组织环境、领导力、创新支持以及由创新策划、创新运行、创新绩效评价和创新改进形成的 PDCA［即 plan（计划）、do（执行）、check（检查）和 act（处理）］循环。由于 ISO 56001 近期刚颁布，企业界与学术界对其系统框架内容并不明确。

然而，由于各种 ISO 标准具有许多共同的特征和结构，以往的体系标准特别是具有影响力的质量管理体系认证标准 ISO 9001 在应用中所积累的知识和系统思维习惯也可能适用于 ISO 56001，但质量管理和创新管理对扎根且具有指导性的系统思维有不同需求，以前使用质量管理体系所形成的系统思维习惯（如注重线性流程和细节控制）可能会给创新管理特别是 ISO 56001 在创新管理的应用带来挑战和可能的障碍[20, 21]。

总而言之，企业创新系统化管理需求需要基于系统思维，面向不同创新类型所处的不同场景，以国际创新管理体系标准 ISO 56001 指导展开。然而，现有关于企业创新管理体系的研究尚未成熟，特别是考虑到 ISO 56001 于 2024 年 9 月才发布，企业创新管理的体系化还未有实际案例可参考。基于此，本文采用案例研究方法聚焦两个问题。研究问题一：在 ISO 56001 的指导下，企业创新管理体系的框架的具体内容；研究问题二：面向不同创新类型所处的不同场景，基于系统思维的 ISO 56001 应用策略。

3 案例研究设计

3.1 案例选择

2019 年以来，中国南方电网公司在 ISO 56000 系列创新管理标准持续发布之际，对标国际标准持续大力推动创新驱动发展，以 ISO 56002 指导标准持续优化创新管理体系，为实现 ISO 56001 认证打下了稳定的基础。2022 年，中国南方电网公司颁布了《南方电网公司创新管理体系导则》及开展了创新管理体系的建设工作。而且，中国南方电网公司将创新管理体系的建设工作贯彻到下级不同业务单位，为本文研究围绕 ISO 56002 指导标准和 ISO 56001 认证标准框架探讨企业创新管理体系内容——创新环境、创新战略、创新过程与创新支持等提供了案例支持。

本文案例研究从集团管理单位开始，跨越中国南方电网公司各层级单位人员（包括网级、省级和地方级的中高层管理者、工程师、专责和一线员工）和不同类型业务单位（包括科研、生产与产业单位）。该样本来源的分布性与多样性为不同类型企业的应用创新管理体系标准提供了指导。

3.2 研究设计

结合中国南方电网公司创新管理实际，围绕公司的战略目标和使命，针对国际创新管理体系标准提供的框架开展公司创新管理工作内容的探索研究，围绕公司各类型业务在不同创新管理模块（如创新环境与战略、创新过程 PDCA、创新支持）展开调研，并在此基础上采用 NVivo 软件对不同单位调研访谈记录进行编码与分类总结。编码材料的相关信息如表 2 所示。

表 2 访谈编码对应表

业务单位类型	访谈创新管理人员数量/人	编码文档编号
集团管理单位	3	P1，P6，P11
科研单位	3	P2，P7，P8
生产单位	3	P4，P5，P10
产业单位	2	P3，P9

4 结果分析

4.1 面向研究问题一的分析

针对研究问题一，本节围绕 ISO 56001 的框架内容即创新环境、创新战略、创新过程与创新支持，面向中国南方电网公司管理、科研、生产与产业等不同业务的创新管理工作，对访谈内容进行编码，编码分类的总体情况如表 3 所示。表 3 记录的是每位采访人员所提及创新管理相关内容的次数。例如，表 3 中左上角第一个数字 2 指的是 P1 两次提到创新外部环境的内容。

表 3 不同业务与创新管理体系不同维度对应编码数量

项目		管理			科研			生产			产业	
		P1	P6	P11	P2	P7	P8	P4	P5	P10	P3	P9
创新环境	外部环境	2	1	1	1	1	2	0	1	0	1	2
	内部政策	3	0	3	0	0	1	0	0	0	1	0
创新战略	战略调整	1	1	1	0	1	0	0	0	0	0	1
	战略导向和领导力	1	0	0	2	6	3	4	1	1	0	0
	信息与沟通	0	1	0	1	0	0	0	0	2	0	1
	资源布局	1	0	1	1	1	0	0	0	0	0	2

续表

项目		管理			科研			生产			产业	
		P1	P6	P11	P2	P7	P8	P4	P5	P10	P3	P9
创新过程	创新策划	3	0	2	0	1	0	1	1	0	0	3
	创新实施	1	0	0	0	4	0	0	1	1	0	3
	创新监测	1	0	1	0	0	0	1	2	1	0	3
	创新改进	1	0	2	0	0	0	0	0	0	0	1
	PDCA 循环	2	0	2	1	0	0	0	1	0	0	1
创新支持	制度与文化	0	0	3	0	2	1	0	1	1	2	1
	资金与时间	0	0	1	1	1	2	0	1	1	1	1
	创新人才	1	0	1	1	2	2	1	1	0	1	1
	知识管理	0	0	0	0	0	3	0	0	1	0	0
	组织结构与平台	2	0	1	6	3	4	1	2	1	1	0

（1）创新环境。在创新环境方面，从访谈记录编码可知，访谈者就创新环境所谈及的内容主要包括国际政策、国家政策、市场外部环境和企业创新政策等相对企业内部需要承接的外部环境。针对不同类型业务，管理、科研、产业对创新环境相对比较敏感。生产单位的访谈者 P5 少量提及国际形势，而集团管理单位、科研单位多次提及在国际形势下，集团及科研单位需要进一步紧跟国家政策，加强科技创新能力，攻关关键核心技术。

（2）创新战略。根据访谈内容，创新战略的工作主要包括战略调整、战略导向和领导力，信息与沟通以及资源布局，其中，战略调整的工作主要集中在管理、产业和科研业务。相比之下，生产业务主要强调领导力和信息的传达作用。除此之外，来自产业单位的访谈者 P9 多次阐述了资源协调的困境和领导与创新者及时沟通的作用。管理单位的访谈者 P1、P6 和 P11 都强调了战略调整，且 P1 比较多地强调创新环境，在一定程度表明了面向创新环境战略调整的重要性。此外，科研单位则比较重视战略导向和领导力，并提及了外部环境、资源布局等各方面的创新战略工作。

（3）创新过程。表 3 显示，虽然各业务单位都有单独提及创新过程，但各单位在创新过程不同阶段的工作侧重点不同。比较明显的是集团管理单位 P1 和 P11 强调以 PDCA 循环视角来看创新过程，并突出策划与改进的重要性。而从生产单位的各位访谈者的记录可知面向生产业务的创新管理侧重于项目管理式的创新检测。

（4）创新支持。在创新支持方面，集团与各单位所提及的内容涵盖了制度与文化、资金与时间、创新人才、知识管理以及组织结构与平台的相关内容，但不同业务对创新支持的工作内容侧重点不同。根据集团管理单位 P1 和 P11 的访谈内容，管理类业务的创新支持工作主要体现在制度与文化管理、创新人才培养及组织结构与平台建设方面。而科研单位不同，受国家创新政策科技创新引领的影响，科研单位的支持工作相比其他工作要多。要想为科研人员营造良好的科技环境，科研单位的支持工作内容不仅要包括制度与文化建设、创新人才培育等，还要包括资金与时间以及知识管理的支持。此外，组织结构与平台，特别是开放创新平台的建设是科研单位创新支持工作的重点。相比之下，生产单位在组织结构与平台建设中强调的是其工作的困境，产业单位在其制度与文化的工作中强调的是其工作的亮点。

4.2 面向研究问题二的分析

针对研究问题二，本节针对表 1 总结的不同阶段系统思维的内涵与特征，对不同访谈者的访谈内容进行编码，编码结果如表 4 所示。由表 4 可知，管理业务的创新管理工作需要硬系统思维与软系统思维的兼容指导，其中，在硬系统思维指导下的管理工作主要体现在自上而下对国家战略与公司战略的承接，而在软系统思维指导下的工作体现在领导力的作用。

表 4　不同业务不同系统思维的编码汇总

业务	访谈者	硬系统思维	软系统思维	批判性系统思维	沉浸式系统思维
管理	P1	4	7	0	0
	P6	0	0	0	0
	P11	2	2	0	0
科研	P2	1	3	2	1
	P7	2	6	0	0
	P8	3	0	4	0
生产	P4	1	2	0	0
	P5	2	0	0	0
	P10	0	1	1	0
产业	P3	0	0	0	0
	P9	0	5	4	0

科研单位访谈者 P2、P7 以及 P8，谈及的工作内容体现了四类系统思维的跨越，体现了战略、领导力、员工学习能力提升以及创新活力等集成与自主的统一。其中，软系统思维强调领导力而批判性系统思维强调员工学习能力的提升，体现了科研单位在创新组织、管理以及氛围营造工作方面的重要性。特别地，相比其他业务，只有科研单位体现了沉浸式系统思维的重要性，提到创新管理的终极理想情况是“科研人员感觉不到管理的存在”（P2），“科研人员在前台而科技管理人员在后台，即科技管理者始终是配角，是舞台的幕后”（P2）。

生产单位访谈者 P4、P5 和 P10 谈及的创新管理工作所体现的系统思维分布与集团管理单位分布类似，也符合调研中 P1 所提到中国南方电网公司的前身是生产型公司的描述，因此可以看出生产单位与集团的管理思维与逻辑在一定程度上有相似之处。

此外，产业单位不同于科研单位、生产单位以及集团管理单位，其系统思维逻辑主要集中在软系统思维和批判性系统思维，且没有提及其硬系统思维下的管理方式，更加体现了产业单位面向市场的灵活特点，以此区别于政策承接性更紧密的生产与科研业务。

具体而言，创新管理体系不同维度的工作内容和系统思维关系与解析如表 5 所示。

表 5 创新管理体系不同维度的工作内容和系统思维关系与解析

维度	硬系统思维			软系统思维	批判性系统思维	沉浸式系统思维
	自上而下	内在协同	其他			
创新环境	3	0	0	2	0	0
外部环境	2	0	0	1	0	0
内部政策	1	0	0	1	0	0
解析	外部环境强调政策的承接与落实			强调领导者对外部环境的敏感性		
创新战略	4	2	0	8	2	0
战略调整	0	0	0	2	0	0
战略导向和领导力	3	0	0	5	0	0
信息与沟通	1	1	0	0	2	0
资源布局	0	1	0	1	0	0
解析	强调战略落实的必要性	强调战略需要考虑沟通、资源的协调		强调领导力的导向作用	强调尊重专家和员工的建议来制定战略	
创新过程	1	0	6	3	1	0
创新策划	1	0	0	1	1	0
创新实施	0	0	1	1	1	0
创新监测	0	0	4	0	0	0
创新改进	0	0	0	0	0	0
PDCA 循环	0	0	1	1	0	0
解析	策划环节体现出顶层设计的落实		评审环节体现控制性	除整个过程以硬系统思维为主，还强调以领导者的导向性为主		
创新支持	0	0	5	3	6	1
制度与文化	0	0	2	0	0	0
资金与时间	0	0	0	0	1	0
创新人才	0	0	1	3	1	0
知识管理	0	0	0	0	2	0

续表

维度	硬系统思维			软系统思维	批判性系统思维	沉浸式系统思维
	自上而下	内在协同	其他			
组织结构与平台	0	0	2	0	2	1
解析			强调以问题为主，如虽对科研投入、平台建设的工作重视，且投入大，但难以培育出创新人才等	提到分类管理，强调管理者的作用	在创新支持部分得分最高，强调创新支持在促进人才创新活力方面的关键作用	考虑科研人员自主创新的需求

5　面向不同创新场景的 ISO 56001 应用策略

作为国际标准的 ISO 56001 在中国的应用需要结合中国的情景与企业特点来展开。本文以中国南方电网公司不同业务为例，结合上述研究结果，提出在不同创新场景下企业特别是中央企业在创新环境、创新战略、创新过程以及创新支持方面的策略。

5.1　管理类创新场景的应用策略

在创新环境方面，需要考虑国际形势、面向国家战略发展，及时响应国家政策变化，为下级单位提供指导。例如，国际上外交的压力造成了有些设备关键技术“卡脖子”问题，从而涉及国产化的科技创新工作。

在创新战略方面，考虑创新引领发展的时代需要调整的是战略与规划工作，且该工作对创新领导者提出先导能力的要求，需要对国家、行业及公司需求预判与超前规划。当国家政策包括习近平讲话以及中央的一些重要文件颁布时，企业一方面需要在学习文件精神的基础上调整公司创新战略；另一方面需要强调领导力的作用，考虑将企业董事长及科技专家加入战略规划小组，建立强有力的领导团队，并能在总结现有创新发展路径的基础上，从战略的角度超前布局项目组合及项目指南。此外，注重战略宣贯，一方面让战略规划能体现自下而上与自上而下的结合，另一方面让自下而上与自上而下结合制定的战略规划可以在其落地的过程中发挥其战略导向作用。

在创新过程中，重点强调 ISO 56001 标准中 PDCA 循环的实现，特别强调利用创新评审结果作为创新改进决策来源，通过实行创新改进，从而形成整个项目过程的全生命周期管理，并以项目后评价形成创新管理 PDCA 循环，从而重新指向创新规划以修正下一年的创新战略指引。

在创新支持方面，企业一方面强调资源投入的正面工作，另一方面明确在创新支撑中人才培养的难点。特别是，应根据中国南方电网公司现状，重点针对人才培养的困境来开展支持工作。例如，由于现有制度考核体系（如国家项目数量等）的约束，管理者难以为科研人员提供自由探索扎根真理的空间，后续需进一步强调个人成果的重要性和考核维度的全面性与多元化，或者适当使用股权激励、绩效奖金等方式，激发员工的创新热情。

5.2 科研类创新场景的应用策略

在创新环境方面，考虑在国家以科技创新为核心的政策导向下，科研类业务是公司创新的关键，科研类业务的创新工作受到国家以及国际技术的影响，应在创新环境分析工作中加强对国际与国家政策、科技发展的考虑。

在创新战略方面，一方面强调创新战略规划的导向作用，另一方面强调科研单位领导者作为专家的代表需要提升对技术预见的先导能力和对公司战略的宣贯能力。提升技术预见的先导能力即实时地根据目前国家或者企业发展中面临的问题做出实时的超前一步的规划。提升对公司战略的宣贯能力则是强调战略导向与员工达成共识，即一般的基层员工不一定需要关心或者了解战略如何设计，但要在战略或者规划实施过程中明确自身的角色与任务，即保证创新战略自上而下和自下而上的同向性。

在创新过程方面，科研业务的创新管理以创新实施过程中的创意、项目、项目成果管理过程来展开。例如，在创新前端，注重创意的激发，为企业员工提供自由探索的创新氛围；在创新项目立项阶段，需要有比较详细的项目需求征集，还有立项审查与认证以及创新成果转化机制。

在创新支持方面，科研单位相比其他业务单位所需要提及的支持工作最广、最多。本文的案例研究也表明科研单位在制度与文化、资金与时间、创新人才、知识管理、组织结构与平台等各项工作中都有思考和有所作为。但究其工作的根本目的，科研单位在创新支持方面的主要工作体现在激发科研人员的创新活力，甚至以理想的支持状态为目标自组织形成具有创新性的科研组织。

5.3 生产类创新场景的应用策略

在创新环境方面，生产类创新场景对其提及不多，主要原因是现有大多数生产类创新场景的应用主要集中在项目实施过程中的监测环节。从创新管理体系建设的角度来看，生产类业务单位为提升其创新能力，除了借鉴科研业务创新工作加强现有创新实施之外，还需要进一步考虑创新环境优化其创新战略与创新策划工作。这一项工作的落实可以在发挥生产单位一线员工提出实践性合理化建议的优势基础上，集成科研人员的科研知识，对碎片化的生产改进建议进行深入探讨，凝练出共性且有技术探索性的科学问题。

在创新战略方面，建议开通科研人员与生产单位一线人员的交流途径，实现战略规划自下而上与自上而下相结合。上述交流途径的打通也将提升生产类业务创新过程的创新能力，即将一线人员发现问题能力以及科研人员解决问题的知识综合，提升生产类业务的科技创新能力。

在创新过程方面，生产单位需要突破以往重点聚焦项目管理的监控性而缺乏考虑创新策划及创新改进工作的不足，将管理工作从项目监控拓展至项目全过程管理，在项目策划与项目 PDCA 循环改进方面给予创新一些空间，实现生产单位传统项目管理向创新管理的逐步转化。

在创新支持方面，除了强化对科研人员、技术人员和生产人员的分类考核晋升激励机制外，还需要通过培训与开展灵活式问题探讨促进各类专业人员多元化知识分享，以提升各类专业人员的创新知识储备及创造能力。此外，发挥职工生产改进的热情，引入数字化手段为职工问题交流提供便捷的通道，从而赋能创新文化的营造和创新习惯的培养。

5.4 产业类创新场景的应用策略

在创新环境方面，由于面向产业类业务的创新管理是面向以市场需求为驱动的创新管理，其需要更多关注市场环境。虽然本文研究案例中的产业类业务公司在创新实施全过程的做法以及对创新支持与文化的重视，体现了其比较系统与独特的创新管理体系建设需求，但是与其他业务不同，面向产业类业务的公司在创新环境中不仅要考虑国家创新发展需求，还需要对市场创新环境进行及时响应，在挖掘市场客户的需求的基础上结合国家创新政策实时调整创新战略的制定。

在创新战略方面，产业类业务的创新管理需加强其扁平化管理所带来的领导者思想传达的有效性，并组织市场、科技等专家建立相关领导小组，在注重决策信息多样化的基础上实现创新战略管理的系统化与集中化。

在创新过程方面，产业类业务相比生产和科研类业务更加重视科技创新管理的全过程。然而考虑产业类业务的市场属性，公司正学习与借鉴华为的科技创新项目管理体系，注重科技创新管理全过程的高效和规范化，构建涵盖从项目立项、研发到市场化的科技创新管理全过程；此外，公司坚持市场导向，注重科技创新成果进行市场化推广，强调从项目的研发、市场调研到产品落地等各个环节的部门协同，并且在项目启动前进行严格的选择和评审，确保项目符合公司的战略目标和市场需求。

在创新支持方面，产业类业务公司应注重面向科技、面向市场、面向政策需求的项目分类管理并适度放权，确保能给予科研人员最大的自主权。另外，产业类业务公司可采取与市场盈利相关联的创新激励方式，以打破一般科研类公司以国家项目数量、论文和专利为考核对象的局限性，如建立跟投机制，旨在通过组建合伙企业的形式，让更多员工参与投资，实现创新业务的快速发展及获得良好的收益。除此之外，构建鼓励创新、包容失败的企业创新文化，注重激发员工创造力，通过各种内部活动、培训和沟通机制，促进创新活动持续进行，为营造人人都能参与创新的环境努力。

6 结论

本文针对企业全面推进不同种类创新难题，在面对系统性创新管理必要性的基础上，在国际创新管理体系标准 ISO 56001 最新发布之际，基于系统思维探讨面向不同创新场景的 ISO 56001 应用策略，以期回答在 ISO 56001 指导下企业创新管理体系的框架的具体内容，以及面向不同创新类型所处不同场景，基于系统思维的 ISO 56001 应用策略。

首先，考虑系统思维是 ISO 56001 制定的思想理论基础，系统梳理了系统思维的发展并总结了不同阶段硬系统思维、软系统思维、批判性系统思维和沉浸式系统思维的特点与局限。其次，在梳理企业创新管理概念与内涵、国际创新管理体系标准的框架内容的基础上，展开案例研究的设计。再次，以中国南方电网公司以及不同业务单位为案例研究对象，依据案例研究设计的访谈提纲收集管理、科研、生产以及产业类业务创新管理的实践，并采用 NVivo 质性分析分别回答两个研究问题。最后，面向管理、科研、生产及产业类业务创新场景，围绕 ISO 56001 中创新环境、创新战略、创新过程和创新支持提出相应的应用策略。本文首次以系统思维为指导，深入 ISO 56001 框架与内容，研究结果不仅在理论上加深了创新管理的系统理论基础，拓展了系统理论在创新管理的应用，还在实践上为不同场景的企业创新管理实践提供了指导。

参考文献

[1] 中共中央政治局召开会议 讨论拟提请二十届三中全会审议的文件 中共中央总书记习近平主持会议[EB/OL]. https://www.gov.cn/yaowen/liebiao/202406/content_6959649.htm[2024-06-27].

[2] Karlsson M，Magnusson M. The systems approach to innovation management[M]//Chen J，Brem A，Poh E V，et al. The Routledge Companion to Innovation Management. London：Taylor & Francis，2019.

[3] Cooper R G. Stage-gate systems：a new tool for managing new products[J]. Business Horizons，1990，33（3）：44-54.

[4] Hansen M T，Birkinshaw J. The innovation value chain[J]. Harvard Business Review，2007，85（6）：121-130，142.

[5] Radnor Z J，Noke H. Innovation compass：a self–audit tool for the new product development process[J]. Creativity and Innovation Management，2002，11（2）：122-132.

[6] Frishammar J，Richtnér A，Brattström A，et al. Opportunities and challenges in the new innovation landscape：implications for innovation auditing and innovation management[J]. European Management Journal，2019，37（2）：151-164.

[7] 苗东升. 系统思维与复杂性研究[J]. 系统辩证学学报，2004，12（1）：1-5，29.

[8] Ison R L. Systems thinking and practice for action research[M]//Reason P W，Bradbury H. The Sage Handbook of Action Research：Participative Inquiry and Practice. London：Sage，2008：139-158.

[9] Stacey R D，Griffin D，Shaw P. Complexity and Management：Fad or Radical Challenge to Systems Thinking?[M]. London：Routledge，2000.

[10] Jackson M C. Systems Thinking：Creative Holism for Managers[M]. New York：John Wiley & Sons，Inc.，2016.

[11] Laszlo E. Systems philosophy[J]. Ultimate Reality and Meaning，1978，1（3）：223-230.

[12] Rajagopalan R. Immersive Systemic Knowing：Advancing Systems Thinking Beyond Rational Analysis[M]. Cham：Springer Nature，2020.

[13] Majchrzak A，Markus M L. Technology affordances and constraints in management information systems（MIS）[M]//Kessler E. Encyclopedia of Management Theory. London：Sage，2012.

[14] van de Ven A H. Central problems in the management of innovation[J]. Management Science，1986，32（5）：590-607.

[15] Amabile T M，Pratt M G. The dynamic componential model of creativity and innovation in organizations：making progress，making meaning[J]. Research in Organizational Behavior，2016，36：157-183.

[16] Mir M，Casadesús M. Standardised innovation management systems：a case study of the Spanish Standard UNE 166002：2006[J]. Innovar，2011，21（40）：171-188.

[17] UNE 166002–R&D&I management system: R&D&I management system requirements[EB/OL]. https://eqa.org/management-system-certification/une-166002[2025-03-30].

[18] Heras-Saizarbitoria I，Boiral O. ISO 9001 and ISO 14001：towards a research agenda on management system standards[J]. International Journal of Management Reviews，2013，15（1）：47-65.

[19] Hyland J，Karlsson M. Towards a management system standard for innovation[J]. Journal of Innovation Management，2021，9（1）：XI-XIX.

[20] Tidd J. A review and critical assessment of the ISO 56002 innovation management systems standard：evidence and limitations[J]. International Journal of Innovation Management，2021，25（1）：2150049.

[21] Lilja J，Hansen D，Fredrikson J，et al. Is innovation the future of quality management? Searching for signs of quality and innovation management merging[J]. International Journal of Quality and Service Sciences，2017，9（3/4）：232-240.

Research on Strategies of International Innovation Management System Standard ISO 56001 in Multiple Contexts Based on Systems Thinking

Xie Zhiwen[1], Chen Qian[2, 3], Li Nan[4]

（1. CSG Electric Power Research Institute Co., Ltd, Guangzhou 510663, China; 2.School of Economics and Management, Tsinghua University, Beijing 100084, China; 3.Research Center of Technological Innovation, Tsinghua University, Beijing 100084, China; 4. School of Business, Central University of Finance and Economics, Beijing 100081, China）

Abstract: This study explores the concrete content of enterprise innovation management systems based on the dimensions, including innovation environment,innovation strategy,innovation process and innovation support in the framework of international innovation management systems standard—ISO 56001. Based on the systems thinking, which serves as the theoretical foundation of ISO 56001, the different characteristics of different types of systems thinking is analyzed. Thereafter, question about how hard systems thinking, soft systems thinking, critical systems thinking and immersive systems thinking can guide innovation management in different innovation contexts is addressed. Finally, through using the NVivo qualitative analysis, ISO 56001 application strategies for management, research, production and industrial innovation scenarios are proposed.

Keywords: ISO 56001; enterprise innovation management systems; systems thinking; innovation context

世界一流企业开放式创新平台的构建逻辑与实践进路——以中国三峡武汉科创园为例*

金和平[1,2]，黄忠初[2]，李纪珍[3]，姜鹏[2]，刁兰云[2]，宋文伟[2]

（1.中国长江三峡集团有限公司，武汉 430010；2.中国三峡武汉科创园，武汉 430010；3.清华大学 经济管理学院，北京 100084）

摘要：本文从开放式创新的演化趋势出发，探讨了我国加快建设世界一流企业的基本内涵。基于对中国三峡武汉科创园的案例分析，总结了世界一流企业构建开放式创新平台的经验逻辑和战略逻辑，提出了贯穿科技创新全链条的开放式创新平台实现路径。研究发现，价值共创是构建世界一流企业开放式平台的重要原则，应最大化发挥平台的创新资源整合功能，组建多元化的创新联合体，实施有价值科创。

关键词：世界一流企业；开放式创新；价值共创；场景创新；中国三峡武汉科创园

中图分类号：F270.7　　　**文献标识码：A**

党的二十大报告指出，要形成具有全球竞争力的开放创新生态，加快建设世界一流企业[1]。近年来，人工智能等数字技术加速涌现，多学科融合、创新资源外部化和创新生态系统兴起，全球化和数字化相互交织，全球产业链呈现短链化和近岸化的新发展趋势[2, 3]，开放式创新平台日益成为开放创新生态的重要载体[4, 5]，并上升成为世界一流企业的核心战略和主流创新范式，助力企业创新能力和市场竞争力的提升。

当前，世界一流企业已成为中国语境里管理实践活动的重要表述，并且成为国企高质量发展的重要目标[6-8]，因而加快建设更多的开放式创新平台理应成为新发展格局下我国国有企业特

---

* 基金项目：此成果由中国长江三峡集团有限公司资助（202303060）；国家社会科学基金重大项目“新时代提升国家创新体系整体效能研究”（23ZDA061）。

作者简介：金和平（1967—），男，湖北枝江人，正高级工程师、副总工程师，博士，研究方向为水利水电信息化数字化；黄忠初（1969—），男，湖北枝江人，中国长江三峡集团有限公司副总经理，高级经济师；李纪珍（1974—），男，湖北黄冈人，清华大学经济管理学院教授、博士生导师，博士，研究方向为国家创新体系、数字化转型、科技政策；姜鹏（1982—），男，湖北宜都人，中国三峡武汉科创园副主任，高级工程师；（通讯作者）刁兰云（1982—），湖北枝江人，中国三峡武汉科创园副主任，高级工程师；宋文伟（1991—），湖北荆州人，中国三峡武汉科创园专业师。

别是中央企业高质量发展的重要途径。然而，实践中关于“高水平科技自立自强新时代背景下世界一流企业是否必须实施开放式创新战略”以及“如何构建开放式创新平台”仍存在诸多困惑，主要原因在于缺乏学理层面的认知支撑和方法指引。已有的理论研究主要围绕世界一流企业的财务分析等层面展开[9-15]，基于开放式创新的方法论则鲜有阐释[16, 17]，尤其是缺乏开放式创新平台的构建逻辑与实践路径的系统探究。

基于此，本文从历史逻辑和现实基点两个层面系统探究了我国加快建设世界一流企业的基本内涵，阐释了世界一流企业打造开放式创新平台的必要性。在此基础上，以中国长江三峡集团有限公司（以下简称三峡集团）为案例，对三峡集团的开放式创新平台——中国三峡武汉科创园的建设历程进行梳理分析，提出了在战略、资源、场景、生态及文化等多方面的世界一流企业开放式创新平台的系统性构建策略和实践路径，以期为建设更多世界一流企业、实现高水平科技自立自强提供理论支撑和实践参考。

1 世界一流企业的创新演化趋势

自2003年Henry Chesbrough提出开放式创新概念以来[18]，开放式创新范式与世界一流创新的结合度越发紧密，在大中小企业技术研究等整个知识创造的过程中，开放和创新的重要性越来越凸显。图1展示了世界一流企业在组织模式、业务体系、管理机制和产业生态方面的创新演化趋势。

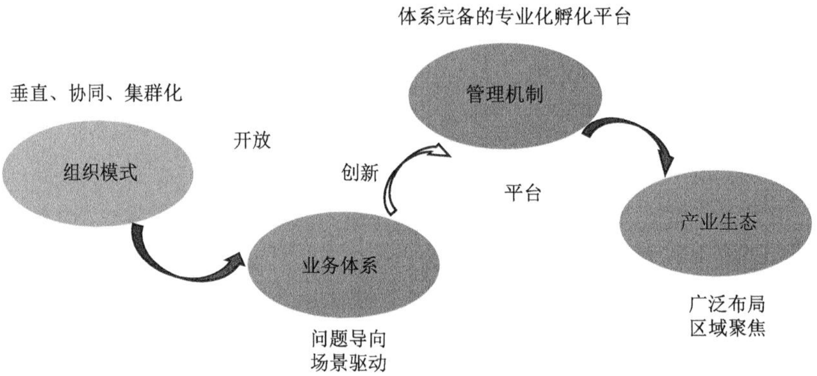

图1 世界一流企业的创新演化趋势

一是在组织模式创新方面，垂直、协同、集群化的创新平台广泛涌现。进入21世纪以来，创新从过去的单点突破阶段进入多种技术协同推进、群体性演变的新阶段，横向上不同阶段加大交叉，纵向上创新链不同环节加快融合，创新领域更加聚焦垂直、释放叠加、资源共享，大幅提升创新的辐射力和影响力。开放式创新逐渐成为重要的创新模式，呈现多主体、泛在化、生态化等关键特征，包含合作、投资、孵化等丰富的全链条实践方式，形成商业模式上的开放式创新，实现市场竞合中的开放式创新。对于企业而言，如何利用内部研发的杠杆作用撬动和分享外部价值，实现以企业为核心的创新生态，成为企业在未来长期发展中持续获得核心竞争力的重要因素。在这一过程中，不少企业通过构建独立的创新平台的方式，联合内外部的产业主体共同进行创新要素的重组，通过组合创新的方式，聚焦细分前沿领域，打造高效协同的科技创新平台。

二是在业务体系创新方面，问题导向、场景驱动的开放式创新渐成主流。以大企业为代表的开放式创新探索，已经从前期多维度方向性探索阶段，逐渐进入到以场景驱动的，针对细分领域的敏捷创新探索阶段。依托丰富的场景资源和真实的业务需求，大企业践行开放式创新，立足于需求和场景，广泛吸纳跨界联合创新伙伴，利用自身在行业中所处的主导地位，开展目标明确、落地导向的开放式创新，形成对创新企业的虹吸效应，以大企业为核心聚集创新资源，开展创新实践，同时基于对未来行业趋势的判断动态调整创新方向。

三是在管理机制创新方面，体系完备的专业化孵化平台助推创新发展。世界一流企业在创新实践上的一个重要趋势是开放式创新生态平台体系正在逐步形成。这一体系的核心是建立一个开放、融合、协作的创新环境，促进各方资源和要素的流动和交互，目标是提高整体创新效能，培育具有全球竞争力的创新能力。在大企业内部，设立创新平台已成为企业广泛实践创新的重要途径之一，专注于协同、服务于业务，创新平台能够以更灵活机动的形式及时高效地响应创新需求，助推内部创新创意的孵化发展，增强对外部创新团队的支持，紧跟创新发展前沿，支撑企业创新目标的实现，孵化平台类似于“蒲公英”，助推其所孵化的创新团队以“蒲公英种子”的形式在各自的领域内发展壮大。在大企业外部，独立的创新孵化平台和机构也大量涌现，充分利用其独立第三方的身份，利用大企业的产业链优势，吸引中小企业或创业团队入驻孵化平台，将其作为蒲公英种子进行培育，在支持中小企业发展的同时，通过扩散效应实现对大企业自身生态圈的扩充，实现对不同创新主体之间的协同，进一步巩固和优化企业生态建设。

四是在产业生态创新方面，呈现出广泛布局、区域聚焦的生态构建途径。构建全球科技创新中心有利于汇集各个国家的创新资源，利用其他国家的科技创新发展红利和人才资源，促进本国创新能力的发展。对此，许多发达国家纷纷将此作为应对新一轮科技挑战的重要战略之一。由于创新需要的不是完全独立自主的发展，而是多元化的资源，包括知识、信息、人才、资金等。因此，借助广泛的地域分布来汇聚不同资源，充分利用虹吸效应，主导引领开放式的产业生态构建，推动创新发展，是抢占新一轮科技创新制高点的重要途径，也是具有产业主导作用的大型企业践行创新领先的关键路径，而企业创新活动的广泛传播也会使其他企业模仿参考其成功模式，逐渐在行业领域内形成一种新的创新模式，形成创新的风向标，进一步影响其他机构的创新实践。

2 我国建设世界一流企业的基本内涵

世界一流企业并非一个严格的学术概念，而是中国语境里管理实践活动的一种表述。在以习近平同志为核心的党中央的领导下，我国世界一流企业建设蹄疾步稳，对世界一流企业的建设规律和理论认识不断深化。

第一，世界一流企业建设是新时代完善社会主义市场经济体系的历史使命。党的十四大开创性地提出建立社会主义市场经济体制[19]，确立了企业的市场主体地位，开启了我国经济高速发展的伟大征程。此后到 2012 年，我国经济建设取得了举世瞩目的伟大成就，经济总量先后超越德国和日本，成为仅次于美国的全球第二大经济体。党的十八大以来，在以习近平同志为核心的党中央领导下，我国经济进一步保持强劲增长势头。随着社会主义市场经济体系的不断完善，我国企业特别是国有企业对国际化发展的整体认识和要求也随之深化，从党的十四大报告中的“积极扩大我国企业的对外投资和跨国经营”[19]，到党的十五大报告中的“以资本为纽带，通过市场形成具有较强竞争力的跨地区、跨行业、跨所有制和跨国经营的大企业集团”[20]，到党的十六大报告中的“通过市场和政策引导，发展具有国际竞争力的大公司大企业集团”[21]，到党的十七大报告中的“鼓励发展具有国际竞争力的大企业集团”[22]，再到党的十八大报告的“加快走出去步伐，增强企业国际化经营能力，培育一批世界水平的跨国公司”[23]。经过长期奋斗，我国企业已经完成了体量积累、规模扩展、国际影响力提升的历史任务，我国上榜《财富》世界 500 强名单的企业数量在 2017 年已经达到 115 家，比例高达 23%，同时期美国上榜世界 500 强的企业数量比例为 26.4%。但是，在国际竞争力上，我国企业与美国仍然存在较大差距。比如，2017 年我国 115 家上榜企业的平均总资产收益率（return on assets，ROA）仅为 1.65%，一块钱的资产只能产生 1.65 分的税后利润；而美国企业的平均总资产收益率为 4.79%，是中国企业的 2.9 倍。基于这些发展现实，习近平在党的十九大报告中明确强调，我国经济已由高速增长阶段转向高质量发展阶段，正处在转变发展方式、优化经济结构、转换增长动力的攻关期，建设现代化经济体系是跨越关口的迫切要求和我国发展的战略目标，并首次提出了“深化国有企业改革，发展混合所有制经济，培育具有全球竞争力的世界一流企业”[24]。从历史逻辑的角度看，世界一流企业建设是新时代我国企业特别是国有企业改革发展的历史使命，目标就是在体量积累、规模扩展、国际影响力提升的大企业集团和跨国公司发展的基础上实现核心竞争力质的飞跃。

第二，世界一流企业建设是习近平新时代中国特色社会主义思想的重要内容。世界一流企业的提出凝结了以习近平同志为核心的党中央关于现代化经济体系建设特别是国有经济和国有企业治理的重要智慧，是习近平新时代中国特色社会主义思想的重要组成部分。党的十八届三中全会提出“以管资本为主加强国有资产监管”，深化国有企业改革。2016 年，在全国国有企业党的建设工作会议上，习近平总书记创造性地提出“要坚持有利于国有资产保值增值、有利于提高国有经济竞争力、有利于放大国有资本功能的方针”[25]。这“三个有利于”方针释放了国有资本活力，推动了国有企业深化改革，开启了新时代中国特色社会主义现代化强国建设的新征途，是马克思主义政治经济学在当代中国的最新理论成果。

党的十九大报告明确提出“要完善各类国有资产管理体制，改革国有资本授权经营体制，加快国有经济布局优化、结构调整、战略性重组，促进国有资产保值增值，推动国有资本做强做优做大，有效防止国有资产流失。深化国有企业改革，发展混合所有制经济，培育具有全球竞争力的世界一流企业”[24]。2022年2月28日，中央全面深化改革委员会第二十四次会议审议通过了《关于加快建设世界一流企业的指导意见》《关于推进国有企业打造原创技术策源地的指导意见》等文件。习近平在主持会议时强调，“要坚持党的全面领导，发展更高水平的社会主义市场经济，毫不动摇巩固和发展公有制经济，毫不动摇鼓励、支持和引导非公有制经济发展，加快建设一批产品卓越、品牌卓著、创新领先、治理现代的世界一流企业，在全面建设社会主义现代化国家、实现第二个百年奋斗目标进程中实现更大发展、发挥更大作用”“要推动国有企业完善创新体系、增强创新能力、激发创新活力，促进产业链创新链深度融合，提升国有企业原创技术需求牵引、源头供给、资源配置、转化应用能力，打造原创技术策源地”[26]。习近平的讲话明确了世界一流企业的内涵特征和国有企业创建世界一流企业的目标方向。

在党的二十大报告中，习近平进一步强调“深化国资国企改革，加快国有经济布局优化和结构调整，推动国有资本和国有企业做强做优做大，提升企业核心竞争力。优化民营企业发展环境，依法保护民营企业产权和企业家权益，促进民营经济发展壮大。完善中国特色现代企业制度，弘扬企业家精神，加快建设世界一流企业”[1]。2023年5月5日，二十届中央财经委员会第一次会议对世界一流企业建设再次做出部署，“要大力建设世界一流企业，倍加珍惜爱护优秀企业家，大力培养大国工匠”[27]。2024年7月，党的二十届三中全会通过的《中共中央关于进一步全面深化改革 推进中国式现代化的决定》进一步明确指出，“完善中国特色现代企业制度，弘扬企业家精神，支持和引导各类企业提高资源要素利用效率和经营管理水平、履行社会责任，加快建设更多世界一流企业”[28]。

随着实践的不断深化，我国对世界一流企业建设的认识也不断丰富，从国企混改的顶层设计到企业家精神的弘扬，再到大国工匠的培养，以及社会责任的履行，自上而下地深化国资国企改革，加快国有经济布局优化和结构调整，推动国有资本和国有企业做强做优做大，提升企业核心竞争力。

第三，新时代的世界一流企业首先应该是世界一流科技创新企业。为了贯彻落实党的十九大报告提出的“培育具有全球竞争力的世界一流企业”[24]，国务院国有资产监督管理委员会于2019年开始选择创新能力突出的航天科技、中国石油、国家电网、中国长江三峡集团、国家能源集团、中国移动、中航集团、中国建筑、中国中车集团、中广核等10家企业作为创建世界一流示范企业，启动了先行先试工作。中央企业以打造世界一流企业为目标，不仅将为我国国有企业高质量改革发展提供宝贵经验，还将为国内经济高质量发展提供强大的助推力。党的二十大报告阐述了新时代的重要现实基点——“当前，世界百年未有之大变局加速演进，新一轮科技革命和产业变革深入发展，国际力量对比深刻调整，我国发展面临新的战略机遇”，并有针对性地提出要“强化企业科技创新主体地位，发挥科技型骨干企业引领支撑作用”“必须完整、准确、全面贯彻新发展理念，坚持社会主义市场经济改革方向，坚持高水平对外开放”“坚持创新在我国现代化建设全局中的核心地位”[1]。2023年4月21日，国务院国有资产监督管理委员会举行“国有企业创建世界一流示范企业推进会”，对世界一流创建示范行动进行动员部署，在已有的11家示范企业（2020年中国宝武被纳入）基础上，巩固深化示范创建工作，决定将科技创新能力突出的中国电科、中国石化、中国海油、中国华能、中国一汽、中国远洋海运、中粮集团、招商局集团、华润集团、中国建材 10 家中央企业和上海汽车、安徽海螺、深圳投控、潍柴控股、京东方、万华化学、宁波舟山港 7 家地方国有企业纳入创建世界一流示范企业范围。

世界一流企业在全球范围内保持竞争力的优势可以概括为以下四个特征：一是拥有全球领先的产业规模和产业链体系，在全球行业发展中具有引领作用同时在国际资源配置中占有主导地位，利用其自身强大的产业链协调配置能力，在全球范围内寻找优质合作伙伴，更灵活、高效地配置资源，实现交易成本最小化。二是具有遍布全球的业务网络，持续推动管理创新，构建高水平的管理体系，形成领先的战略定位，实现高效的经营管理效能，不断降低外部交易成本。三是具备可持续的世界一流技术创新能力，重视原创性技术创新，持续推进建设原创技术策源地，始终将科技攻关放在最重要的位置，不断攻克关键核心技术，解决“卡脖子”问题，并且持续完善科技创新容错、创新绩效评估和科研人才激励等创新激励机制。四是具有较强的风险防控能力，可持续经营能力强，集中各类要素赋能企业发展，在不同的发展阶段不断演化其核心竞争力，始终保持全球领先竞争优势的韧劲和能力。

第四，在高水平科技自立自强背景下建设世界一流企业的关键路径是构建开放式创新平台。2020 年 10 月，党的十九届五中全会首次专章部署科技创新，强调“坚持创新在我国现代化建设全局中的核心地位，把科技自立自强作为国家发展的战略支撑”[29]。2021 年 5 月 28 日，习近平总书记在中国科学院第二十次院士大会、中国工程院第十五次院士大会和中国科学技术协会第十次全国代表大会上发表重要讲话强调“实现高水平科技自立自强”[30]。“实现高水平科技自立自强”也在 2022 年被写入党的二十大报告[1]中，成为引领我国科技强国建设的重要目标方向。党的二十届三中全会将“聚焦构建高水平社会主义市场经济体制，充分发挥市场在资源配置中的决定性作用，更好发挥政府作用，坚持和完善社会主义基本经济制度，推进高水平科技自立自强，推进高水平对外开放，建成现代化经济体系，加快构建新发展格局，推动高质量发展”列为进一步全面深化改革总目标的首要内容[28]。

发挥市场在科技创新资源配置中的决定性作用，充分彰显了我国高水平科技自立自强不是“关起门来造车轮”，而是要充分发挥国内和国际两个市场的创新资源，在开放发展中创新，在开放创新中不断发展。科技创新能力是新时代世界一流企业的核心竞争力，实现高水平科技自立自强，需要在全国范围甚至在全球范围内整合人力、物力资源，整合、优化创新资源配置，整合、建立和重构其内外部能力，掌握创新主动权，在前沿和基础领域掌握核心技术，占领创新高地与价值链高端，才能满足市场需求，以适应快速变化的环境并获得竞争优势。世界一流企业通过打造开放式创新平台，可以最大限度地利用外部多元化创新资源，将创新的内容拓展到合作伙伴各自的优势领域，发挥产业链“链主”作用，赋能企业提升自主科技创新能力，有效降低创新成本，提高创新效率，持续提高科技成果转化和产业化水平。

基于市场化的开放式创新平台，世界一流企业以国家战略需求和产业升级需要为导向开展技术攻关，以提升创新体系效能为目标深化开放协同，以解决实际问题为保障更好激发创新创造活力，持续提升国家战略科技力量，加快实现高水平科技自立自强。与此同时，通过构建更大范围的开放式创新平台，形成具有竞争力的开放创新生态，我国的世界一流企业实现具有科技核心竞争力的国际影响力，深度参与全球科技治理，贡献中国智慧，塑造科技向善的文化理念，让科技更好地增进人类福祉，让中国科技为推动构建人类命运共同体做出更大贡献！

3 世界一流企业开放式创新平台的构建逻辑

三峡集团是因三峡工程而生的现代企业，源起于1993年经国务院批准的中国长江三峡工程开发总公司，2009年更名为中国长江三峡集团公司，2017年完成公司制改革，名称变更为中国长江三峡集团有限公司。经过30多年的发展，三峡集团实现从三峡走向长江、从湖北走向全国、从内陆走向海洋、从长江水岸走向西北沙戈荒、从中国走向世界的跨越式发展，现已成为全球最大的水电开发运营企业和中国领先的清洁能源集团。截至2023年底，全球12大水电站中，有5座（三峡水电站、白鹤滩水电站、溪洛渡水电站、乌东德水电站、向家坝水电站）由三峡集团建设运营和管理。

3.1 构建世界一流企业开放式创新平台的经验逻辑

作为中国水电和清洁能源的领军企业，三峡集团不仅在技术创新上取得了举世瞩目的成就，而且始终秉持开放包容、合作共赢的理念，推动着全球清洁能源事业的发展。在早期阶段，三峡集团将重大工程作为开放式创新平台的工程载体，对外部技术进行引进整合和系统集成，打造系列大国重器，形成如图2所示的可迭代的构建开放式创新平台体系的宝贵经验。

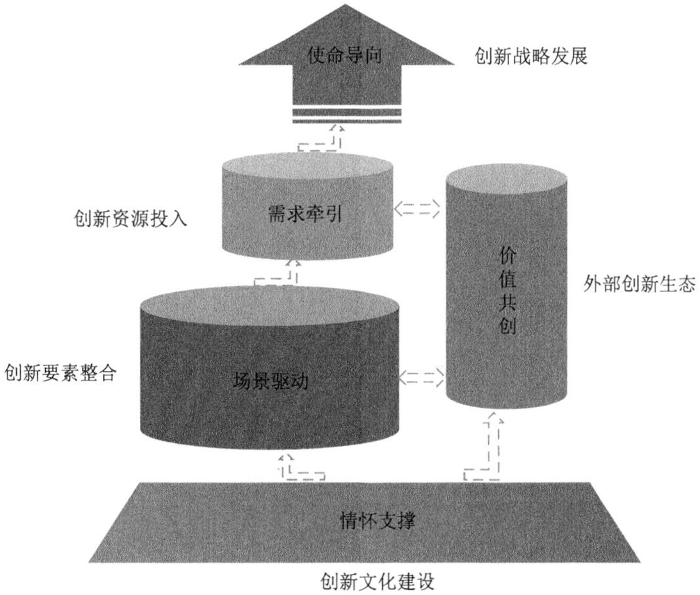

图2 三峡集团构建开放式创新平台体系的历史逻辑

3.1.1 使命导向的创新战略发展体系

三峡工程是我国唯一经全国人民代表大会审议并表决通过的工程项目，是国家现代化建设的关键性战略工程。作为三峡工程的项目执行实体发展起来的大型央企，三峡集团始终不折不扣地贯彻落实国家赋予的时代使命，并转化为能落地实施的企业战略目标，形成了上下齐心的使命导向型创新战略发展体系，积极推动企业自身的科技创新和制造装备国产化水平的提高。

在早期的发展阶段（1993~2002 年），三峡集团的发展战略目标就是“建设好三峡工程”这一国家重大战略工程，强化国家战略导向下的市场化运作，抓住“工程质量”这个牛鼻子开展多维度的开放式创新，铸就“三峡品牌”，形成大型水电工程开发和管理与协同创新机制，让先进技术能引进来、消化、再创新。在此后的快速发展阶段（2003~2012 年），按照国家提出的“滚动开发长江”的使命，“建设三峡，开发长江”成为三峡集团的创新战略发展目标，从而形成了大型水电站开发运维与水电产业价值链发展机制，让国产技术走得出去、立得住、站得稳。

党的十八大以后，按照“五位一体”总体布局，三峡集团又适时提出“以水电为主的清洁能源集团”的战略定位，形成了战略管理、资源整合、价值创造与和谐发展的核心能力，让关键核心技术能攻破、高质量、有竞争力，打造大国重器，彰显央企担当。作为首批国家创新型企业试点单位和国务院国有资产监督管理委员会首批世界一流示范企业创建单位和“科改企业”，三峡集团的科技创新备受党中央关注。2018 年 4 月 24 日，习近平总书记视察三峡工程，强调“真正的大国重器，一定要掌握在自己手里。核心技术、关键技术，化缘是化不来的，要靠自己拼搏”[31]，三峡集团将总书记的殷切希望转化为以首台（套）开发和产业示范应用为抓手的科技创新行动。习近平于 2018 年 4 月在湖北武汉主持召开深入推动长江经济带发展座谈会上直接点将三峡集团，“三峡集团要发挥好应有作用，积极参与长江经济带生态修复和环境保护建设”[32]。面对新的历史使命，三峡集团全力以赴，坚持“真投真试真用”的三峡特色实干精神和系统创新观。从 2018 年起，三峡集团仅用三年的时间就累计落地投资超过千亿元，推进共抓长江大保护项目发展，开展有组织的科技创新活动，开创了城市智慧水管家新型长江生态治理模式，成为共抓长江大保护的骨干主力，在长江经济带发展中发挥着重要的基础保障作用。

3.1.2 需求牵引的创新资源投入体系

三峡集团倡导有价值的科创，首先就是科技创新面向工程需求，真正解决问题。为此，三峡集团统筹全集团创新资源，并形成需求牵引的创新资源投入体系。

一是需求牵引的人力资源投入体系建设。三峡集团组建科学技术委员会，负责制定集团科技发展规划、提供决策咨询和审查评估。同时积极引进和培养具有专业知识和技能的科技创新人才，通过高校和研究机构合作，吸引优秀的科研人员，以及通过内部培训项目提升员工的技术能力和创新思维。此外，三峡集团注重跨学科和跨领域的团队建设，通过项目轮岗等方式鼓励不同专业背景的员工共同工作，以促进知识的交流和创新的产生。

二是需求牵引的创新基础设施投入体系建设。在科技创新的筑基阶段，三峡集团就负责中华鲟研究所的建设运营，并建设了五个自有技术支持部门——试验中心、金属结构设备质量监督检测中心、测量中心、安全检测中心、水文气象中心，形成基本的自主试验、监测和研发服务能力。同时还通过控股或参股方式，与国内科研院所和高校共建科研机构，包括中水科技、水资源高效利用与工程安全国家工程研究中心和长江勘测规划设计研究院，共同开展科研攻关，培养科技人才，建立研发梯队。此外，三峡集团还与清华大学水沙科学与水利水电工程国家重点实验室、河海大学水文水资源与水利工程科学国家重点实验室、武汉大学水资源工程与调度全国重点实验室建立长期稳定的战略合作关系，为三峡工程“蓄清排浑”等创新方案的提出奠定了坚实的创新资源基础[33]。在科技自立自强新阶段，三峡集团重新组建科技创新部，成立科学技术研究院、武汉科创园和武汉科创基地，形成了由国家重点实验室、国家工程中心、集团科创实验室、三峡上海院、武汉科创园、三峡科研院等组成的三峡集团战略科学力量，推动世界一流创新企业建设。

三是需求牵引的资金投入体系。从建设三峡工程开始，三峡集团就通过自主开发的 TGPMS（Three Gorges Project Management System，三峡工程管理系统）统筹管理集团资金，以工程需求为牵引，将宝贵的资金用在刀刃上，既保质保量地完成了工程建设各项指标任务，还节约了预算资金。这种需求牵引下的资金投入机制被复制到三峡集团各项工程开发建设之中。在集成式和整合式科技创新上，形成了针对不同生命周期阶段不同需求的高效资金投入机制。在研发初期，三峡集团倾向于将初期的主要资金投入外部优秀的基础研究创新主体，形成科技创新的方法论。在成长阶段，三峡集团通常将中期的主要资金投入到外部优秀的应用研究创新企业，掌握先进工艺，铸造高效能的首台（套）重大技术装备。进入规模化开发的成熟期，三峡集团通常将这一阶段的主要资金投入到内部的工程创新和成果转化团队，开展二次创新，促进新技术和新产品的商业化。

3.1.3 场景驱动的创新要素整合体系

三峡工程建设是社会主义集中力量办大事的生动写照，也开创了场景开放驱动自主创新的新范式。基于三峡工程建设中的项目实体管理和技术攻关双重任务，三峡集团既是技术需求方，又是技术供给方，既是场景的开放方，又是场景的应用方，多重角色锻造出了三峡集团的场景驱动创新能力，形成了场景驱动的集团内外部创新要素整合体系。

第一，通过现有场景的开放，转化成具体的工程项目，触发需求牵引的创新资源投入机制，汇聚集团内外部的人才、基础设施和资金。第二，积极开辟新的大型场景，通过将场景模块化进行科学论证，创造新的科研项目、工程项目，再次触发需求牵引资源投入，整合集团内外部各项创新要素。第三，主动开展技术与场景的匹配，既提升现有技术的附加值，推动科技成果转化，又加快新技术的落地应用，加速新质生产力的形成。

总之，三峡集团不断通过场景驱动的需求拉动和供给推动双重作用，形成开放式创新生态的闭环效应，探索出了连接开放创新与自主创新的三峡特色创新之路。

3.1.4　价值共创的外部创新生态体系

价值共创的创新生态是三峡集团开放式创新平台体系的重要组成部分，也是场景驱动创新资源整合机制的基础和保障。价值共创的内涵不仅涵盖"风险共担"的协同机制，更延伸至"价值共享"的利益分配维度。在价值共创的创新生态中，三峡集团与合作伙伴共同面对创新过程中的风险和挑战。这种风险共担不仅体现在资源的真实投入上，也体现在对创新项目的务实管理和运营上，三峡集团提供应用场景，员工全流程参与研发试验，既提供水电专业技术指导，又沟通解决试验中的各项实际问题。通过共同承担责任，合作伙伴之间建立了更加稳固的合作关系。此外，三峡集团搭建了开放式的创新平台，涉及清洁能源、生态环保、数字技术等多个领域，吸引了众多合作伙伴的参与。这些合作伙伴包括科研机构、供应商、客户、政府机构等，他们共同为创新提供资源和支持。

为了保证价值共创的创新生态的有效运行，三峡集团与合作伙伴保持持续的沟通与协调。这包括定期举行会议、分享信息、解决合作过程中出现的问题等。重要的是，在创新取得成功并产生价值时，三峡集团与合作伙伴共同分享这些价值。这种收益共享不仅包括直接的经济利益，也涵盖品牌影响力、市场地位、技术领先等方面的价值。共同获取价值，不仅强化了合作伙伴之间的合作关系，也促进了资源的优化配置和共享，加速了新技术的推广和应用，实现可持续发展。

3.1.5　情怀支撑的创新文化建设体系

文化是一种协调、统合机制，情怀是中国文化中一个重要的概念。三峡情怀发自于三峡工程，代表了一种精神、文化和情感的结合体，是三峡集团创新文化建设体系的根本支撑。

在党建引领下，三峡特色创新文化一方面是基层情怀的"一线工作法"。三峡集团 30 多年来一直坚持早期工程项目部提出的"领导精力向一线倾斜，干部在一线创业，制度在一线体现，问题在一线解决，作风在一线转变，形象在一线树立"，极大地促进了干事创业的热潮，让年轻的"毕业生"们在基层能锻炼、待得住、有创新。另一方面是团结务实的工程师文化。无论是在工程一线还是管理岗位，三峡集团的工程师们都敢"啃硬骨头"，善于处理高强度任务。"人手不足"是三峡集团科技创新中的常态，但创新成果"分毫不少"也是常态，原因就在于常态化下的无私奉献，牺牲个人休息时间，全力进行工程建设和科技攻关。一些基层工程师被晋升至管理岗位后，仍发扬默默付出的工作精神。支撑这些管理岗位的工程师们奋发工作的正是三峡情怀，"还有那么多兄弟在野外一线拼搏，我在办公桌前加个班又有什么抱怨的呢？"他们总是能将三峡情怀不断注入新的岗位职责中，并逐渐演化形成了埋头苦干的"创业文化"、率先垂范的"示范文化"、体察民情的"关怀文化"、导师带徒的"育人文化"，构筑成新时代三峡集团创新发展的重要支撑。

3.2 构建世界一流企业开放式创新平台的战略逻辑

2021年，总部在搬迁湖北之际，三峡集团与武汉市政府签订“科技创新与产业发展深度合作协议”，明确提出围绕国家创新发展和数字化转型战略，三峡集团在武汉市高标准建设科技创新基地；建成国际先进的现代化、智慧、绿色、一流的科研与产业示范园区，以充分发挥并转化湖北科技创新资源优势，树立集团在鄂窗口形象，打造三峡科创品牌，推动集团产业链延伸、新业态培育和高质量发展。2021年9月1日，三峡集团正式发文成立中国三峡武汉科创园，作为三峡集团开放式创新体系方法论和实践创新平台。

自成立之日起，中国三峡武汉科创园从价值主线、总体任务、战略目标、发展方向和创新格局五个战略层面，坚持“五位一体”，系统推进自身的开放式创新体系建设。

3.2.1 坚持一条价值主线

中国三峡武汉科创园坚持赋能三峡集团以建设世界一流企业为价值主线。在传承和总结三峡集团建设大国重器的实践经验基础上，中国三峡武汉科创园率先提出“有价值科创”的创新理念，促进有组织科研与有价值科创的深度融合，并推动形成构建开放式创新平台的价值主线。“有价值科创”表现在以下五个方面。

一是科技创新围绕工程需求，真正解决问题。三峡集团的科技课题设置就是基于一线工程的实际问题，是从实践生产过程中提出来的，针对性很强，在科技攻关中，敢啃硬骨头，真正做到咬定青山不放松，久久为功。

二是科技创新面向国际开放，集成优质资源。三峡工程面向国际开放，集成了全球优质技术和人才创新要素，探索出了一条“引进、消化、吸收、再创新”的自主创新之路[34]。即使现在已经成为全球最大的水电开发运营企业，三峡集团仍然坚持面向国际开放，既是西门子、ABB集团等众多跨国能源企业急于合作的重要伙伴，也关注国外企业的“有趣”发明成果，尽管这些成果暂时还与三峡集团的业务需求不相匹配。

三是科技创新围绕应用场景，滚动迭代开发。三峡工程是三峡集团的初始场景，也是最大的科技创新应用场景。在三峡工程的建设施工过程中，三峡集团基于三峡工程的场景开放和开发，边干边学，边开发边迭代，完成了开放式创新体系的建立，取得了一批有价值的科技创新成果。

四是科技创新面向全生命周期，开展全员创新。在高水平科技自立自强的新时代，三峡集团继续秉持内部的全员创新，更将其具体为全员布局、全员攻关与全员转化的全生命周期创新。这种内部的全员创新机制，既有全员协同合作，又有全员上岗竞争，构筑起能进能出、能上能下的内部创新生态，促进新质生产力的加快形成，打造原始创新的示范策源地。

五是科技创新面向市场前沿，整合创新要素。在三峡水利枢纽工程建设中，三峡集团便以市场化方式整合国内外创新资源要素，采用大工程建设带动大科技创新的模式，聚焦清洁能源与绿色环保的市场前沿，发展成为国内最大的清洁能源企业和领先的生态环保企业。在先进技术创新和管理方法突破的过程中，三峡集团发挥了产业创新链链主的核心牵引作用，通过真投、真试、真用，形成了科研单位敢研、制造企业敢制、三峡集团敢用的良性技术创新迭代的创新机制[35, 36]，推动首台（套）技术装备使用、国产化水平提高和现代城市治水方法论构建[37]。

3.2.2 部署两大总体任务

中国三峡武汉科创园部署的总体战略任务包括两个方面。一是依托科创园区载体平台，打造 *N* 个内部创新平台、*N* 个联合创新平台、3 个产业服务平台的“*N*+*N*+3”创新平台模式（图 3），实现全方位盘活内外部创新资源、多渠道引入内外部创新要素，切实推动科技创新成果转化应用和创新企业孵化、招引，培育集团新业态、新模式。

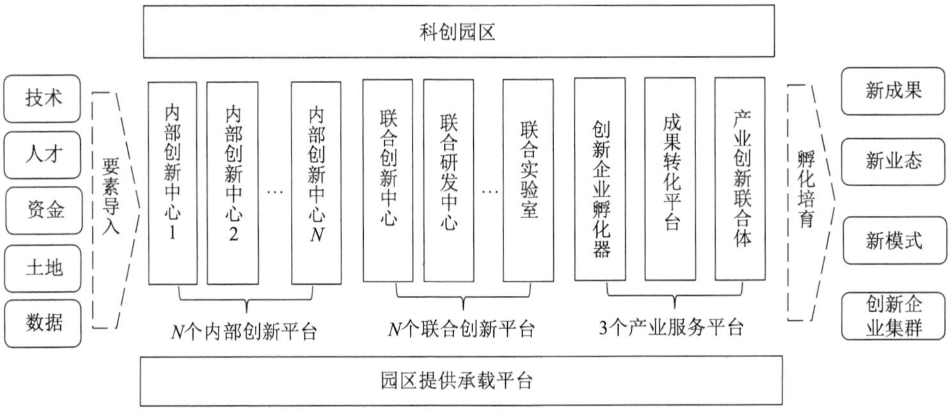

图 3　中国三峡武汉科创园的创新平台示意图

在内部创新平台方面，中国三峡武汉科创园围绕三峡集团在清洁能源和生态环保两大主责与主业上的产业链，积极部署创新链[38]，聚焦关键技术领域与产业领域，设立若干直属科研机构作为内部创新统筹平台，统筹挖掘集团内部各单位工程技术创新与产业应用需求，明确技术、人才等要素需求。

在联合创新平台方面，中国三峡武汉科创园作为开放式科技创新平台，针对集团内部挖掘定位的工程技术创新与产业应用需求，邀请外部领先科研机构共建若干联合创新中心、联合研发中心、联合实验室等创新平台，导入外部技术、人才、数据等创新要素资源。

在产业服务平台方面，中国三峡武汉科创园作为市场化科创孵化平台，面向工程落地与产业应用前沿场景，设立创新企业孵化器、成果转化平台、产业创新联合体等产业服务平台，开放导入技术、人才、资金等产业要素资源，实现业务孵化培育。

二是统筹集团内外部创新资源，构建“中心创新统筹组织职能集中、主干创新机构内外联合共建、外围创新产业生态扩散发展”的世界一流的开放式创新形态（图 4），实现以科创园区为主导引领的产业生态汇聚与高质量创新发展。

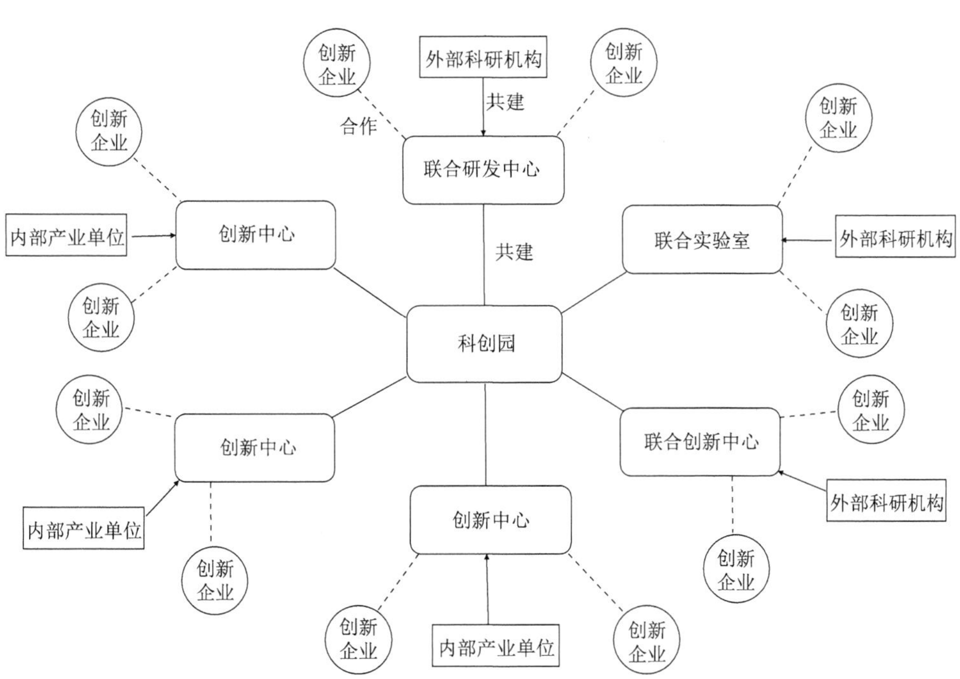

图 4　中国三峡武汉科创园的创新组织形态示意图

在创新体系核心部分，科创园作为创新体系的主导单位，以汇聚集团内部及上下游产业需求、匹配产业园区入园企业/机构创新技术解决方案的平台身份，充分挖掘集团内外部工程技术创新与产业创新需求，吸引集聚集团内外部创新资源，形成内外开放、横纵贯通的创新产业生态。

在创新体系主干部分，科创园以内部设立和联合共建等方式下设若干创新中心、联合创新中心、联合实验室、联合研发中心等，通过联合创新平台共建引入外部科研机构技术、人才等创新要素，开展技术成果应用落地、解决方案集成创新、示范工程策划执行等工作，形成创新策源主要动力。

在创新体系外围部分，依靠科创园各个创新中心的技术成果与解决方案集成需要、工程应用落地需求和内外部生态合作单位资源，汇聚一批在各自领域内具有领先实力的科技创新型企业，在科创园区的生态引领和产业主导下，共同推动工程落地和产业发展。

3.2.3　明晰三个战略目标

世界一流企业构建开放式创新平台的主要战略目标是发挥创新资源的枢纽作用，促进内外部创新资源的整合和聚集，提升创新能力，赋能主营主业，更好推进世界一流企业建设，加快实现科技自立自强。自 2021 年成立以来，中国三峡武汉科创园顺应世界一流企业的创新演化趋势和内涵要求，积极部署开放式创新平台建设的三大战略目标。

一是加强新型研发及组织能力，建设新型科技研发平台。打破传统科技创新体制的局限，不搞低效、无效、重复的研究，而是采用市场化运行机制探索新研发模式，以科技原始创新为源头，以前沿科技创业为核心，推进科学家和企业家紧密融合，快速集聚技术商业化所需要的关键要素，使得研发活动和产业化活动同时发生，提升创新效率。

二是提升创新资源配置能力，建设创新资源汇聚枢纽。以科创园区为核心纽带和关键平台，集聚集团内外的科技创新资源与产业资源，服务于新业态、新模式孵化，支撑产业崛起。依托产业园区，吸引一批战略性科技创新领军人才及其高水平创新团队，建立政府支持、集团资金、社会资本、产业基金等多元化投入机制，加速技术成果转移转化，推进产业创新发展。

三是强化创新成果转化能力，建设高水平成果转化平台。中国三峡武汉科创园推动世界一流创新实践的根本目的是推进清洁能源与生态环保技术创新，引领三峡集团产业高质量转型发展，因此，要联合市场化的平台型科技服务机构共同构建专业化技术转移服务体系，提供技术转移和转让、技术咨询、技术评价和技术投融资服务等专业化服务，推动科技成果扩散、流动、共享、应用并实现经济和社会价值。

3.2.4 规划四个发展方向

综合考虑和权衡自身情况与市场环境，中国三峡武汉科创园基于明晰的发展目标，明确了四个方面的发展规划方向。

一是面向产业应用场景，发挥创新统筹职能，联合内部产业单位敏捷创新。发挥科创园区平台创新资源汇聚功能，对内挖掘集团各单位产业需求，对外统筹入园各企业机构创新技术，实现需求与技术的快速对接、敏捷创新。在集团内部方面，科创园区作为园区产业生态的代表，面向长江电力、三峡能源等集团内部各个产业单位搜集挖掘产业需求、明确支持资金规模和关键技术指标，评估整理后统一面向入园企业/机构进行需求发布，邀请入园企业/机构揭榜联合攻关。在园区生态方面，科创园区通过健全的筛选、培育机制招引优质创新型企业入驻园区，通过在园区内打造创新联合体，汇聚多个创新企业/机构形成联合创新解决方案。在创新对接方面，科创园区作为集团内外、技术供需两方之间的纽带桥梁，履行需求对接、项目立项、项目管理、成果推广等工作，推动创新成果在集团内部的示范应用与扩大推广。

二是聚焦细分前沿领域，内外联合共建创新平台，实现要素组合创新。大力招才引智，与外部高校院所、领军企业组建联合实验室、联合研究中心等开放创新平台，实现内外协同的组合创新。一方面是以“开放式创新”范式，组织科创园区人才、技术等要素，以实际产业应用需求与重大工程示范项目为抓手，通过设立研究团队入园、约定实验测试平台共享、科技成果转移转化等方式与外部高校院所、领军企业进行科研合作，通过约定合作期限、产出指标和退出条款，以市场化的进入退出机制约束和激励研究团队，实现内外部人才、设备、技术等要素的组合创新。另一方面是创新人才管理与绩效激励的体制机制，盘活内部、外部人才团队，充分释放创新要素活力。依托内外合作的联合实验室、联合研究中心等创新平台，为内外部科研人员拓展绩效补充、职称评选、晋升评优等激励机制，探索科创园区开放式创新专项激励奖补体系，充分调动内外部人才创新积极性，实现人才要素的充分盘活。

三是打造专业市场化孵化能力，内外联合孵化、培育、扩散创新蒲公英种子。建设实体化孵化器与市场化孵化能力，以实体化孵化器为科创园区市场化业务抓手，培育创新种子、探索园区可持续盈利模式。首先是依托科创园区平台打造市场化创新孵化器，提供具有竞争力的科创办公载体、试验检测设施设备服务、创新创业辅导、市场拓展服务、投融资服务等软硬件支持，围绕集团清洁能源与生态环保产业布局，拓展国内外领先创新孵化器、加速器开放资源合作，共享项目资源、共同孵化培育创新种子，加速创新培育与扩散。其次是围绕股权投资收入、技术服务收入、载体租金收入、政府补贴收入等孵化器收入来源，探索科创园区可持续盈利模式。短期内依托武汉科创基地建设与实体孵化器建设，积极争取各类政府补贴支持，通过产业需求与工程需求撬动项目招引，做大入园项目基数，拓展载体租金收入；中期积极推动科创产业投资基金设立运营，打造市场化的项目筛选投资能力与赋能培育能力，一方面，针对投资企业获得股权增值收益，另一方面，为企业提供管理咨询、市场拓展、技术研发等市场化赋能服务，获得技术咨询服务收入。

四是支撑集团龙头链长地位，虹吸集聚开放式产业生态，打造世界一流的开放式创新平台。发挥园区平台集聚功能，做好集团链长秘书处和承载地，汇聚引领清洁能源产业生态，打造世界一流的开放式创新实践。一方面是发挥集团清洁能源产业龙头优势，聚焦智慧能源、低碳技术、数智科技、工业控制等关键技术创新领域挖掘前沿创新需求，围绕需求—技术—工程—产业的创新链条，以科创园区开放式创新体系引领前沿技术研发、主导重大工程落地、带动产业生态发展，切实做好集团清洁能源与生态环保产业链长秘书处。另一方面是聚焦科技创新基地建设，以科创园区载体推动创新资源汇聚，创新生态集聚发展。发挥三峡集团龙头链长号召力和科创园区的开放式创新平台载体功能，以产业需求带动前沿科技研发、以重大项目落地带动上下游创新企业孵化培育与招引落地，构建三峡集团科创园区开放式产业生态，助力集团新业态新模式孵化与科创园区新兴产业集聚，为实现长江经济带的升级转型和高质量发展，贡献出三峡力量。

3.2.5 “五位一体”创新格局

在开放式创新平台建设的战略实施上，中国三峡武汉科创园全力打造“科技资源集聚地、科技研发基地、科技成果转化地、创新企业孵化器、科技产业基地”的“五位一体”创新格局。

一是以内部创新中心挖掘集团产业需求，策划重大工程牵引创新。依托科创园区创新中心业务体系，以产业应用项目落地需求倒推开放式创新组织，以各方向创新中心为基础设立创新解决方案策划团队，挖掘集团内外部工程技术及产业应用创新场景需求，联合集团内外部单位和产业链上下游龙头领军企业、创新技术企业、规划设计机构、高校院所，组织各方形成工程技术及产业应用创新实施联合体，策划、完善创新技术应用落地解决方案，推动实施创新技术产业化应用示范工程。

由中国三峡武汉科创园下设创新中心作为解决方案创新业务承接单位，协同科研管理、产业发展等部门对接三峡集团科创部、新能源事业部等业务单位，面向集团各个产业业务单位与产业应用场景，通过实地调研、书面征集、业务对接等方式，征集挖掘工程技术创新与产业应用创新需求，以“揭榜挂帅”的方式面向产业园区各入园企业/机构发布，筛选和匹配具有领先技术实力和产业资源的创新型企业与科研机构进行合作研发，针对创新需求组织内外部技术供给单位策划示范工程项目，以产业应用项目牵引解决方案创新落地。

二是以内外合作建设联合研发创新平台，借才引智开展前沿创新。统筹科创园区科研管理部门与创新中心业务体系，针对重点产业需求场景与技术方向，与外部科研机构和领军企业设立联合实验室、联合研究中心等创新平台，探索形成科研管理部门统筹、创新中心牵头组织、应用场景需求贯通的新型研发组织模式，面向各方向创新中心挖掘的工程技术创新与产业应用创新需求，统筹集团内外部产业化创新资源，面向解决方案落地组织关键技术研发攻关。

新型研发组织模式目标为建设开放型科技创新组织平台，面向实际应用场景的产业创新需求，打通集团内外部、产业链上下游的边界壁垒，通过建设维护创新技术服务单位库等方式集聚内外部研究机构、创新企业，以解决方案合作、技术服务合作、招引入驻孵化等多种方式实现技术创新合作，签约约定合作期限、产出指标和退出条款，以市场化的考核与退出机制约束和激励各合作单位，研发成果知识产权可以按照项目实际情况约定共有或者独占。

三是以创新企业孵化器承载企业招引培育，打造开放产业生态。依托科创园区孵化器，建设具备市场化竞争力的企业孵化与创业服务团队，积极融入清洁能源与生态环保领域创新创业孵化培育生态圈，与国内外领先的创新孵化服务机构在项目导入和协同培育上建立深度合作，招引科技创新团队与科技创新企业入驻，以开放式创新招引培育机制实现创新团队与孵化平台、产业资源的深度绑定，通过专家技术指导、产业合作开发、落地应用验证和必要资金投入等方式，以本土实体孵化为抓手，以全球创新资源为驱动，汇聚人才、技术、资金、市场等创新要素，打通从科技创新研究成果到产业化、商业化培育的创新链条。

四是以成果转化平台推动创新成果应用落地，实现创新成果转化。依托科创园区成果转化体系，建设面向集团内外部创新主体和产业链上下游应用需求的市场化成果转化平台，建立健全科学规范、顺畅合理的成果转化管理机制，以产业需求挖掘对接为牵引，广泛征集集团内外部创新成果与应用需求入驻平台，提供成果展示、需求发布、技术交易、技术评估等专业市场化服务。

新型研发机构旗下研究团队相关技术成果成熟后，可以在科创园区支持下设立技术创新型企业进行市场化运作，依托三峡集团产业生态资源拓展市场化业务。科创园区协助技术成果知识产权归属主体与创业团队，通过授权许可、技术转让、作价入股等方式完成成果转化与企业孵化。

五是以创新联合体建设集团“链长秘书单位”，主导引领产业生态。发挥中国三峡武汉科创园内部直属单位身份优势和外部产业资源汇聚平台优势，积极承接集团清洁能源与生态环保产业链链长工作，争当集团链长秘书处，推进重点项目协同和研发活动一体化，构建集团牵头、高校院所支撑、各创新主体相互协同的创新联合体，发展高效强大的共性技术供给体系，提高科技成果转移转化成效，汇聚创新资源，主导清洁能源与生态保护产业生态建设。

4 构建世界一流企业开放式创新平台的实践进路

依托集团完善的科技创新生态和优质产业链，中国三峡武汉科创园以科技成果转化为重要抓手，在需求侧和供给侧同时发力，通过自有研发“拉”和成果转化“推”的双重动力，有效促进集团内外部的产业链、资金链、政策链、创新链和人才链“五链融合”，积极探索“沿途下蛋”科技成果转化和产业孵化的集团科技创新新范式，形成了如图 5 所示的中国三峡武汉科创园成果转化体系，促进有价值的科创成果进行产业孵化，犹如“蒲公英”种子遍地开花，积极打造世界一流的开放式创新平台，助力三峡集团世界一流科技创新企业建设。

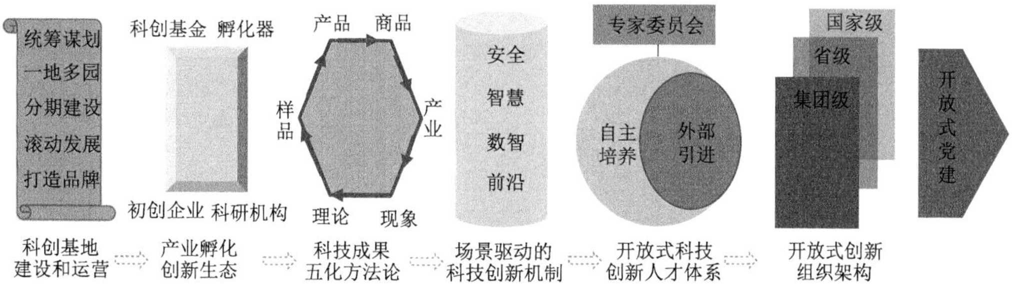

图 5 中国三峡武汉科创园开放式创新体系的建设实践

4.1 开放式党建引领高水平创新

三峡集团积极践行党对科技创新工作的全面领导使命。围绕科研项目攻关、科技成果转化等重点工作，中国三峡武汉科创园持续开展“党员突击队”“党员先锋岗”创建活动，让党旗飘扬在科技创新最前线，以开放式的党建活动推动党员科技创新的先锋模范作用，引领高水平创新。比如，中国三峡武汉科创园与三峡集团的上海勘测设计研究院、江苏分公司集控运维中心、三峡智控、长峡数能等单位联合组建 4 支党员突击队、近 30 个党员先锋岗；同时还专门创建三峡科创基地党建工作方案，探索建立“组织共建、基地共建，活动共办、资源共享，人才共育、科创共赢”的党建工作机制。

4.2 搭建开放式创新组织架构

按照“小管理、大科研”的原则，中国三峡武汉科创园内设综合管理部、党群工作部（纪检工作部）、规划投资部三个职能管理部门，建设运营部（质量安全部）、科技研发部、产业发展部三个科技业务部门，以及数智科技创新中心、工业控制系统创新中心、智慧能源与低碳技术创新中心三个直属科研机构。

按照整体战略规划，中国三峡武汉科创园已经建设了国家级—省级—集团级三个层次分明、相互支撑的开放式创新联合体平台。在国家级科创平台建设上，中国三峡武汉科创园代表三峡集团参与了“新型电机技术国家地方联合工程研究中心”和“国家数字建造技术创新中心智慧绿色能源工程实验室”两个国家科技创新平台的共研共建，与行业优势单位强强联合。在省级科创平台建设上，中国三峡武汉科创园代表三峡集团牵头申报的“湖北省智慧综合能源产业技术创新联合体”于 2023 年 3 月正式启动，成为三峡集团首个省级产业技术创新联合体，正按计划推动公共技术创新服务平台建设。

在集团层面，为进一步打造科创园的自主科研核心能力，支撑自主科研项目开展以及各类科技创新平台建设，中国三峡武汉科创园积极筹建数智科技、智慧能源与互联仿真、工控系统软硬件、水电站综合调试及数字仿真等五个领域的自有科研基础设施。此外，中国三峡武汉科创园还积极搭建集团科技企业孵化平台，对接市场产业化需求，与华中科技大学等院校共同建设先进绿色算力、前沿低碳技术及装备、水风光多能互补发电与消纳技术、综合能源系统能量管理技术、超导电机实验室等共建共研实验室，满足新能源和新业态能源开发的共性技术创新研发需求。

4.3 构建开放式科技创新人才体系

自成立以来，通过社招、校招、集团内部商调等方式引进人才，中国三峡武汉科创园搭建了开放式科技创新人才体系。

截至 2024 年 5 月，中国三峡武汉科创园在岗人员 79 人，另有进站博士后 1 人，联合培养工程博士 1 人，挂职干部 1 人，硕士及以上学历人员占比达 88%，其中科研人员 61 人，占比 74%。通过社招从国家电网、南方电网、华为等央企和行业头部企业引入成熟人才 17 人，其中博士 7 人，高级职称 11 人。根据科研工作开展需要，聘请钮新强、孙和平、程时杰等院士，浙江大学“求是”特聘教授郭创新等多名双聘专家、顾问，成立了科创园专家委员会，逐渐构建了由首席科学家、顾问和兼职专家组成的立体化、开放式科技创新团队。

特别值得指出的是，中国三峡武汉科创园的人才培养工作都是围绕科研团队自主创新能力提升及“产学研”融合来推进的。自 2022 年起，中国三峡武汉科创园深入开展“导师带徒”活动，形成“传、帮、带”科研人才培养模式；持续开展校招新员工下基层锻炼活动，多次组织新员工前往长江电力、三峡能源等集团公司相关单位基层电厂、场站开展实习锻炼，帮助新员工通过“干中学”，深入熟悉集团业务，为科研工作开展打下基础；组织开展科研及成果转化人员到三峡能源、湖北能源等生产单位挂职试点，推动科技研发与生产经营的深度融合，促进科研工作更好地服务集团公司主责主业；录取 10 余名联合培养工程硕博研究生，校企开展联合科研攻关，促进产学研的深度融合。

此外，中国三峡武汉科创园还发挥科技创新与交流合作的窗口作用，助力三峡集团青年技术人才的培养。联合三峡集团科创部承办首届水科学与清洁能源技术青年学术论坛，策划并组织了 24 期“科创大讲堂”活动，邀请数十位全国知名院士专家就水电关键技术、生态环保、新型清洁低碳智慧能源技术、数字经济等当下行业热点和研究前沿技术进行专题授课，累计超

3500 人次参加培训，在集团公司内外部营造了良好的科创氛围。

4.4 推行场景驱动的科技创新机制

充分发挥集团海量数据和丰富业务场景的优势，中国三峡武汉科创园围绕三峡集团主责主业，重点聚焦可再生能源调控、水工程安全、智慧能源工程及清洁高效发电、综合智慧能源及清洁用能、数智赋能及产业化、前沿技术和 ESG（environmental, social and governance，环境、社会和公司治理）等六个领域，联合内外部单位共同策划实施场景驱动的科研攻关。

一是加强可再生能源调控，保障电力系统安全和资源高效利用。在微区域气象与功率预测、场站“双细则”监督及指标提升、水资源调度及机组灵活可靠控制、电力现货交易决策等方面持续开展核心技术攻关，助力电力系统安全生产和发电设备高效稳定运行。

二是聚焦水工程安全，保障大国重器安全。中国三峡武汉科创园围绕工控系统自主可控、流域库坝安全监测、水电设备智能诊断等方向开展关键核心技术科技攻关，筑牢大国重器安全之基。

三是聚焦智慧能源工程及清洁高效发电，实现新质生产力提质增效。针对风电机组叶片结冰行业技术难题，中国三峡武汉科创园已开展风机叶片多参数融合监测、故障诊断、防除冰技术等技术攻关，完成了第一代叶片柔性覆冰传感器和多参数智能监测装置的设计研发测试。

四是围绕综合智慧能源及清洁用能，保障能源消费安全。围绕“自然冷源开发、光伏+、交通电气化、绿氢”等能源综合利用，聚焦新型能源“低碳高效、源荷互动”的本质要求，三峡武汉科创园打造了具有三峡特色的自然水体冷源供冷与节能系统、智慧综合能源仿真与技术支持平台、虚拟电厂聚合管理与技术开发平台、绿氢系统规划与运行仿真云平台，支撑三峡集团在清洁能源替代、智慧综合能源领域的开拓发展。

五是强化数智赋能及产业化，深入实践数字中国战略。围绕集团在长江经济带发展中发挥骨干主力作用的定位，针对长江流域现有数据存储分散、业务协同困难、安全防护不足等问题，中国三峡武汉科创园联合水利部长江水利委员会、交通运输部长江航务管理局等单位，打造国内首个流域级别的长江流域数据要素流通平台，构建集团牵头的长江流域数据要素市场。此外，中国三峡武汉科创园还构建了国内首个水利水电行业大模型——“大禹”大语言模型，开发了水电运维知识问答等一系列 AI（artificial intelligence，人工智能）应用，其中水电运维知识问答、航运知识问答已分别在清江公司、交通运输部长江航务管理局落地应用；科研计划辅助查重已服务于集团 2024 年科研计划审查工作，大幅提升管理能效。

六是深入开展先进核能、超导电机等前沿技术和 ESG。结合水库移民搬迁前采集的地理信息数据、遥感影像、实物指标等数据，以四川省宁南县白鹤滩镇为试点，通过室内外空间数字化底座场景的三维表达和高逼真渲染，打造“移民 e 家”，形成包括真实移民建筑模型在内的初版移民数字家园。

4.5 形成可循环的科技成果五化方法论

中国三峡武汉科创园着眼于开放式创新方法论，将科技创新阶段从 0 到 N 进行细分，确认从 0.5 到 2 为科创园科技成果转化的实践阶段，贯通概念验证—原型开发—产业应用，形成了全员参与的，按照自实施、他实施和联合实施等多种样式进行技术转移，实现“现象理论化、理论样品化、样品产品化、产品商品化以及商品产业化”的中国三峡武汉科创园成果“五化”方法论（图 6）[39]。

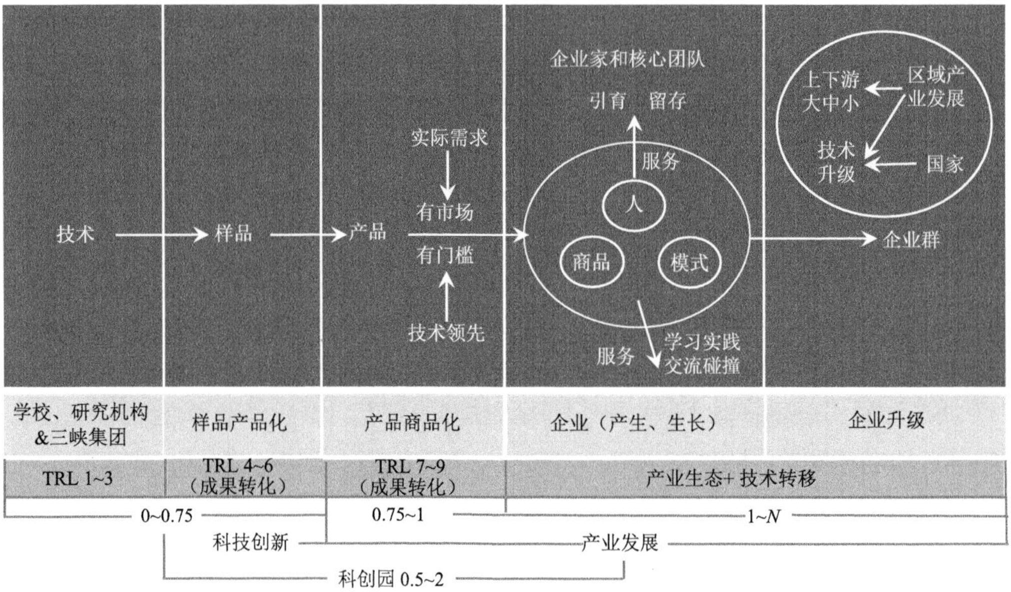

图 6 中国三峡武汉科创园成果转化体系

图中 TRL 表示技术成熟度等级（technology readiness level）

资料来源：金和平. 构建开放式创新体系 更好服务国家战略：三峡特色的开放式创新实践[J]. 施工企业管理，2023，（9）：31-33

中国三峡武汉科创园构建的科技成果“五化”方法论，不仅聚焦于全员参与挖掘集团内外存量高质量科技创新成果的产品化、商品化和产业化，还重视从源头介入科技创新，通过联合研发等方式策划高质量科技创新项目，推动实现现象理论化和理论样品化。这种全员全流程参与的成果转化模式极具三峡特色的可循环性，有助于进一步推动已经进入世界水电技术创新“无人区”的三峡集团的持续创新，避免掉入后发企业完成创新追赶进入创新引领后常见的“无人区”陷阱。

4.6 建设科技成果产业孵化创新生态

中国三峡武汉科创园全力推进三峡集团科技成果产业孵化创新生态建设，带动产业链上下游共同参与科技研发与产业创新。经过 3 年多的发展，中国三峡武汉科创园已经构建起了较为完善的开放创新生态，促进科技成果的产业孵化进程，协调推动三峡科创基金设立；“三峡科创孵化器”成功获批；围绕清洁能源开发、绿色用能、工控系统、智慧水务、人工智能与大数据等重点领域，按“链”开展产业培育，培育创新型企业，形成长峡数能、长峡快道、三峡智控等一批科技企业，并助力三峡智控入选国家专精特新“小巨人”企业；加强创新企业资源集聚，提升产业链行业竞争力，集聚集团内外 64 家科研机构和科技企业参与科创基地共建。

4.7 推进科创基地建设和运营

中国三峡武汉科创园立足“科技研发基地、科技资源集聚地、科研成果转化池、创新企业孵化器、科技产业聚集地”定位，按照“统筹谋划、一地多园、分期建设、滚动发展、打造品牌”的总体思路，建设中国三峡武汉科技创新基地。中国三峡武汉科技创新基地以科创产业应用研发基地为目标，努力打造区域科创发展的产业研发孵化器，积极承载集团科创发展与技术研发的核心功能，成为围绕集团主业发展需求建设的科研平台和实验车间；同时，积极探索具有“三峡特色”的科创基地运营管理服务模式，以服务科创为理念，不断提升综合性运营服务水平，着力打造具有全国影响力的三峡科创基地。

4.8 三峡集团开放式创新平台的典型成效

4.8.1 加快自主科技创新进程

中国三峡武汉科创园围绕三峡集团主责主业，重点聚焦 6 个领域方向，联合内外部单位共同策划实施科研攻关。工控中心围绕工控系统核心软硬件开展“卡脖子”技术攻关，开展大型水电、风电装备国产自主可控工控系统核心软硬件开发及示范应用。数智中心牵头开发了集团首个大语言模型——“大禹”大语言模型和新能源功率预测技术监督与运营平台，并在中国三峡武汉科创园办公区、三峡集团江苏分公司和广东分公司上线运行。依托三峡集团旗下的高坝洲水电站开展全自主可控关键硬件装备应用和无人值守智慧电站研究。联合三峡智控共同开展国产自主可控 PLC（programmable logic controller，可编程逻辑控制器）研发，在水电、风电、光伏、生态环保领域广泛应用，而且七成以上的营收来自三峡集团外部。在白鹤滩水电站和乌东德水电站百万千瓦机组调速控制系统、葛洲坝电厂励磁控制系统、芜湖天门山污水处理控制系统等典型应用场景上成功实现软硬 100%自主可控替代，相关成果获 2022 年三峡集团优秀数字化项目特等奖，被列入国务院国有资产监督管理委员会《中央企业科技创新成果推荐目录（2022 年版）》，不断夯实三峡集团科技创新的共性技术平台基础。

4.8.2 积累原始创新科技成果

截至 2024 年 5 月，中国三峡武汉科创园共承担科研项目 38 项，其中国家级及省部级 3 项，集团级 35 项（含与长江电力共研项目），累计完成国际专利申请 4 件，国内申请专利 156 件，授权国际专利 2 件、国内专利 50 件；发表论文 13 篇；申报软件著作权 24 项；牵头或参与国际、国家、行业及企业技术标准编制29项，发布18项；出版科技图书《价值导向的IT治理体系与实践》。荣获科技奖项7项，其中“巨型水电工程建设智能管控关键技术”获湖北省科学技术进步奖一等奖，“长江流域开发及保护工程数字化平台研发与应用关键技术”项目获得中国电力发展促进会科学技术奖一等奖，“一种文件传输方法及装置”专利获中国电力企业联合会2023年电力创新奖（专利类）二等奖，“巨型工程数字化平台研发与应用技术”获得三峡集团第六届科技进步奖一等奖、“三峡工程管理系统”斩获第49届日内瓦国际发明展银奖。

4.8.3 促进科技创新成果转化

中国三峡武汉科创园通过两种途径促进科技创新成果转化。一方面，中国三峡武汉科创园挖掘集团内高价值知识产权，形成成果转化推介手册。推动三峡工程管理信息系统、电力生产管理信息系统、移民管理信息系统等68项集团公司优秀科技成果入选“武汉建设国家数字经济创新发展试验区推荐产品”。梳理形成集团公司水电生产运行领域高价值成果61项，为集团公司水电生产运行领域的科技成果转化运用提供参考。推动长江电力水电机组相关科技成果在清江公司应用。成立三年来，中国三峡武汉科创园完成20余项科技成果的转化应用。

另一方面，中国三峡武汉科创园开拓科技成果转化路径，推动科技成果上架“三峡e购”平台，加快内部高价值科技成果向集团外部推广。通过“三峡e购”电子商务平台、公众号等多种渠道，中国三峡武汉科创园积极与集团内外部多个知识产权运营和成果转化平台合作，共同推动知识产权运营和成果转化工作，加快推广三峡集团最新科研成果。2022年4月，中国三峡武汉科创园与中国联通湖北分公司就“基于全生命周期的大坝安全智能监控预警系统”专利转化具体事项开展谈判，取得知识产权转化成果，是三峡集团首例对外许可成果。同时，中国三峡武汉科创园还持续助力三峡集团的科技成果——TGPMS在南宁吴圩国际机场、华电（昌都）新能源有限公司、云南铜业等单位实现转化，打造产业共性技术创新平台的突出成效。截至2024年9月，TGPMS已广泛应用于水利水电工程、机场建设、铁路、市政工程、新能源、生态环保等8大领域，1000余个项目，管控资金超3万亿元，其中应用于三峡集团外的项目超过50%。

4.8.4 有序推进科创基地建设

2021年12月，中国三峡武汉科创园与武汉市洪山区政府签署科技创新合作协议，科创基地洪山园区开园。2023年3月，三峡武汉科创基地高新园区首家入园单位长峡数能入驻，高新园区正式投入运营。同时，中国三峡武汉科创园又通过租赁的方式建成约2.2万平方米的科创基地过渡园区，截至2024年9月，已有20家单位入驻过渡园区，并且实现水风光多能互补联合实验室等9个科研实验平台全部投入运行。此外，中国三峡武汉科创园还积极筹划永久园区建设，结合武汉市各区产业优势和发展规划，对武汉市东湖高新区多个地块资源进行调研，完成武汉科创基地初步选址报告。在科创基地的运营维护中，中国三峡武汉科创园秉承三峡集团一贯的实干作风，为入园企业提供全方位的务实服务，主动建立企业群，及时发布技术和政策动态，既减少了初创企业在这方面的支出成本，又为入园企业提供交流和合作平台，促进科技创新链的自发形成，加快企业的快速成长与创新进程。

5 主要结论与政策启示

5.1 主要结论

在全球创新演化新趋势下，本文系统梳理了我国加快建设世界一流企业的基本内涵，并提出了构建开放式创新平台是高水平科技自立自强时代背景下我国建设世界一流企业的重要举措。进一步地，本文以中国三峡武汉科创园为例，重点阐述了世界一流企业构建开放式创新平台的经验逻辑、战略逻辑和实践进路。

具体表现在：①从经验的视角出发，在构建开放式创新平台中，世界一流企业需要充分考虑到使命导向的创新战略发展、需求牵引的创新资源投入、场景驱动的创新要素整合、价值共创的外部创新生态，以及情怀支撑的创新文化建设，并一体推进和形成创新合力。②从战略的视角出发，开放式创新平台需要遵循赋能世界一流企业建设的基本原则，可以从价值主线、总体任务、战略目标、发展方向和创新格局五个战略层面，系统推进自身的开放式创新体系建设。③从实践的视角出发，开放式创新平台需要结合经验和战略两个方面的发展逻辑，充分发挥世界一流企业在产业链、场景和创新资源等方面的优势，从组织、人才、场景、转化、生态、产业等方面有序推进实施，形成贯通科技创新全链条的开放式创新平台体系。④重要的是，世界一流企业的开放式创新平台应该坚持价值共创的原则，最大化发挥平台的创新资源整合功能，组建多元化的创新联合体，实施有价值科创。

5.2 政策启示

第一，鼓励世界一流企业依托开放式创新平台开放场景，大力推进场景创新驱动高水平科技创新，以场景开放促进高质量科技创新成果产出和转化，以场景创新驱动世界一流企业非对称竞争优势的形成。在安全许可的情况下，鼓励世界一流企业的场景资源能开尽开，对于首次开放的应用场景给予一定的资金奖励，对于结合场景开放实施“揭榜挂帅”、联合创新的企业要大力支持和经费跟投。

第二，支持世界一流企业的开放式创新平台成为行业科技成果转化中心。开放式创新平台连接多元主体，既包括企业内部的其他创新单位主体，也包括企业外部的政府、科研机构、大学、产业链上下游企业等利益相关者；既包含了创新前端的基础研究，又覆盖了新产品商业化中的经济效益、社会效益和生态效益；既是世界一流企业创新资源的枢纽中心，又是加速创新成果落地转化和创新产品消纳应用的重要场所。

第三，探索将一批世界一流企业的开放式创新平台认定成为创新成果应用友好单位和产业连接主企业，并在科技项目资助、企业资质认定和行业标准制定上予以政策倾斜，以开放式创新平台不断为新技术新产品提供开发试验场和应用机会，持续助力技术迭代升级和产品可靠性提高，加速创新成果落地转化和创新产品消纳应用。

参考文献

[1] 习近平：高举中国特色社会主义伟大旗帜 为全面建设社会主义现代化国家而团结奋斗——在中国共产党第二十次全国代表大会上的报告[EB/OL]. https://www.gov.cn/xinwen/2022-10/25/content_5721685.htm[2022-10- 25].

[2] 易小准，史蒂文·艾伦·巴奈特，金兴钟，等. 全球产业链新趋势：机遇与挑战[J]. 国际经济评论，2023，（6）：9-32，4.

[3] 张二震，戴翔. 全球产业链供应链调整新趋向及其对策[J]. 经济学动态，2022，（10）：31-41.

[4] 张昕蔚. 数字经济条件下的创新模式演化研究[J]. 经济学家，2019，（7）：32-39.

[5] 蔡剑，朱岩. 数字经济的开放式创新模式[J]. 清华管理评论，2021，（6）：14-20.

[6] 黄速建，肖红军，王欣. 论国有企业高质量发展[J]. 中国工业经济，2018，（10）：19-41.

[7] 陈劲，阳镇，尹西明. 双循环新发展格局下的中国科技创新战略[J]. 当代经济科学，2021，43（1）：1-9.

[8] 郝鹏. 做强做优做大国有资本加快培育具有全球竞争力的世界一流企业[J]. 国资报告，2018，（2）：6-11.

[9] 郭复初. 我国经济高质量发展与加快企业世界一流财务管理体系建设[J]. 财务与会计，2022，（17）：8-13.

[10] 汤谷良. 打造中国式企业财务管理体系助力实体经济高质量发展：基于《关于中央企业加快建设世界一流财务管理体系的指导意见》的思考[J]. 北京工商大学学报（社会科学版），2023，38（1）：88-97.

[11] 黄群慧，余菁，王涛. 培育世界一流企业：国际经验与中国情境[J]. 中国工业经济，2017，（11）： 5-25.

[12] 国资委. 关于中央企业加快建设世界一流财务管理体系的指导意见[J]. 中国管理会计，2022，（1）：5-11.

[13] 王志成. 世界一流财务管理体系建设研究：基于集团化企业的管控框架[J]. 会计之友，2023，（1）：7-13.

[14] 杨珊华. 国药集团关于建设世界一流企业财务管理体系的实践与思考[J]. 财务与会计，2022，（17）：15-18.

[15] 陈秋. 新发展格局下创建世界一流企业的发展战略[J]. 现代国企研究，2021，（12）：26-29.

[16] 陈劲，国容毓，刘畅. 世界一流创新企业评价指标体系研究[J]. 创新科技，2020，20（6）：1-9.

[17] 李政，刘涛. 建设世界一流国有企业：内涵特征、测度方法与发展方向[J]. 政治经济学季刊，2023，2（2）：1-21.

[18] Chesbrough H. Open Innovation：The New Imperative for Creating and Profiting from Technology[M]. Boston：Harvard Business School Press，2003.

[19] 江泽民在中国共产党第十四次全国代表大会上的报告[EB/OL]. https://www.scopsr.gov.cn/zlzx/ddh/ddh17_3963/ddh170/201811/t20181121_329091.html[2008-07-04].

[20] 江泽民在中国共产党第十五次全国代表大会上的报告[EB/OL]. https://www.gov.cn/test/2008-07/11/content_1042080_3.htm[2008-07-11].

[21] 江泽民在中国共产党第十六次全国代表大会上的报告[EB/OL]. https://www.gov.cn/test/2008-08/01/content_1061490_5.htm[2008-08-01].

[22] 胡锦涛在中共第十七次全国代表大会上的报告全文[EB/OL]. https://www.gov.cn/ldhd/2007-10/24/content_785431_5.htm[2007-10-24].

[23] 胡锦涛在中国共产党第十八次全国代表大会上的报告[EB/OL]. https://www.gov.cn/ldhd/2012-11/17/content_2268826_3.htm[2012-11-17].

[24] 习近平：决胜全面建成小康社会 夺取新时代中国特色社会主义伟大胜利——在中国共产党第十九次全国代表大会上的报告[EB/OL]. https://www.gov.cn/zhuanti/2017-10/27/content_5234876.htm[2017-10-27].

[25] 习近平在全国国有企业党的建设工作会议上强调：坚持党对国企的领导不动摇[EB/OL]. http://politics.people.com.cn/n1/2016/1011/c1024-28770123.html[2016-10-11].

[26] 习近平主持召开中央全面深化改革委员会第二十四次会议强调：加快建设世界一流企业 加强基础学科人才培养[EB/OL]. https://www.gov.cn/xinwen/2022-02/28/content_5676110.htm[2022-02-28].

[27] 习近平主持召开二十届中央财经委员会第一次会议[EB/OL]. https://www.gov.cn/yaowen/2023-05/05/content_5754275.htm[2023-05-05].

[28] 中共中央关于进一步全面深化改革 推进中国式现代化的决定[EB/OL]. https://www.gov.cn/zhengce/202407/content_6963770.htm?jump=true[2024-07-21].

[29] 中国共产党第十九届中央委员会第五次全体会议公报[EB/OL]. https://www.gov.cn/xinwen/2020-10/29/content_5555877.htm[2020-10-29].

[30] 习近平：在中国科学院第二十次院士大会、中国工程院第十五次院士大会、中国科协第十次全国代表大会上的讲话[EB/OL]. https://www.gov.cn/xinwen/2021-05/28/content_5613746.htm[2021-05-28].

[31] 习近平｜真正的大国重器，一定要掌握在自己手里[EB/OL]. http://www.sasac.gov.cn/n4470048/n10286230/n11567072/n11567077/c13437406/content.html[2020-01-07].

[32] 习近平在深入推动长江经济带发展座谈会上的讲话[EB/OL]. https://www.gov.cn/xinwen/2019-08/31/content_5426136.htm[2019-08-31].

[33] 陆佑楣，曹广晶，等. 长江三峡工程（技术篇）[M]. 北京：中国水利水电出版社，2010.

[34] 向欣，陈劲，郭彬. 从引进集成到自主研发：三峡集团的自主创新成功之旅[J]. 清华管理评论，2021，（11）：100-110.

[35] 王海军，王仁智. 产学研合作视角下我国企业关键核心技术突破路径研究：以三峡集团为例[J]. 科学与管理，2024，44（1）：1-9.

[36] 孙长平，尹西明，陈昂，等. 打造原创技术策源地的实践与探索：以三峡集团科学技术研究院为例[J].长江技术经济，2023，7（2）：9-17.

[37] 王殿常，贾宁. 三峡集团城市“水管家”模式发展与示范经验[J]. 中国环保产业，2023，（5）：33-37.

[38] 雷鸣山，王琳. 坚定信心真抓实干化危为机奋力开创三峡集团“两翼齐飞”新局面[J]. 国资报告，2020，（5）：53-55.

[39] 金和平. 构建开放式创新体系更好服务国家战略：三峡特色的开放式创新实践[J]. 施工企业管理，2023，（9）：31-33.

Construction Logic and Practical Approaches of Open Innovation Platform for World-class Enterprises: A Case Study of CTG Wuhan Science and Technology Innovation Park

Jin Heping[1,2], Huang Zhongchu[2], Li Jizhen[3], Jiang Peng[2], Xi Lanyun[2], Song Wenwei[2]

(1. China Three Gorges Corporation, Wuhan 430010, China; 2.Wuhan Science and Technology Innovation Park, China Three Gorges Corporation, Wuhan 430010, China; 3.School of Economics and Management, Tsinghua University, Beijing 100084, China)

Abstract: Starting from the evolutionary trend of open innovation, this paper explores the basic connotation of accelerating the construction of world-class enterprises in China. Based on the case analysis of CTG (China Three Gorges Corporation) Wuhan Science and Technology Innovation Park, it summarizes the experiential logic and strategic logic of world-class enterprises in constructing open innovation platforms, and proposes the implementation paths of open innovation platforms that run through the entire chain of scientific and technological innovation. The finding reveals that value co-creation is an important principle for constructing the open platforms of world-class enterprises, and the innovation resource integration function of the platform should be maximized, and diversified innovation consortia should be constructed, and valuable scientific and technological innovation should be implemented.

Keywords: world-class enterprise; open innovation; value co-creation; scenario innovation; CTG Wuhan Science and Technology Innovation Park

员工创新力：概念内涵、多维度结构与测量*

魏巍[1]，陈劲[2,3]，张碧航[1]，熊艾伦[4]

（1.北京物资学院 商学院，北京 101149；2.清华大学 经济管理学院，北京 100084；3.清华大学 技术创新研究中心，北京 100084；4.重庆工商大学 工商管理学院，重庆 400067）

摘要：本文利用扎根理论方法，对某大型互联网科技企业员工进行深度访谈和文本分析，构建了创新力的内涵维度，开发出包含9个维度、32个题项的员工创新力量表。其中，使命感、胆商、好奇心、统御性四个维度构成创新认知，战略能力、创新思维、行动能力、研究能力、合作能力五个维度构成创新践行。进一步选取员工工作满意度为关联校标，采用结构方程模型验证了员工创新力量表的有效性。结果表明，创新力可定义为从创新的模糊前端到新产品、新流程、新模式产生并商业化的全过程能力，这一概念的提出有助于区分“创造力”与“创业力”等概念的异同。

关键词：员工创新力；概念内涵；量表开发

中图分类号：C93　　**文献标识码：A**

党的二十大报告强调教育、科技、人才是全面建设社会主义现代化国家的基础性、战略性支撑[1]。教育、科技、人才是创新驱动发展的重要支撑，提高人才自主培养质量，着力造就拔尖创新人才是关键。创新人才培养是新形势下我国人才战略的发展核心，是实施新时代创新驱动发展国家战略的重要抓手。我国的创新人才建设目前已经取得了一定成就，规模不断扩大、素质不断提高、人才队伍的整体实力持续增强，但仍然面临着创新型人才结构不足、矛盾突出的问题。世界级科技大师缺乏，如何提高人才的自主培养质量，加强创新人才的甄选和培养，

---

* 基金项目：教育部人文社会科学重点研究基地重大项目“面向高水平科技自立自强的科技领军企业发展研究”（22JJD630007）；北京市属高等学校优秀青年人才培育计划项目；重庆工商大学高层次人才启动项目（1855018）。

作者简介：魏巍（1982—），女，吉林吉林人，北京物资学院商学院教授，博士，研究方向为数字经济与新就业形态、创新管理；陈劲（1968—），男，浙江余姚人，清华大学经济管理学院教授、博士生导师，博士，清华大学技术创新研究中心主任，研究方向为创新管理与科技政策；张碧航（2000—），女，黑龙江齐齐哈尔人，北京物资学院商学院硕士研究生，研究方向为数字经济与新就业形态、创新管理；（通讯作者）熊艾伦（1987—），男，湖南怀化人，重庆工商大学工商管理学院副教授，博士，研究方向为组织行为、身份认同、创新创业。

聚焦全周期下创新认知能力与践行能力的螺旋式提升，是人才链有效支撑产业链与创新链深度融合的关键。

已有研究多是从个体层面或者组织层面对创新行为的影响因素进行探究：创造力强调个体视角下创造出的社会认可成就或标准化成绩测量下的能力展现[2]，创业力强调新企业的创办、运营中的领导经营能力[3]。但对员工在创新发生前到创新商业化的全过程中展现的认知和践行缺乏整体概念的关注，本文认为创新力应包括从模糊前端到新产品、新流程、新模式产生并商业化的全过程所展现出来的能力。这就需要对创新力的概念内涵、度量和应用进行全面而深入的系统研究，本文仅仅是个前端探索性研究，并做了以下工作。

一是基于扎根理论探索员工创新力的内涵结构，将员工创新力定义为在创新过程中，从模糊前端到新产品、新流程、新模式产生并商业化的全过程所展现出来的认知与践行能力。二是遵从量表开发步骤，构建员工创新力测量量表，并通过因子分析方法对初始量表进行信效度检测。三是选取关联校标，验证量表有效性，为后续实证研究提供测量工具。希望这些工作能够为高水平科技自立自强和高质量发展中的企业的创新人才筛选和培养提供有益的方向指引和工具选择，人才是企业创新产业发展的第一要素。党的二十大报告强调“强化企业科技创新主体地位，发挥科技型骨干企业引领支撑作用”[1]，这是进一步优化我国科技结构即高校、科研院所和企业在科技创新活动中的分工比例，提升我国国家创新体系整体效能的又一重大议题，因此强化企业科技创新主体地位，有效提升企业员工的创新力是推动实现高水平科技自立自强的关键举措。

1 理论基础与文献回顾

1.1 创新与创新能力

“创新”一词最早起源于奥地利经济学家熊彼特。他指出，创新是将资源以新的方式重新组合，从而产生新的价值。随后，学者基于不同视角开始对“创新”这一概念进行重新定义。Simon 将创新定义为发现新颖方法以解决问题的过程[4]。Findlay 和 Lumsden 认为创新是一种处理事情的方法、产品，还包括特有的人格品质[5]。“创新”被引入管理学后，学者开始对“创新能力”这一概念进行研究。Burns 和 Stalker 认为，创新能力是组织成功采取并实现创新思想、创新流程及创新产品的能力[6]。创新能力的研究由于学者所依据的理论不同而有所差异，现有研究通常认为创新能力主要包括组织创新能力和个体创新能力。Oldham 和 Cummings 认为，员工创新（employee creativity）更多的是个人产生对组织有用的新颖想法和产品，而组织创新（organizational innovation）更多的是在组织层面去利用这些新颖的想法或者产品[7]。

早期研究主要关注个体特征和创新能力之间的关系[2, 8]，研究发现个人的自信程度、广泛的兴趣、智力因素等都与创新绩效息息相关，并开发出高氏创造力人格量表（Gough's creative personality scale）。Shalley 等认为，在组织创新能力的构成要素中最重要的因素就是个人创新能力，只有当组织中的个人拥有创新能力，组织才能形成创新能力[9]。Amabile 提出创新能力构成要素模型，认为组织中员工的创新能力主要受到其掌握的专业知识技能水平、创新过程以及内部动机三大要素的影响，凸显了创新主体知识储备、理论基础等因素在其创新能力方面发挥的作用[10]。

后来学者又将研究聚焦在组织层面，Bharadwaj 和 Menon 从个体和组织两个层面探究员工创新能力对创新绩效的正向作用[11]。我国学者关于创新能力的研究多集中于组织层面，关注创新能力对创新绩效的影响，认为创新能力对创新绩效有显著的正向影响。章凯和李滨予探索组织环境对员工创新能力的影响机制，认为工作因素、人际与群体因素、组织文化与政策因素、资源丰富性因素均会对员工创新能力产生影响[12]。周文泳和秦爽丽通过实证研究探讨管理者认知对员工创新能力的影响，选取自我效能感作为中介变量，揭示管理者认知、自我效能感与员工创新能力间的关系[13]。张新国和吕晶晶通过结构方程模型分析探讨社会责任对企业科技创新能力的影响，认为企业通过履行社会责任能够激活知识型员工科技创新意识，推动企业科技创新活动并提升科技创新能力[14]。李钧等通过实证分析高管团队创新意愿与决策能力对企业创新绩效的影响，发现高管团队创新意愿与决策能力对创业企业创新绩效有显著的正向影响[15]。

1.2 创新能力的维度与测量

1.2.1 单维的划分及测量

既往研究中一些学者认为应该以一维的方式衡量员工的创新能力。例如，Scott 和 Bruce 认为员工创新能力主要可以通过三个阶段得以体现：创新念头的出现、推广和实施[16]。他们还开发了测量员工创新能力的量表，后续有一些学者在运用该量表时加入了本土化的元素，对量表中的题项做了适当调整，使其更符合研究目的。Janssen 同样认为员工创新能力有三个阶段的体现并从员工自我评价和领导评价两个方面展开测量，此量表在实际运用当中拥有良好的信度和效度，因此也被后来的很多学者在研究当中应用[17]。叶玉珠等在 Scott 和 Bruce[16]问卷的 6 个题项中加入了第 7 个题项，“总体而言，我是一个有创新意识的人”，调整之后的问卷被运用于员工创新能力调查中，信度和效度都较好[18]。在 Shin 和 Zhou[19]与王雁飞等[20]研究成果的基础上，并且考虑了中国企业情境的因素后，张振刚等编制了一个含有 8 个题项的员工创新行为的测量量表[21]，该量表在实际运用中拥有较好的可靠性和有效性。

1.2.2 多维的划分及测量

有很多研究认为员工创新能力要划分为多维度来进行测量。Kleysen 和 Street 通过研究认为员工创新能力可划分为五个维度：寻求机会、形成想法、进行调查、形成联盟和实践应用[22]。他们基于这五个维度划分，编制了 14 个题项测量量表，并采用员工自评的方式。然而这五个维度量表被运用到实际测量中时，其结构效度并不是很理想。基于 Kleysen 和 Street[22]的研究成果，黄致凯认为员工的创新能力可以分为两个方面：一方面，员工主动寻求创新管理、产品或服务；另一方面，员工在产生创新构想后将其运用到实践中[23]。黄致凯还开发了包括 12 个题项的员工创新能力测量量表，该量表在实际测量过程当中表现出来较好的信效度[23]。

2 员工创新力的概念内涵

“创新”来源于熊彼特的研究，认为创新是一种生产函数的转移，将资源以新的方式进行新的组合，产生新的作用，从而获得超额利润。之后发展出了多种创新形式，包括产品创新和流程创新等[24]。产品创新聚焦新的或更好的有形产品及无形服务。流程创新聚焦于生产商品和服务的新方法，偏向于技术上或者组织上的创新[25]。在数字情境中，员工展现出的创新力很多体现为灵感迸发下的创意方案，以及将这种方案落地实施的能力，强调员工产生创新意愿，从创新想法到实践，形成新产品（服务）、新流程、新模式再到商业化的全周期。本文将员工创新力定义为在员工创新过程中，从模糊前端到新产品、新流程、新模式产生并商业化的全过程所展现出来的能力。通过对文献的梳理和总结，实践涌现的创新力与过往研究的创造力和创业力不同。

创造力理论主要有两种流派，一是强调个体有社会公认的成就，其中有新颖的产品可以作为证据，如发明、理论、建筑等；二是强调创造力是一种能力，通过在关键试验中的表现来体现，如测试、竞赛等，个体可以在一个精确度量衡下与他人进行比较，进而展现出优于别人的能力。创造力关心个体创造出的新理论、新行动（建筑、绘画等）或是可测量的能力，不以利润获取为导向。关于个体创新性的理论研究认为要成为一个有创造力的人，必须具备某一领域的专业知识、经验、独特的社会网络，对新技术的开放性、发散性思维的能力，以及其他特征[26]。

在创新的商业化阶段，学者多关注创业企业家的特质，创业力被用来形容创业企业家领导力的表现，属于创业领域和领导力领域的交叉研究。Renko 等认为，创业力是伴随着好的企业绩效的企业家领导力，对企业成长和发展发挥着重要的作用，诸如实现组织目标、识别和开发创业机会[27]。创业力不仅包括创新思想和行动，更强调创建一个新的企业并实现成功运营。创业能力影响着个体是否选择创业以及新企业如何成功运作，同时也影响着新企业的绩效[3, 28]。

在美学、艺术学视角下，创造力强调个体在建筑、美术等领域创造成果的能力，更侧重个人特质和思维特征，如达·芬奇和爱因斯坦等。创业力更强调企业经营发展和创新扩散过程中展现的卓越领导力，如独角兽企业的创始人和企业家。创新力则强调企业个人与环境的实时交互，是企业情境中展现出的方案创意或产品升级以及商业化的全过程。

在流程机理方面，创造力侧重新的想法、理论或创意，不强调利润的产生，强调模糊前端中实现成就或理论等从 0 到 1 的突破，更适用于基础研究和原始创新。创业力更强调产品、服务后期商业化的过程，包括成立企业并运营实现盈利，聚焦新企业的成功运作和绩效表现。创新力则覆盖从模糊前端到商业化的全流程，包括从创意的产生到新产品、新流程、新模式的研发和商业化的全过程。

在价值创造方面，创造力以个体创造出的社会认可的成就或标准化成绩测量下的能力展现来度量。创业力强调要创立一个新的企业并运营，尤其是商业化过程中的利润产生。创新力聚焦于产品优化或方案创意的落地实现，更强调整体过程中经济价值和社会价值的涌现（图 1）。

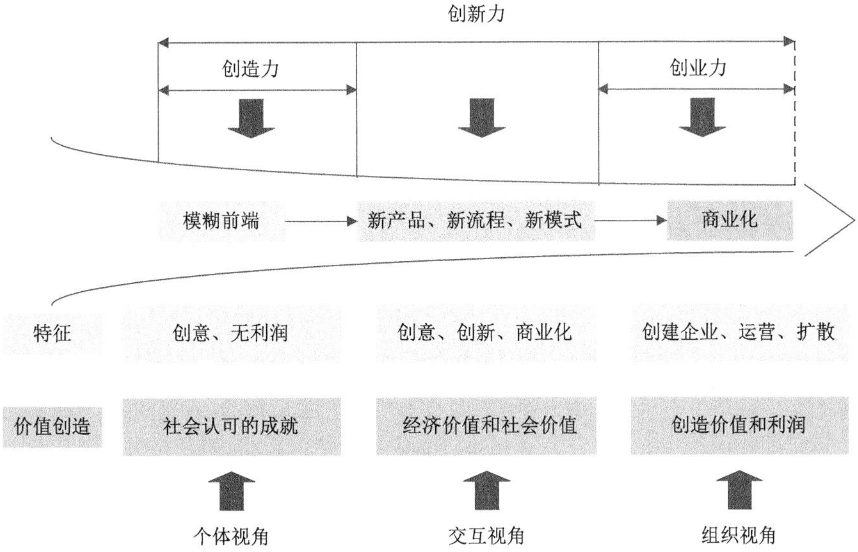

图 1　创造力、创新力、创业力的概念辨析

3　员工创新力的多维度结构

作为质性研究方法，扎根理论可以从研究者的实际观察或者原始资料中提取概括关键字段，进而系统整理，从而在组织动态的实践中寻找不同要素间关系，发现它们之间的交互作用机理[29, 30]。因此本文通过“开放性编码—选择性编码—理论编码”三个步骤深描文本资料，形成经验资料、理论研究和文本分析的对话[31]，从而归纳和整理创新力这一新概念的结构和关键要素。

3.1　理论取样

理论取样是依据建构理论的需要，有目的地选择样本[32]。基于本文提出创新力的新构思，有目的地选取百度这一创新型互联网科技企业的高管和核心员工作为研究对象。百度集团是拥有强大互联网基础的领先 AI 公司，创新求变一直是百度不断追寻的目标，李彦宏曾表示，培养出来百度的创新能力，才是我们长久能够赢得战斗、战役、战争的根本保障，符合研究需要。为更加符合理论抽样的基本原则，本文研究要求志愿参与访谈的百度工作者在抽样前回答以下问题：“我在工作中能产生创新的冲动并为之尝试创新，以上描述在多大程度上符合您的真实感受？1 为完全不符合，5 为完全符合”。

3.2 数据收集

数据收集主要分为三个阶段：首先，在百度员工贴吧和论坛抓取员工关于创新创业的评论；其次，在企业内部开展个人深度访谈和实地调研；最后，选取业内外对标企业进行网络文本资料的收集和分析整理。

第一阶段：考虑到研究员工创新力是根植于企业内部，并在员工工作实践中提取，所以本文采用 Python 在百度员工贴吧和论坛中随机抓取员工关于创新创业的评论，共获得评论 500 条，了解当下员工在工作中创新的想法与实践，并且搜集百度的前期研究报告、讲话内容、培训方案等文字资料，了解百度对员工创新的培养方针和政策。

第二阶段：本文研究采取半结构化深度访谈的方式来收集所需数据。在正式访谈前由创新领域的专家小组以座谈会的方式讨论和建议关于创新能力测量维度访谈的提纲内容，并通过预访谈进行最终确认，正式访谈提纲包括 5 道题目和 1 个背景提示语。正式访谈小组由 2 名创新领域专家和 4 位博士生组成。在确定正式访谈提纲后，访谈小组对 20 名高管和 38 名员工进行了多轮一对一半结构化深度访谈，每轮访谈时间控制在 1.5~2 个小时，并且在受访群体中员工皆为绩效考核前 5%的明星员工，同时评价中带有“创新”等关键词，高管来自研发部门、管理部门、商务部门等多部门。

第三阶段：为使资料收集更加完整和饱和，选取互联网业内对标企业腾讯、阿里巴巴，同时选取业外头部企业中国中车、海尔进行二手数据获取，内容包括通过官方网站、网络数据搜集到的企业关于创新的相关新闻报道、对外宣传和书籍等。

最终整个数据收集过程从 2022 年 4 月持续到 7 月，访谈时间总计约 72 个小时，并将访谈语音转成文字共 97 856 字进行保存。本文将数据的四分之三资料进行编码分析，剩余资料用于事件比较和饱和度检验。此外在编码过程中采用背对背编码，并邀请由相近领域的博士生参加的学生小组和由相近领域学术专家组成的专家小组对编码结果进行交叉对比和反复校正，以保证人工编码的科学性。

3.3 编码过程

3.3.1 开放式编码

开放式编码通过对原始访谈资料的研读进行逐字逐段分析，秉承“自然涌现”原则进行编码，从而用抽象性的语句和词汇进行关键字段的提取和归纳[33]。本文研究基于员工个体视角探寻创新力的体现，所以以员工第一主体的视角进行表述编码。第一步对材料进行标签化处理，提取关键字段剔除重复性条目，共提取出 968 条初始代码；第二步通过筛选和比较去掉频次少于两次的初始代码，后得到 653 条代码。第三步根据编码间的联系性及复现性进行范畴化处理，归纳提炼初始代码并进行一致性检验后，得到了 428 个初始概念（表 1）。

表 1 开放式编码结果示例

研究对象 1 的原始访谈资料	开放性编码 初始概念
关于在工作中的创新，我一直觉得对于不同层次的员工，所表现的创新情况和背后的能力要求是不一样的。比如，我是原来做运营后来跳槽过来做产品的，我在工作中就挺愿意寻找挑战的，希望可以让这个产品在我这一环获得一些改进，并且愿意承担改进可能失败的风险。当然我感觉这可能与我的性格有关系，我一直都是一个比较有好奇心的人，这驱使着我去探索很多事物，也有着很多幻想，甚至做一个 superhero（超级英雄）改变世界。这些特性都帮助我变得不惧怕承担责任，也敢于试错。并且这些冲动和勇敢的经历是我创意点子灵光一闪的来源。我以前做运营的经验帮助我可以和很多的不同部门进行沟通，还有和业务部门的对接，锻炼了我沟通合作的能力，从而更好地让我灵光一闪的想法进行展示并沟通可行性。而高层的话更多的可能考虑整个流程的优化，整个市场的方向性创新，开辟新的产品线和市场范围。更宏观的创新点，需要有强大的团队管理能力和关系能力，需要找到联盟来支持自己的决定，毕竟没有人支持的领导是很难进行创新落地的。同时，高层创新时比我们面临更高的试错成本和风险，一个成功的创新孕育于无数个失败，所以他们的执行力、抗挫能力、反思能力都非常重要，从实践中不断摸索并改进，最后实现创新	A1-1 在工作中愿意主动寻找挑战； A1-2 我愿意承担改进可能失败的风险； A1-3 我有好奇心，驱使着我去探索很多事物； A1-4 我不惧怕在工作中承担责任； A1-5 我敢于试错； A1-6 有想要改变世界的方法； A1-7 有沟通合作的能力很重要； A1-8 我可以管理团队，调动更多的人帮助我； A1-9 我可以建立联盟，利用关系找寻合作伙伴； A1-10 我可以接受并抵抗挫折； A1-11 我能够从以前的事情中吸取教训，不断反思

3.3.2 选择性编码

结束开放式编码后，继续进行选择性编码，会在开放式编码获得的初始编码基础上进行更加有指向性和条理性的整合与筛选，来提取子范畴和核心范畴。在本文研究中针对整理的 428 个初始编码进行关联性分析、筛选、聚类和总结，最后整理得到 32 个子范畴，进一步整合为 9 个核心范畴，即使命感、胆商、好奇心、统御性、战略能力、创新思维、行动能力、研究能力、合作能力（表 2）。

表 2 选择性编码结果示例

核心范畴	子范畴	对应的初始开放式编码概念
使命感	改变世界	A1-6 有想要改变世界的方法； A7-5 通过创新促进社会变得更繁荣
	追求卓越	A2-4 在工作的时候很执着，很专注； A3-7 我有着我的高标准并追求不断突破
	超越用户	A3-2 希望为客户提供高品质的产品或服务； A2-6 我想超越用户的期待

续表

核心范畴	子范畴	对应的初始开放式编码概念
胆商	喜欢挑战	A1-1 在工作中愿意主动寻找挑战； A2-1 我乐于接受挑战
	风险承受	A1-2 我愿意承担改进可能失败的风险； A4-3 我可以面对错误和失败
	勇气指数	A1-4 我不惧怕在工作中承担责任； A1-5 我敢于试错
好奇心	自我驱动	A3-5 我有很强的自驱力； A5-6 我实现目标主要靠自我激励
	好奇驱动	A1-3 我有好奇心，驱使着我去探索很多事物
	激活创意	A5-7 我有很强的联想力，可以产生源源不绝的创意； A6-2 我经常会有灵光一闪的感觉
统御性	融合性	A8-3 我感觉我是理性与感性的融合； A5-3 我觉得需要练习科学和艺术兼并
	整合能力	A7-1 我觉得我具有很强的整合能力； A8-7 我一直保持将不同的问题和要点进行整理的习惯
	容错性	A7-7 我对不确定性有很高的容忍程度； A6-9 我可以忍受不确定性
	想象感	A6-1 我有很好的想象力； A2-10 大脑中的想象力很重要
战略能力	发现问题	A2-3 我可以精准地发现问题所在； A4-2 我觉得可以一针见血找到本质很重要
	机会识别	A6-3 我可以敏锐地察觉到市场机会； A5-5 市场的变化需要时刻关注并识别
	战略思考	A7-1 宏观的、跳出事件外的眼光很关键； A8-2 战略的考虑和角度决定了创新市场的存在
	前瞻思维	A2-8 我有面向未来的思维能力； A3-9 我经常想到很多步后的计划
创新思维	批判性思维	A4-9 我并不觉得谁说的话一定就是好的，可能会有错误； A2-7 我常常带批判性眼光看问题
	设计思维	A8-1 我提供的解决方案是实用同时有创造性的； A7-2 我觉得设计感是创新的一大亮点
	横向思维	A5-2 我喜欢打破框架，跳出既定思维； A6-4 我有着往更宽广领域拓展的前进式思考模式
	跨学科思维	A3-6 我原来是理科生，后来修了管理学； A4-9 我有跨学科背景，这让我思维能力得到了不一样的锻炼
行动能力	动手能力	A5-1 我认为一定要动手研发； A8-9 我有实验操作的能力帮助我创新
	执行能力	A5-4 我觉得有计划要快速执行； A8-5 我很看重完成预定目标的操作能力
	数据素养	A6-4 我可以对数据进行有效获取、分析解释

续表

核心范畴	子范畴	对应的初始开放式编码概念
研究能力	持续学习	A8-6 我坚持始终都要学习； A9-4 我额外学习了数据分析、处理等多种技能
	独立思考	A8-7 我保持独立思考的能力； A9-1 我不会人云亦云
	自我反思	A1-11 我能够从以前的事情中吸取教训，不断反思； A8-4 我会反思自己的某个观点或行为是否正当和合理
	抗挫能力	A1-10 我可以接受并抵抗挫折； A7-5 挫折使我越挫越勇，不会轻易放弃
合作能力	沟通交流	A9-5 我擅长让别人接受我的新思想； A4-10 我觉得打破界限，寻求别人的支持很重要
	共情能力	A8-8 我可以设身处地来体验他人处境； A9-9 感受和理解他人心情
	关系能力	A1-9 我可以建立联盟，利用关系找寻合作伙伴； A6-6 我觉得社交很重要
	团队能力	A1-8 我可以管理团队，调动更多的人帮助我； A6-8 发挥团队精神、互补互助，可以帮我有更高的工作效率

3.3.3 理论编码

通过对开放式编码和选择性编码得到的结果以及其他文献的现有研究的分析对比，我们构建出了以使命感、胆商、好奇心等为中心范畴的员工创新力模型。其中，使命感指的是个人对自我天生属性的寻找与实现。胆商用来描述胆识、胆略和勇气的总和。好奇心是创新产生的源头，是所有创新性行为的原动力。统御性指的是个体理性和感性的融合、科学和艺术的融合、逻辑性和文艺性的融合等，还包括对风险和不确定性的容忍性。战略能力指的是研究未来、洞察未来和规划未来的能力，要求个体有敏锐性、战略思维和长期思维。创新思维指的是个体具有批判性思维，能够独立思考，突破本身的固有思维模式，为寻求改进结果而提供实用和富有创造性的解决方案。研究能力指的是独立思考、自我反思、持续学习和抗挫能力。合作能力包含沟通交流、关系能力、团队能力和共情能力。行动能力是指个体将想法、计划转化为实际行动，并有效推进直至达成目标的能力。考虑到数字时代的特殊性，本文将数据素养也纳入该范畴。本文将创新力的关键要素总结为创新认知和创新践行两个维度。理论编码模型如图 2 所示。

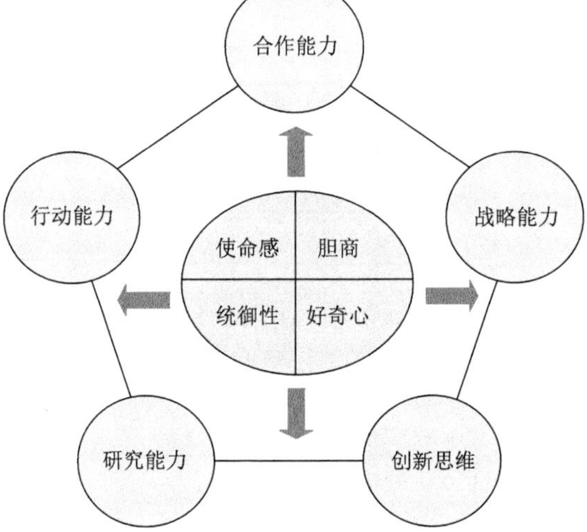

图 2　理论编码模型

在研究过程中，本文通过扎根理论在编码和范畴的整理中凸显出清晰的逻辑线：员工通过使命感、胆商、好奇心、统御性构成创新形成的认知，拥有的战略能力、创新思维、行动能力、研究能力、合作能力构成创新践行的能力，两者共同决定了员工最后展现出的创新力。

3.3.4　理论饱和度检验

通过结合其他来源的数据资料，本文研究利用剩余四分之一样本的访谈数据进行理论饱和度检验，通过多个数据对象的连续比较，结果表明现有理论模型中的概念范畴已发展完备，没有新的范畴与概念被发现，说明目前以上理论达到饱和。

3.4　信效度保障策略

根据既往的研究[34, 35]，本文采用以下三个策略确保编码的信效度：第一，构念效度，收集网络公开资料、企业实地访谈和 Python 抓取员工评论等多种来源的数据，形成证据链，进行三角验证以确保资料的真实性；第二，编码可信度，在编码过程中，采用多人背对背编码，同时建立资料备份以便后期进行对比更改；第三，外部效度，在经验资料、理论文献和研究者个人知识之间进行多方论证与思辨。

4　员工创新力量表开发与检验

4.1　初始量表生成

基于扎根理论对半结构访谈资料进行编码，开发出了 9 个维度、32 个范畴的创新力测量结构，遵循简明扼要、清晰一致和避免歧义的原则，研究小组针对各个题项与主题的相关度、问题表达的准确度和清晰度等进行评估，删除具有歧义或模糊不清的题项后达成一致，编制出了具有 36 个测量条目的初始量表。每个初始条目对应 4 个问项，构成了初始题项库。

同时为确保初始量表的内容效度，不仅研究小组进行评估，还进一步邀请两位创新领域专家及 10 名企业工作者对包含 36 个题项的量表进行再次定性评估，坚持可读性、准确性和代表性的原则，测量每一条题项是否对应概念的结构和内涵，是否相互独立又全部包含，综合各方评价意见反复修订和讨论后，对初始量表进行修订，最终确定了包含 32 个题项的初始量表（表 3），每个子范畴对应 3~4 个问题项，内容效度具有一定的可靠性。此外，本文研究考虑到上述量表开发后的可操作性和外部效度，将问卷的题项均以第一人称的方式表达，用通俗生动的问法代替了学术词汇，并将问卷的初始语设置为："当您在工作中能产生创新的冲动并为之尝试创新，以下问题在多大程度上符合您的真实想法？1 为完全不符合，5 为完全符合。"

表 3　开发量表初始题项

核心范畴	量表初始题项
使命感	1.我有改变世界、承担社会责任、促进社会文明的繁荣发展的信念
	2.我一直有追求领先、卓越的想法
	3.我愿意用超越用户需求的卓越作品来完成工作
胆商	4.我喜欢主动寻找挑战，乐于接受挑战
	5.我愿意承担创新失败的风险
	6.我拥有不惧怕失败，勇于尝试的决心和勇气
好奇心	7.我会自发性地产生创新需求
	8.我偏好使用创造性思维来提供解决方案
	9.我总是喜欢研究探索事物的本质
统御性	10.我拥有理性与感性、科学性和艺术性、专注与情绪的融合
	11.我具有把事情综合和整理的能力
	12.我对不确定性具有一定的容忍度
	13.我可以在大脑中描绘图像
战略能力	14.我有主动发现问题的能力
	15.我可以敏锐地发现机会
	16.我可以为谋求长期生存和不断发展进行宏观谋划
	17.我拥有面向未来的思维方式
创新思维	18.我可以对事物进行批判性评价
	19.我能为问题或事件提供实用和富有创造性的解决方案
	20.我能跳出逻辑局限，进行拓展性的前瞻式思考
	21.我有跨学科的知识背景和思维能力

续表

核心范畴	量表初始题项
行动能力	22.我有动手研发、实验的能力
	23.我可以将想法转化为产品和服务
	24.我可以有效获取、分析、解释数据并得出结论
研究能力	25.我坚持终身学习的观点并享受学习的过程
	26.我常常反思自己某个观点或行为是否正当和合理
	27.我具有独立理性思考的能力
	28.我能承受短期付出无回报的代价
合作能力	29.我可以通过沟通让别人接受新思想，打破界限寻求支持
	30.我能设身处地体验他人处境，从而达到感受和理解他人心情
	31.我能通过人际网络找寻合适的合作伙伴并形成联盟
	32.我有团队精神并能做到利益让渡，发挥团队最大的效能

4.2 探索性因子分析

本文研究采用探索性因子分析找出最适合测量创新力的量表条目，并对其结构维度进行初步的验证。先发放问卷进行数据收集，后运用 Cronbach's α 系数对问卷进行信度检验，再进行验证性因子分析，以进一步检验构念的效度，最后进行结构效度检验。

4.2.1 数据收集

本文研究调查数据来自百度集团内部，通过其内部平台发放问卷并填写。本文研究采用问卷星发放问卷，问卷题目采用利克特 5 级量表进行测量（1=“非常不符合”，5=“非常符合”），同时数据由问卷星软件直接导出。调查共收到 938 份答卷。其中，8.4%的受访者担任团队领导职务，余下的 91.6%的受访者为一般员工。从事技术岗的员工占比最高，超过 60%；从事产品岗和职能岗的员工分别约占 15%。在学历方面，绝大多数受访者都拥有大学本科或硕士学历且毕业于“双一流”高校。

4.2.2 预试量表题项筛选与保留

在进行探索性因子分析之前，本文研究采取 Cronbach's α 系数对问卷进行信度检验，以评价量表的内部一致性。文献指出，探索性研究的因子 Cronbach's α 系数大于 0.6，同时总体相关系数（corrected item-total correlation，CITC）值大于 0.5 的题项建议保留[36]。该指标衡量的是每个测试项目与整个测试得分之间的相关性。SPSS 分析结果显示创新认知模块 Cronbach's α 系数为 0.975，表明整体信度可靠。根据 CITC 系数判断，剔除任一题项，Cronbach's α 系数均小于 0.975。同时，“项与总计相关性”均达到 0.1%的显著水平，因此可保留创新认知所有题项。创新践行模块 Cronbach's α 系数为 0.984，表明整体信度可靠。CITC 系数显示，剔除“战略思考 4”“批判思维 4”“容错能力 3”“容错能力 4”“独立思考 3”五个题项后，Cronbach's α 系数有所提高，因此予以剔除。

4.2.3 探索性因子分析结果

本文研究采用 AMOS 24.0 进行因子分析，以进一步检验构念的效度。由于共有超过 200 个题项，按照常规方法进行降维后，可能出现某一公因子汇聚较多题项的情况。因此，先对每一模块逐一进行主成分分析，得到模块总分，在这基础上再进行一次主成分分析。

结果显示，KMO 值为 0.977，在 0.1%水平上显著，根据 Kaiser 准则[37]提取特征值大于 1 的因子，共反馈 2 个公因子，解释总体变异量为 73%（Bartlett 的 χ^2 值在 0.001 水平上显著）。同时以 0.4 作为临界值进行题项的筛选，若某题项在所有因素上的负荷量小于 0.4 或在两个及以上因素上的负荷量小于 0.4 予以删除。第一个公因子主要承载了使命感、胆商、好奇心、统御性四个模块的信息，因子载荷均高于 0.7。第二个公因子承载了战略能力、创新思维、行动能力、研究能力和合作能力五个模块的信息，因子载荷高于 0.4（表 4）。第一个公因子更多承载了个体价值观和性格特征的模块，本文命名为“创新认知”维度；第二个公因子更多承载了关于个体行为偏好的模块，本文命名为“创新践行”维度。

表 4 创新力因子分析

因子	创新认知	创新践行
使命感	0.874	
胆商	0.791	
好奇心	0.790	
统御性	0.802	
战略能力		0.612
创新思维		0.512
行动能力		0.446
研究能力		0.436
合作能力		0.601

4.3 验证性因子分析

4.3.1 数据收集

本文研究运用 AMOS 24.0 进行验证性因子分析，以进一步检验构念的效度。Fokkema 和 Greiff 表示对同一样本进行探索性和验证性因子分析对研究者来说是不合理的[38]，因此本文研究重新抽样，向其他互联网企业共发放问卷 350 份，剔除填写不认真、缺填、漏填的问卷，最终得到有效问卷 312 份（样本二），其中，男性数量为 136 人，占比为 43.59%，女性数量为 176 人，占比为 56.41%。11.22%的样本处于部门经理等职务，余下为部门普通员工。学历达到大学本科及以上的占比为 86.86%。

4.3.2 分析过程与结果

基于 AMOS 软件进行验证性因子分析的同时设置备选模型：一阶单因子 *a* 模型包含创新认知模块的四个维度，一阶单因子 *b* 模型包含创新践行模块的五个维度。一阶双因子模型包括创新认知维度和创新践行维度两部分。将两个模块单独分开检验时，认知模块拟合优度更佳。一阶双因子模型各项指标均满足标准，双因子模型得到验证。

基于本文的研究假设，认为创新认知和创新践行共同构成了创新力，因此认为两潜变量之间应该存在更高阶的因素，故设置二阶双因子模型（图 3）。分析结果如表 5 所示，二阶双因子模型拟合显示各项指标满足标准［ χ^2/df=3.278，RMSEA（root mean square error of approximation，近似均方根误差）=0.082，CFI（comparative fit index，比较拟合指数）=0.978，TLI（Tucker-Lewis index，塔克-刘易斯指数）=0.981，GFI（goodness-of-fit index，拟合优度指数）=0.992，SRMR（standardized root mean square residual，标准化均方根残差）=0.037］。说明该模型的结构合理，创新认知和创新践行存在共同的二阶因子，即创新力。创新力量表的构念效度得到样本二数据的验证和支持。

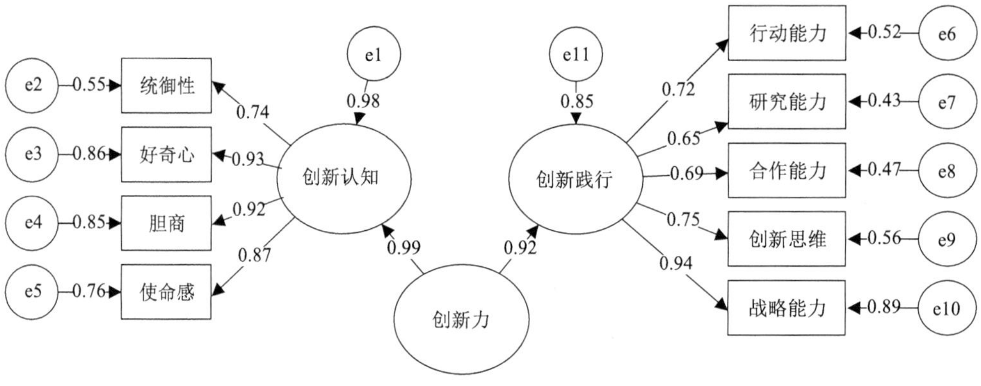

图 3 员工创新力二阶双因子模型图

表 5 验证性因素分析拟合指标

模型	χ^2/df	RMSEA	CFI	TLI	GFI	SRMR
一阶单因子 *a*	5.267***	0.081	0.991	0.975	0.986	0.038
一阶单因子 *b*	8.802***	0.098	0.960	0.945	0.972	0.042
一阶双因子	6.236***	0.093	0.981	0.958	0.959	0.039
二阶双因子	3.278***	0.082	0.978	0.981	0.992	0.037

***表示在 0.001 的水平上显著

4.4 结构效度检验

结构效度是指一个测验实际测到所要测量的理论结构和特质的程度，说明测验分数在多大程度上能解释特定的心理特质，主要包括聚敛效度和区别效度[38]。首先，为检验量表的聚敛效度，本文研究在验证性因子分析的基础上计算了组合信度（composite reliability，CR）和平均提取方差值（average variance extracted，AVE），仅检验其中之一，不足以证明量表的聚敛效度[39]，为此，本文研究以 CR 大于 0.8 和 AVE 大于 0.5 为标准，检验已有量表的聚敛效度。AVE 越大表明提取的方差值越大、测量误差越小，测量指标越能代表潜变量（表 6）。

表 6 结构效度检验结果

公因子	AVE	CR	创新认知	创新践行
创新认知	0.761	0.887	（0.872）	
创新践行	0.652	0.815	0.513***	（0.807）

注：对角线括号内为 AVE 的平方根

***表示在 0.001 的水平上显著

数据表明，创新认知和创新践行所对应的 AVE 大于 0.5，CR 大于 0.8。AVE 大于潜变量之间的相关系数的平方项，说明测量项目与因子间的共同变异大于因子之间的共同变异，即具有良好的区分效度[40]。

5 量表预测有效性检验

5.1 选取关联校标

本节研究的目的是选取与创新力关联性较强的变量校标以检验量表预测的有效性。工作满意度是员工在组织工作过程中的良性心理状态，Locke 的研究表明工作满意度对工作绩效产生显著影响，因而也成为组织行为领域重点探讨的变量[41]。百度集团对员工创新力十分重视，在许多技术赛道上也处于领先地位[42]。在百度集团内部创新力强的员工，能得到更多的正向反馈，工作满意度也会显著增加。另外，若员工对工作环境、薪酬待遇或晋升空间感到满意，也会进一步激发其创新力的释放。本文研究并不重点探讨创新力和工作满意度的因果归属，只是用相关关系检验模型的有效性。基于以上思考，本文选取员工工作满意度为关联校标，检验创新力量表测量的有效性，并提出如下假设：

员工创新力正向影响员工工作满意度。

5.2 测量工具

员工创新力的测量采用本文所编制的量表，维度包含创新认知和创新践行的 9 个指标，其中，Cronbach's α 系数为 0.871，RMSEA=0.082，CFI=0.978，TLI=0.981，SRMR=0.037。

员工工作满意度的测量借鉴了 Locke 的量表[41]，设置包含薪酬满意度、工作环境满意度、同事关系满意度和职业前景满意度四个指标，内部一致性系数为 0.841，χ^2=28.25（p<0.001），RMSEA=0.083，CFI=0.956，TLI=0.927，SRMR=0.0267。

5.3 数据收集

研究团队为了尽可能降低共同方法偏差的影响，遵循理论界的建议，采取纵向的数据收集方式，共收集 3 次，并且每两次间隔 1 个月左右。问卷三轮共发放 180 份，回收管理者问卷 54 份，员工问卷 126 份，剔除数据缺损及填写随意等无效问卷后，最终得到有效问卷 136 份，有效回收率为 75.56%，其中管理者 38 份，员工 98 份。

5.4 分析结果

结构方程分析结果如图 4 所示。创新力和工作满意度两个潜变量存在显著正相关关系（r=0.52，p<0.001），同时，表 7 的拟合优度系数也表明模型的各项指标满足标准。

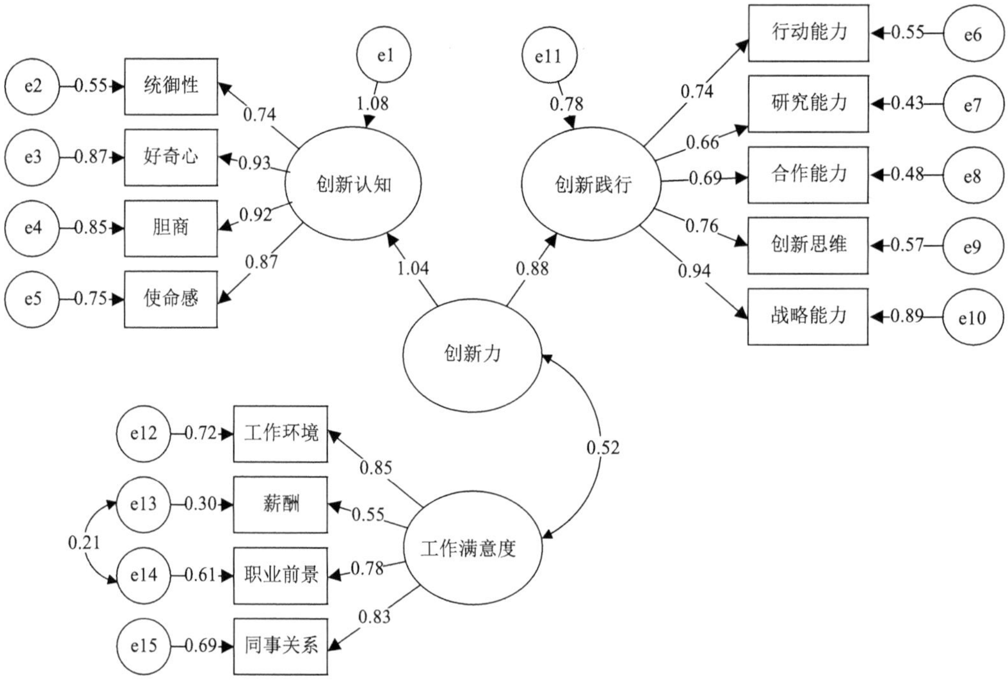

图 4 员工创新力影响员工工作满意度结构方程图

表 7 员工工作满意度与创新力的结构方程分析结果

模型	χ^2/df	RMSEA	CFI	TLI	GFI	SRMR
创新力与工作满意度	3.94	0.058	0.978	0.971	0.969	0.038

6 研究结论与讨论

“中国式现代化是全体人民共同富裕的现代化”[1]。未来，凭借指数般的技术创新，人类将迎来富足的时代，战胜现存的贫困和孤独，获得更佳的资源和能源，实现真实的平等和自由。因此，中国企业比以往任何时候都更加需要创新。识别和培养创新人才成为新时代发展新质生产力和实现中国式现代化的关键。本文以百度为标杆企业，对员工创新力的概念进行内涵及结构的探索性测量。通过扎根理论对质性资料进行编码，涌现出包含两个一级维度，9 个核心范畴和 32 个子范畴的指标体系并开发了 32 个题项的员工创新力测量初始量表，经过一系列检验显示其具有良好的信度和效度。通过选取员工工作满意度为关联校标，验证了员工工作满意度和员工创新力之间的正向关系，验证了量表的有效性。

6.1 研究结论与贡献

第一，本文在创造力、创新行为、创业力等概念的基础上开发了员工创新力概念，并明确了数字情境下的创新力内涵，即员工创新过程中从模糊前端到新产品、新流程、新模式产生并商业化的全过程所展现出来的能力；厘清了员工创新力、创造力和创业力概念之间的区别和联系，在关注点上区别于过去的半过程以及组织层面研究，强调了创新力的全过程性、经济价值和社会价值的兼顾、创新过程与环境的交互性等特征，辩证地使用整体论和还原论来解释创新力的维度。

第二，开发了员工创新力的测量量表。本文基于扎根理论形塑了员工创新力的内部结构特征，认为创新力包括“创新认知”和“创新践行”两个维度，包括使命感、胆商、好奇心、统御性、战略能力、创新思维、行动能力、研究能力和合作能力 9 个关键核心范畴。本文还设计了包含 32 个题项的员工创新力测量量表。该量表从 9 个范畴进行测量，探寻创新人才在创新想法产生前的内部特质以及创新产生后落地实践的能力。量表开发为后续相关研究提供了量化、可操作的有效测量工具，具有重要的应用价值。

第三，本文研究从主体出发探寻创新人才的内驱性特征，相对于既往单角度[43]或单主体[44]的研究视角做出了有益拓展。对于创新力中使命感、胆商和统御性等的关注不同于以往研究中的环境追溯，与姚艳虹和韩树强对人格品质包括神经质、外倾性、尽责性、宜人性、开放性等向外的特质不同[45]，本文研究聚焦于创新力的内驱性，强调主体向内的追求，如使命感聚焦个人对自我天生属性的寻找与实现，使命感高的个体在工作中积极热情，始终保持通过创新为社会做出贡献的初衷，不断产生超越顾客期待，为客户带来惊喜的卓越作品，具有不断追求领先和卓越的原动力。

6.2 实践启示

第一，员工创新力测量可以有效为解决企业筛选和培养创新型人才提供参考性工具，实现

“知人善任”。让善于创新、精于创新的员工能够在模糊前端和新产品、新服务、新模式的研发阶段发挥更大的价值，提升组织的创新韧性和可持续发展的竞争力。

第二，员工创新力概念的明确和维度的清晰可以让企业有的放矢地开展创新培训，提升员工的创新力。员工创新力同时受到内驱和外显因素的影响，企业可以从内外两个方向精准发力，通过个性化设计的创新培训提升员工整体的创新意愿和创新能力。

第三，创新力与组织环境和氛围息息相关，企业可以通过开放包容的文化塑造和跨行业、跨专业、跨领域的交流空间营造，形成创新“场域”，实现隐性知识与显性知识的螺旋式转化上升。例如，宽容、和谐的组织文化能够提升员工对创新行为的渴望和兴趣；动手能力的提升和艺术性的提升可促进创新力的提升和涌现；高效便捷的信息服务可有效提升数字情境下的员工数字素养，提升创新力形成的效率。

6.3 研究不足与展望

本文研究仍存在一定的局限性。第一，本文研究采用百度员工普查数据作为员工创新力数据样本，未来可以考虑拓展应用到更多的创新型企业，使样本更具代表性，增加效度。第二，本文研究基于扎根理论的定性研究方法构建了员工创新力的结构维度，并将其内涵概念化，但文本分析的结果主要是通过研究成员讨论后主观编码所得，不可避免地受到主观偏见的影响，未来研究可以采用定性分析对访谈资料中的关键概念进行科学客观的提炼。第三，选取的员工工作满意度关联校标在公司内进行数据收取时不可避免地存在员工主观性的数据伪装等可能性，而创新力不仅影响员工工作满意度，还可以在以后的研究中选取其他变量进行更深层次的研究。

参考文献

[1] 习近平：高举中国特色社会主义伟大旗帜 为全面建设社会主义现代化国家而团结奋斗——在中国共产党第二十次全国代表大会上的报告[EB/OL]. https://www.gov.cn/xinwen/2022-10/25/content_5721685.htm[2022-10-25].

[2] Barron F，Harrington D M. Creativity, intelligence, and personality[J]. Annual Review of Psychology，1981，32：439-476.

[3] Kemelgor B H. A comparative analysis of corporate entrepreneurial orientation between selected firms in the Netherlands and the USA[J]. Entrepreneurship & Regional Development，2002，14（1）：67-87.

[4] Simon H A. The Executive's Responsibility for Innovation in Summer Program in Executive Development for Federal Administrators[M]. Chicago：University of Chicago，1957.

[5] Findlay C S，Lumsden C J. The creative mind：toward an evolutionary theory of discovery and innovation[J]. Journal of Social and Biological Structures，1988，11（1）：3-55.

[6] Burns T，Stalker G M. The Management of Innovation[M]. Oxford：Oxford University Press，1994.

[7] Oldham G R，Cummings A. Employee creativity：personal and contextual factors at work[J]. Academy of Management Journal，1996，39（3）：607-634.

[8] Martindale C. Personality，situation，and creativity[M]// Glover J A，Ronning R R，Reynolds C R. Handbook of Creativity. Boston：Springer，1989：211-232.

[9] Shalley C E，Gilson L L，Blum T C. Interactive effects of growth need strength，work context，and job complexity on self-reported creative performance[J]. Academy of Management Journal，2009，52（3）：489-505.

[10] Amabile T M. A model of creativity and innovation in organizations[J]. Research in Organizational Behavior，1988，10：123-167.

[11] Bharadwaj S，Menon A. Making innovation happen in organizations：individual creativity mechanisms，organizational creativity mechanisms or both?[J]. Journal of Product Innovation Management，2000，17（6）：424-434.

[12] 章凯，李滨予. 组织环境因素影响员工创新能力的动力机制探索[J]. 安徽大学学报（哲学社会科学版），2012，36（4）：149-156.

[13] 周文泳，秦爽丽. 管理者认知对企业员工创新能力的影响机理实证研究[C]//中国软科学研究会. 第九届中国软科学学术年会论文集（上册），2013：9.

[14] 张新国，吕晶晶. 社会责任对企业科技创新能力的影响：基于企业知识型员工视角[J]. 科技进步与对策，2014，31（17）：86-90.

[15] 李钧，柳志娣，王振源，等. 高管团队创新意愿、决策能力与创业企业创新绩效：研发组织水平的调节效应[J]. 南京财经大学学报，2020，（1）：74-84.

[16] Scott S G，Bruce R A. Following the leader in R&D：the joint effect of subordinate problem-solving style and leader-member relations on innovative behavior[J]. IEEE Transactions on Engineering Management，1998，45（1）：3-10.

[17] Janssen O. Job demands，perceptions of effort-reward fairness and innovative work behaviour[J]. Journal of Occupational and Organizational Psychology，2000，73（3）：287-302.

[18] 叶玉珠，吴静吉，郑英耀. 影响科技与资讯产业人员创意发展的因素之量表编制[J]. 师大学报：科学教育类，2000，45（2）：39-63.

[19] Shin S，Zhou J. Transformational leadership，conservation，and creativity：evidence from Korea[J]. The Academy of Management Journal，2003，46（6）：703-714.

[20] 王雁飞，蔡如茵，林星驰. 内部人身份认知与创新行为的关系：一个有调节的中介效应模型研究[J]. 外国经济与管理，2014，36（10）：40-53.

[21] 张振刚，余传鹏，李云健. 主动性人格、知识分享与员工创新行为关系研究[J]. 管理评论，2016，28（4）：123-133.

[22] Kleysen R F，Street C T. Toward a multi-dimensional measure of individual innovative behavior[J]. Journal of Intellectual Capital，2001，2（3）：284-296.

[23]黄致凯. 组织创新气候知觉、个人创新行为、自我效能知觉与问题解决型态关系之研究：以银行业为研究对象[D]. 广州：中山大学，2005.

[24]Schumpeter J. The Theory of Economic Development[M]. New York：Harvard University Press，1934.

[25]Edquist C，Hommen L，McKelvey M D. Innovation and Employment：Process Versus Product Innovation[M]. Northampton：Edward Elgar Publishing，2001.

[26]Sternberg R J. Intelligence，competence，and expertise[M]//Elliot A J，Dweck C S. Handbook of Competence and Motivation. New York：Guilford Publications，2005：15-30.

[27]Renko M，EI Tarabishy A，Carsrud A L，et al. Understanding and measuring entrepreneurial leadership style[J]. Journal of Small Business Management，2015，53（1）：54-74.

[28]Pieterse A N，van Knippenberg D，van Ginkel W P. Diversity in goal orientation，team reflexivity，and team performance[J]. Organizational Behavior and Human Decision Processes，2011，114（2）：153-164.

[29]徐淑英，刘忠明. 中国企业管理的前沿研究[M]. 北京：北京大学出版社，2004.

[30]贾旭东，衡量. 基于“扎根精神”的中国本土管理理论构建范式初探[J]. 管理学报，2016，13（3）：336-346.

[31]Charmaz K C. Constructing Grounded Theory[M]. Thousand Oaks：Sage Publications，2006.

[32]Glaser B G. Theoretical Sensitivity：Advances in the Method-Ology of Grounded Theory[M]. MillValley：Sociology Press，1978.

[33]Silverman D. Interpreting Qualitative Data：Method for Analyzing Talk，Text and Interaction[M]. Thousand Oaks：Sage Publications，2001.

[34]王冰，齐海伦，李立望. 如何做高质量的质性研究：中国企业管理案例与质性研究论坛（2017）综述[J]. 管理世界，2018，（4）：140-145.

[35]毛基业，苏芳. 质性研究的科学哲学基础与若干常见缺陷：中国企业管理案例与质性研究论坛（2018）综述[J]. 管理世界，2019，35（2）：115-120，199.

[36]Nunnally J C，Bernstein I H. Psychometric Theory[M]. New York：McGraw Hill，1978.

[37]Kaiser H F. An index of factorial simplicity[J]. Psychometrika，1974，39（1）：31-36.

[38]Fokkema M，Greiff S. How performing PCA and CFA on the same data equals trouble overfitting in the assessment of internal structure and some editorial thoughts on it[J]. European Journal of Psychological Assessment，2017，33（6）：399-402.

[39]Noar S M. The role of structural equation modeling in scale development[J]. Structural Equation Modeling：A Multidisciplinary Journal，2003，10（4）：622-647.

[40]Fornell C，Larcker D F. Evaluating structural equation models with unobservable variables and measurement error[J]. Journal of Marketing Research，1981，18（1）：39-50.

[41]Locke E A. Job satisfaction and job performance：a theoretical analysis[J]. Organizational Behavior and Human Performance，1970，5（5）：484-500.

[42]熊艾伦，魏巍，陈劲，等. 众里寻他千百度：员工创新力量表开发及应用[J]. 清华管理评论，2022，（S2）：18-25.

[43]张爽，张阳. 知识型企业员工的知识创新能力模糊评价体系[J]. 统计与决策，2006，22（20）：160-162.

[44]张军，许庆瑞，张素平. 企业创新能力内涵、结构与测量：基于管理认知与行为导向视角[J]. 管理工程学报，2014，28（3）：1-10.

[45]姚艳虹，韩树强. 组织公平与人格特质对员工创新行为的交互影响研究[J]. 管理学报，2013，10（5）：700-707.

Employee Innovativeness：Conceptual Connotation, Multidimensional Structure and Measurement

Wei Wei[1]，Chen Jin[2,3]，Zhang Bihang[1]，Xiong Ailun[4]

（1.School of Business，Beijing Wuzi University，Beijing 101149，China；2.School of Economics and Management，Tsinghua University，Beijing 100084，China；3.Research Center for Technological Innovation，Tsinghua University，Beijing 100084，China；4.School of Business Administration，Chongqing Technology and Business University，Chongqing 400067，China）

Abstract：Employing the grounded theory, this paper constructs the connotation and dimension of innovation capability through the in-depth interviews and textual analysis on the employees of some large Internet technology company, and develops the employee innovation capability scale which includes 32-item with nine dimensions. Among these dimensions, innovation cognition is formed by mission consciousness, courage quotient, curiosity and balancing ability, while strategic capability, innovative thinking, action capability, research capability and collaborative capability constitute innovation practice. Then further taking employee satisfaction as a criterion-related validation measure, it employs the structural equation modeling to verify the validity of this employee innovation capability scale. The results indicate that innovation capability can be defined as the entire process capability from the fuzzy front end of innovation to the generation and commercialization of new products, new processes and new models. The introduction of this concept helps to distinguish the similarities and differences between “creativity” and “entrepreneurship”, and other related concepts.

Keywords：employee innovativeness；conceptual connotation；scale development

RCEP 框架下跨境电商发展水平对出口贸易的影响机制及实证研究*

伍蓓，常心宇，周俊涛，顾晨磊，詹栩璐

（浙江工商大学 管理工程与电子商务学院，杭州 310018）

摘要：本文以 47 篇区域自由贸易协定（以下简称自贸协定）电子商务章节的文本规则为研究对象，围绕“RCEP 框架下跨境电商发展水平对出口贸易的影响”的基本问题，探讨自贸协定文本规则演变历程及趋势、RCEP 伙伴国跨境电商发展水平、RCEP 伙伴国的跨境电商发展水平对我国出口贸易的影响。将自贸协定文本规则的演变历程分为 4 个阶段，利用 TF-IDF 算法得出每一阶段的重要关键词，从数字化程度、科技实力、通关效率、物流水平四个方面构建跨境电商发展指标体系，使用熵权法测算出 RCEP 伙伴国跨境电商发展水平，利用引力模型探究 RCEP 框架下跨境电商对出口贸易的影响机制。

关键词：自贸协定；RCEP 框架；跨境电商；引力模型；出口贸易

中图分类号：F752.4　　　　**文献标识码：A**

在新冠疫情以及国际复杂局势的双重压力下，我国的对外贸易面临着前所未有的挑战，而跨境电商正成为我国经济发展的新动力、数字化转型升级的新途径和高质量发展的新支撑。根据海关总署数据，2024 年我国跨境电商进出口达 2.63 万亿元，同比增长 10.8%[1]。2022 年 1 月 1 日，《区域全面经济伙伴关系协定》（Regional Comprehensive Economic Partnership，RCEP）正式生效，成为全球人口数量、经济体量、商品和服务贸易总额、外国直接投资最大

---

* 基金项目：国家社会科学基金重点项目“RCEP 框架下跨境电商推进数字贸易强国建设的机制和路径研究”（22AGL002）。

作者简介：伍蓓（1973—），女，湖南长沙人，浙江工商大学管理工程与电子商务学院教授、博士生导师，博士，研究方向为研发和创新管理、物流与供应链管理；常心宇（2001—），女，河南商丘人，浙江工商大学管理工程与电子商务学院硕士研究生，研究方向为物流和供应链管理；周俊涛（2002—），男，浙江衢州人，浙江工商大学管理工程与电子商务学院硕士研究生，研究方向为电子商务；顾晨磊（2000—），男，浙江嘉兴人，浙江工商大学管理工程与电子商务学院硕士研究生，研究方向为电商与供应链管理；詹栩璐（2000—），女，浙江湖州人，浙江工商大学管理工程与电子商务学院硕士研究生，研究方向为绿色供应链。

的自由贸易区。三年来，RCEP 为促进 15 个成员国之间的贸易投资、加强产业链供应链合作发挥了重要作用。2023 年，RCEP 区域对世界贸易总额为 13 万亿美元，RCEP 区域吸引绿地投资项目数 2340 个，投资金额 2430.9 亿美元[2]。此外，数字贸易、绿色贸易等新型贸易方式增长明显加速。RCEP 生效为区域合作的深化发展创造了崭新机遇，更为跨境电商未来发展提供了无限空间。

自 RCEP 生效以来，学者围绕其对跨境电商与中国出口的联动效应展开了多维度研究，主要聚焦于外贸增长、区域价值链重构、规则协同与挑战三大方向。有学者提出 RCEP 生效后显著推动了我国跨境电商发展，促进了我国与 RCEP 成员国的跨境电商商品进出口[3]、降低贸易成本[4]；分析中国及其他成员国参与区域价值链分工的现实基础、比较优势及彼此间贸易联系的加强对价值链分工地位的影响[5]、全球价值链中的分工地位和全球价值链合作研究[6]、RCEP 伙伴国数字产品出口的优化路径[7]、供应链影响机制和路径[8, 9]；RCEP 与 CPTPP（Comprehensive and Progressive Agreement for Trans-Pacific Partnership，全面与进步跨太平洋伙伴关系协定）数字贸易规则比较及中国对策[10]等研究。因此，如何把握 RCEP 带来的历史机遇，以跨境电商为引擎推动区域经济合作、产业结构转型升级和经济高质量发展，是国内外学者高度关注的焦点[3, 11]。

本文以“RCEP 框架下跨境电商发展水平对出口贸易的影响”为中心问题，深入分析 RCEP 伙伴国家的 47 篇区域自贸协定电子商务章节的文本规则，从数字化程度、科技实力、通关效率、物流水平四个维度构建跨境电商发展指标体系，使用熵权法测算出跨境电商发展水平。最后，将跨境电商发展水平作为核心解释变量，引入引力模型进行实证分析，探究 RCEP 框架下跨境电商对出口贸易的影响。本文为推动 RCEP 成员国之间的跨境电商贸易合作，促进区域经济合作，提高中国的国际竞争力提供了理论依据。

1 跨境电商文献回顾

跨境电商最初在 2000 年左右出现，随着亚马逊进军欧洲市场，电子商务实现了从国内到跨境的转变。阿里巴巴国际站兴起后，我国也开始有了跨境电商发展的雏形。2015 年，在杭州设立全国首个跨境电商综合试验区，形成了“六体系两平台”完整且成熟的跨境电商贸易体系，将中国的跨境电商带入爆发式增长阶段。如今跨境电商已经成为一个耳熟能详的行业，展现出惊人的生机与活力，成为新常态下中国的“外贸新引擎”。

本文选取 CNKI 中文文献数据库，以“跨境电商”关键词进行主题搜索，采用 2010~2023 年为时间节点，共计 1.67 万篇文献；在 Web of Science 核心英文数据库，以“cross-border e-commerce”为关键词进行主题搜索，共计 514 篇文献。通过词频共现分析发现学者的研究主题主要集中在“一带一路”、发展对策、国际贸易、人才培养、跨境电商平台、跨境电商物流、中小企业、海外仓。经作者整理，将国内外跨境电商的研究方向分为“宏观—中观—微观”三大视角。

表1　焦点问题、主要内容及代表文献

焦点问题	主要内容	代表文献
"一带一路"	物流协同、贸易便利化	柴利和董晨[12]、张夏恒[13]、Yin 和 Choi[14]
发展对策	对策建议	王惠敏等[15]、金泉和苏庆新[16]、孟涛等[17]、曾曦[18]
国际贸易	贸易模式转型升级、降低成本、品牌国际化	郭四维等[19]、马述忠等[20]、魏利平和邢文祥[21]
人才培养	培养模式、需求分析、人才需求	文瑞[22]、庄小兰[23]、徐艳艳[24]、李静和陈晓明[25]
跨境电商平台	运营模式分析及特点、发展方向与未来面临的挑战、降低贸易成本	鄂立彬和黄永稳[26]、方灿和杭言勇[27]、马述忠等[28]、张洪胜和张小龙[29]、Lesma 和 Okada[30]
跨境电商物流	降低成本、物流模式创新、跨境电商与跨境物流的协同与融合、困境与对策建议	张夏恒和马天山[31]、许欣和薛泽慧[32]、Molka-Danielsen 等[33]
中小企业	发展路径、转型升级	张卉[34]、韦斐琼[35]、陆岷峰和徐阳洋[36]、蒋屏法[37]、吴玮[38]
海外仓	降低贸易成本、选址研究、运营模式选择、存在的问题及对策	张夏恒和马天山[31]、孟亮和孟京[39]、宋倩[40]、胡玉真等[41]

在宏观方面，学者的研究主要集中在"一带一路"、发展对策、国际贸易和人才培养方面。"一带一路"作为中国完善全球治理、促进国家间共同发展的产物，在提升贸易便利化水平与跨境电商发展的同时，推动我国制造业的转型，实现跨境电商与传统行业的深度融合[12, 13]。学者多从贸易转型升级与品牌国际化的关系出发来探讨"一带一路"对国际贸易的新影响。跨境电商促进传统贸易转型升级，服务贸易将成为中国经济发展的动力[14, 19]。国际贸易在发展的过程中倒逼跨境电商企业转型升级，在贸易过程中寻找与解决问题[21]。同时，跨境电商在发展的过程中存在诸多问题，如基建差异、区域红利差异[35]、数字核心技术应用不足[17]，针对以上问题，学者从政策、企业、第三方平台出发，坚持创新，优化流程，降低风险，提高控制[19-21]。中国跨境电商发展离不开人才培养，跨境电商迫切需要培养数字经济背景下精通国际贸易、商务英语、平台操作等的综合性人才[25]。

在中观方面，学者的研究主要集中在跨境电商平台和跨境电商物流。国内跨境电商平台的研究大多集中在运营模式分析及特点、发展方向与未来面临的挑战上。跨境电商平台的运营模式大多为平台式、综合服务商、自建跨境电商模式[26]，在交易环节、产业链条、运营成本、产品类型等方面与传统贸易方式有着较大差别，跨境电商平台的发展可以促进供应链环节的去中心化，同时在一定程度上弱化贸易距离对贸易的限制[20]，从而达到降低成本的目的。在数字化技术的驱动下，跨境电商必然向平台化、普惠化、全球化发展[29]。国外学者对跨境电商平台的研究则更注重与消费者实践进行链接，Lesma 和 Okada 以日本消费者为研究对象，建立消费者面对国外网站时的购买意愿差异分析模型，探究消费者的购买行为和决策影响机制[30]。跨境电商物流的研究主要集中在物流模式创新、跨境电商与跨境物流的协同与融合、困境与对策建议。跨境电商和跨境物流在协同性方面仍存在不足[31, 32]，急需建设物流企业以及买卖双方信息共享的物流平台[33]。

在微观层面，学者研究主要集中在中小企业与海外仓两个方面。在经济双循环的大背景下，传统中小企业通过跨境电商优化了生产与流通方式，塑造品牌形象，提升产品国际竞争力[15,36]。学者还指出数字赋能使中小企业能够补充关键资源、促进价值创造模式创新和价值链重构[37, 38]。建设海外仓可以有效地推动中小型企业“出海”，在稳固国内市场的基础上开拓国际市场，提升企业绩效。学者对海外仓的研究主要集中在选址研究、运营模式选择及特点、存在的问题及对策。海外仓选址常见的方法有层次分析法、分支定界法、混合整数规划法、遗传算法、粒子群算法、时空耦合和复杂网络分析理论的方法[41-43]。海外仓的运作模式大致可以归纳为出口商自建仓模式、FBA（fulfillment by Amazon，亚马逊物流）模式以及专业第三方海外仓服务模式，海外仓显著提升了企业的出口规模和利润率[39]。但海外仓存在政策、投资、通关、经营等多维度风险，需制定灵活的“海外仓”经营模式，推动风险转移机制多样化；完善“海外仓”投资保险制度，全方位维护投资者合法权益；制定“海外仓”清关风险防控策略[40]。

2 区域自贸协定演进趋势及指标构建

2.1 区域自贸协定电子商务规则演变

本文从世界贸易组织官网对应的区域自贸协定系统①以及中国自由贸易区服务网②中检索 2003~2023 年亚太主要经济体、欧美经济体等签署的区域自贸协定。为了保证研究的精确性，本文筛选保留含有电子商务章节的区域自贸协定，共计 47 份协定符合要求。

对于筛选得到的文本，以关键词为核心要素，运用 NVivo 软件进行文本分析，以“同义词”的分组方式作为词频分类标准进行筛选，并将所获得的关键词进行降序排序。为了进一步判别区域自贸协定电子商务章节演化趋势，本文采用 TF-IDF（term frequency-inverse document frequency，词频-逆文档频率）模型来精确识别不同协定中的特色关键词，TF-IDF 模型能对比出相同词语在不同文本中的特殊程度。

以 TF-IDF 值为权重，该值越高，说明该关键词在某文本中出现次数越多，而在其他文本中出现次数越少，因此可认定其为该文本的关键词。TF 公式如下所示：

$$\mathrm{TF}_{ij} = \frac{n_{ij}}{\sum_k n_{kj}}$$

其中，n_{ij} 为词语在文本中出现的频次；$\sum_k n_{kj}$ 为该文本中所有词语的个数。IDF 公式如下所示：

$$\mathrm{IDF}_i = \lg \frac{|D|}{\left|\{ j : t_i \in d_j \}\right|}$$

其中，$|D|$ 为语料库中的文件总数；$\left|\{ j : t_i \in d_j \}\right|$ 为词语的文件数目。

① http://rtais.wto.org。

② http://fta.mofcom.gov.cn。

将公式运用到 Python 中进行文本分析，即可得到各阶段关键词的权重，特色关键词及 TF-IDF 值如表 2 所示。

表 2　各阶段区域自贸协定电子商务规则特色关键词及 TF-IDF 值

2010~2015 年		2016~2018 年		2019~2021 年		2022 年至今	
特色关键词	TF-IDF 值	特色关键词	TF-IDF 值	特色关键词	TF-IDF 值	特色关键词	TF-IDF 值
系统	0.0060	产品	0.0053	经营者	0.0141	仲裁	0.0121
许可证	0.0032	设施	0.0041	平台	0.0100	缔约	0.0073
设施	0.0031	电子	0.0038	案例	0.0093	起诉	0.0038
框架	0.0030	密码	0.0031	成员国	0.0066	书面	0.0032
产品	0.0028	检查	0.0029	交易	0.0039	磋商	0.0027
支持	0.0021	软件	0.0028	专题	0.0037	金融	0.0025
支付	0.0021	要求	0.0026	依法	0.0023	期限	0.0024
供应商	0.0020	目标	0.0024	中华人民共和国	0.0029	中止	0.0023

根据关键词的权重降序，为了更直观地反映这些权重，根据划分的四个阶段，制作区域自贸协定电子商务国际规则高频词 TF-IDF 等值线图，权重以 0.002、0.0015、0.0010 为划分，越靠近圈内，代表关键词权重越高，如图 1 所示。

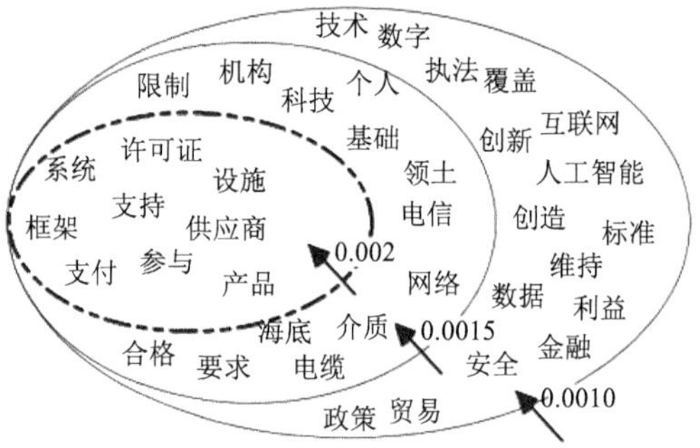

（a）2010~2015年——进入期

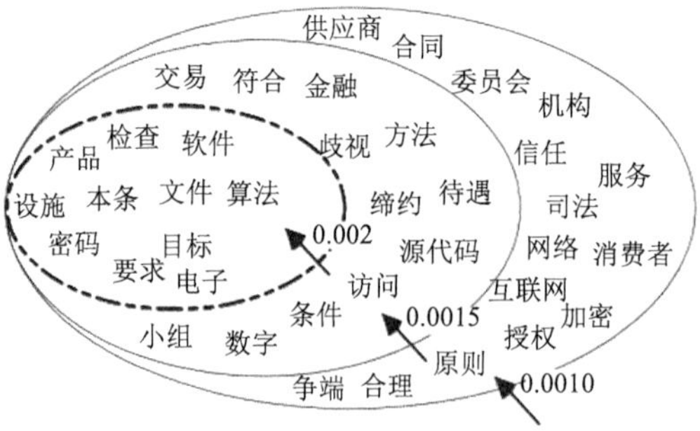

（b）2016~2018年——合规期

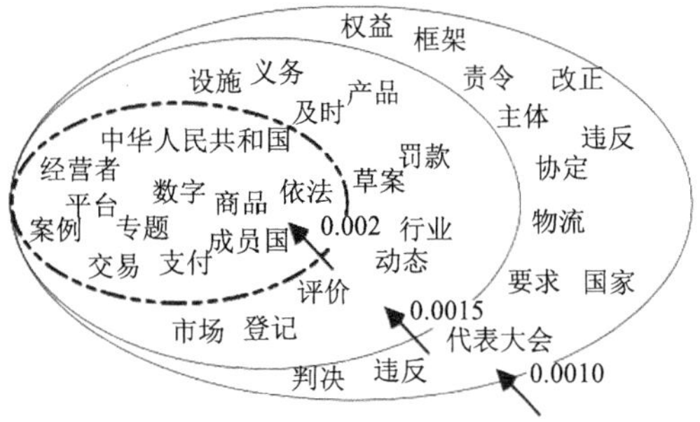

（c）2019~2021年——主导期

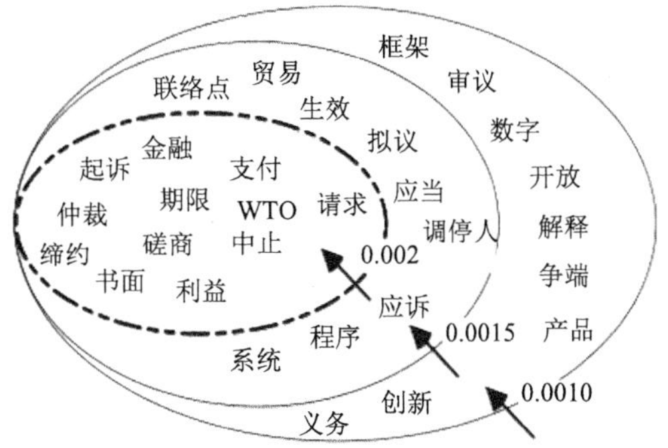

（d）2022年至今——开放期

图 1 TF-IDF 等值线图

2.2 区域自贸协定电子商务规则的演变历程

通过前文 TF-IDF 等值线图，将区域自贸协定电子商务规则的演变划分为四个阶段，每个阶段都各有特点，均朝着更加规范、共赢、开放的方向发展。具体划分如下。

第一阶段：进入期（2010~2015 年）。从等值线可以清晰地看出，2015 年之前区域自贸协定中的电子商务章节强调的是框架的初始搭建和成员国的进入，2015 年之前的跨境电商还处于萌芽阶段，虽然从 2000 年左右亚马逊走向国际开始，跨境电商已经出现，但十几年的发展仍较为缓慢。直到 2014 年，跨境电商写入政府工作报告，跨境电商进入了飞速发展的时期。从全球视角来看，各国的跨境电商发展情况并没有太大差距，只是在缓慢的发展中通过设立“许可证”（0.0032），吸引满足条件的国家“参与”（0.0021）进来，得到各国的“支持”（0.0021）后，建立起一个包含多个国家、多样文化、多变营商环境的跨境电商“设施”（0.0031）、“系统”（0.0060）。从等值线外圈的关键词“科技”（0.0018）、“互联网”（0.0011）、“人工智能”（0.0012）可以看出，这套初始框架的搭建运用到了大量技术手段，同时也离不开“执法”（0.0012）、“安全”（0.0013）等因素的支持。

第二阶段：合规期（2016~2018 年）。框架搭建完成后，中国乃至世界跨境电商都进入了快速增长阶段，这时仍有国家不断加入。此阶段“设施”（0.0041）仍是主要讨论点，且权重仍在增加，说明为了更好地满足跨境电商发展，区域自贸协定对于设施的要求也在不断更新，贸易和运输相关基础设施的质量、互联网渗透率、固定宽带用户等基础设施水平都在不断提高。“密码”（0.0031）、“本条”（0.0024）、“要求”（0.0026）、“检查”（0.0029）在内圈出现，说明此阶段的规则朝着标准化、法治化的方向发展，各方需建立起一套共同遵守的准则，在规定的范围内努力实现自由贸易，尽量避免关税壁垒或绿色贸易壁垒、技术性贸易壁垒等非关税壁垒对区域经济一体化的影响。“软件”（0.0028）和“算法”（0.0022）也显示了该阶段数字化的趋势。

第三阶段：主导期（2019~2021 年）。这一阶段，《中华人民共和国电子商务法》颁布不久，我国提出国内国际双循环的新发展格局，疫情暴发，全球经济发展受到严重阻碍，唯独我国跨境电商实现了逆势增长，展现蓬勃生机。“中华人民共和国”（0.0029）在此阶段的权重明显提高，正是因为在这关键的两年，中国在国际上具有了规则制定和实施的话语权，致力于打造出一套“中国模板”。疫情期间中国经济仍能稳中有进，实现高质量发展，为其他受疫情困扰的国家提供了中国方案，一些国家参考中国实践后逐步走出困境。面对单边主义措施对中国高科技领域发展的制约，中国通过多边谈判积极应对挑战，正式申请加入 CPTPP，努力在多种场合表明中国立场，不断提高国际话语权，有力推动了区域自贸协定的规则创新与实践。

第四阶段：开放期（2022 年至今）。自贸区的实行让协议在多数成员国落地实施，因此“磋商”（0.0027）、“仲裁”（0.0121）成为 2022 年至今的热点词汇。这一阶段的自贸协定规则更多体现的是兼容与协调。在争端问题上，各方试图通过“磋商”、“仲裁”和“起诉”（0.0038）等方式解决。此时的“框架”（0.0010）已经相对不那么重要，但是对于合规性的要求比以往更高，需要通过“缔约”（0.0073）、“书面”（0.0032）、“程序”（0.0019）等进一步规范各成员国的行动。该阶段“创新”（0.0010）一词重新出现，与第一阶段的“创新”（0.0011）形成对比，第一阶段的创新是框架搭建过程中的数字化创新，而此阶段的创新则是通过程序的创新实现贸易壁垒的消除。

3 RCEP 框架下跨境电商对出口贸易影响

3.1 跨境电商发展水平指标体系构建

借鉴朱文鹏[44]、宋东杰[45]等学者的跨境电商指标体系，本文构建以数字化程度、科技实力、通关效率、物流水平为一级指标的指标体系来综合反映跨境电商发展水平（表 3）。结合 TF-IDF 算法测算出的重要关键词，找到 10 个能够反映上述四个一级指标的二级指标，其中，电信、网络、数据、数字、源代码等词能通过互联网渗透率、固定宽带用户规模、移动电话用户人数三项指标体现数字化程度。创新、科技、互联网、人工智能等词能通过居民专利申请数和研发支出占 GDP 比例衡量科技实力。执法、程序、开放等词能通过清关效率和海关手续负担体现通关效率。设施、供应商、物流等词能通过贸易和运输相关基础设施的质量、班轮运输相关性指数（liner shipping connectivity index，LSCI）、物流服务水平三项指标来体现物流水平。然后采用熵值法对跨境电商发展水平进行测算。

表 3　跨境电商发展水平指标体系

一级指标	二级指标	数据来源
数字化程度	互联网渗透率（%）	世界银行数据库
	固定宽带用户规模	
	移动电话用户人数	
科技实力	居民专利申请数	
	研发支出占 GDP 比例（%）	
通关效率	清关效率	
	海关手续负担	EPS 数据库
物流水平	贸易和运输相关基础设施的质量	世界银行数据库
	班轮运输相关性指数	
	物流服务水平	

资料来源：世界银行数据库（https://data.worldbank.org.cn/）、EPS 数据库（https://www.epsnet.com.cn/index.html#/Index）

根据权重 w_j 测算样本的综合评价值，再根据计算得出的权重计算第 i 年第 j 个二级指标的得分，公式为 $d_{ij}=w_j\times x_{ij}$。根据计算得分就可以进行不同国家间的对比分析。最后加总各国家二级指标得分即可得到 RCEP 伙伴国跨境电商发展水平总得分。运用加权求和公式测算出样本的综合评价值 SCORE，即跨境电商发展水平指数。结果如表 4 所示。

表 4　各国家跨境电商发展水平得分

国家	2010 年	2011 年	2012 年	2013 年	2014 年	2015 年	2016 年	2017 年	2018 年	2019 年	2020 年	2021 年
澳大利亚	0.2911	0.2863	0.2863	0.2929	0.2960	0.2940	0.2994	0.3039	0.3115	0.3170	0.3219	0.3215
文莱	0.1049	0.1033	0.1002	0.1043	0.1082	0.1090	0.1150	0.1224	0.1401	0.1369	0.1486	0.1563
印度尼西亚	0.1588	0.1736	0.1891	0.2087	0.2206	0.2241	0.2370	0.2666	0.2364	0.2534	0.2513	0.2554
日本	0.6931	0.6993	0.6957	0.6838	0.6892	0.6834	0.6814	0.6885	0.6919	0.6910	0.6804	0.6488
柬埔寨	0.0178	0.0212	0.0247	0.0304	0.0384	0.0471	0.0441	0.0406	0.0388	0.0363	0.0349	0.0320
韩国	0.5151	0.5371	0.5614	0.5848	0.5989	0.6065	0.6072	0.6093	0.6151	0.6298	0.6418	0.6569
老挝	0.0488	0.0519	0.0557	0.0562	0.0557	0.0489	0.0445	0.0586	0.0733	0.0880	0.1105	0.127

续表

国家	2010 年	2011 年	2012 年	2013 年	2014 年	2015 年	2016 年	2017 年	2018 年	2019 年	2020 年	2021 年
缅甸	0.0447	0.0491	0.0589	0.0591	0.0636	0.0735	0.0814	0.0798	0.0799	0.0857	0.0819	0.0760
马来西亚	0.2091	0.2258	0.2356	0.2336	0.2349	0.2373	0.2375	0.2295	0.2211	0.2186	0.2143	0.2101
新西兰	0.2267	0.2248	0.2261	0.2316	0.2403	0.2348	0.2410	0.2506	0.2589	0.2658	0.2749	0.2843
菲律宾	0.1151	0.1208	0.1266	0.1300	0.1310	0.1301	0.1331	0.1372	0.1468	0.1618	0.1642	0.1731
新加坡	0.3058	0.3099	0.3072	0.3167	0.3178	0.3228	0.3247	0.3227	0.3228	0.3211	0.3295	0.3291
泰国	0.1228	0.1227	0.1275	0.1420	0.1483	0.1573	0.1695	0.1820	0.1925	0.2079	0.2247	0.2409
越南	0.1742	0.1860	0.1887	0.1937	0.2070	0.2165	0.2222	0.2341	0.2583	0.2602	0.2853	0.2938

资料来源：根据熵值法测算结果所得

3.2 RCEP 框架下跨境电商对出口贸易影响的实证研究

3.2.1 计量模型与变量

本文研究的是 RCEP 框架下各成员国跨境电商发展水平对出口贸易的影响，共设立了 3 个控制变量、1 个核心解释变量和 2 个虚拟变量，具体解释如下。

（1）RCEP 成员国跨境电商发展水平（SCORE）。RCEP 成员国跨境电商发展水平是核心解释变量，根据前文分析，在区域自贸协定框架不断完善和包容的情况下，跨境电商发展水平越高，越促进 RCEP 成员国相互之间的自由贸易，从而促进出口贸易的发展。但是 RCEP 成员国跨境电商发展水平存在较大差距，虽然发展落后的国家拥有了较好的发展前景，但大多数跨境电商发展较好的国家容易因落后国家要素成本低廉而受到反倾销的威胁，也可能增加相互之间的贸易成本。因此该变量的预期符号不确定。

（2）RCEP 成员国人口规模（POPULATION）。人口规模对于出口贸易的影响也是不确定的。一方面，庞大的人口规模意味着对各种各样的产品都有较大的需求，从而促进消费。但是人口规模大，从事的产业多，每个行业更加细分，可以生产出满足自身需求又廉价的产品，而本国生产的产品能否满足本国人民或出口到国外，因国家而异。因此该变量的预期符号不确定。

（3）我国与 RCEP 成员国是否有共同边界（BIANJIE）。该变量为虚拟变量，主要反映了两国是否接壤，若两国接壤，可以降低彼此的物流成本，对双方的贸易起到促进作用，预期符号为正。

（4）我国与 RCEP 成员国是否有共同语言（YUYAN）。该变量为虚拟变量，若两国有相同的语言，说明两国文化相通。有相同语言的国家在权力距离、不确定性的接受程度、个人主义与集体主义等很多维度都有着潜在的共识，从而减少两国的沟通成本，预期符号为正。

（5）RCEP 成员国当年的官方汇率（HUI）。一般来说，一国的官方汇率升高时，本币相对外币升值，有利于进口，但不利于出口，但对中国来说，却有利于出口，预期符号为负。

（6）两国地理距离与当年原油价格的乘积（DIST_OIL）。此距离为两国首都之间的距离，由于地理距离不随时间变化，因此目前很多学者将地理距离作为变量带入引力模型时，会将地理距离乘以当年的国际原油价格，成为动态变量。国际油价上涨会导致交通运输、制造业等行业的成本上升，引起通货膨胀，因此不利于出口贸易的发展，预期符号为负。

3.2.2 数据来源和说明

本文选取了中国对 RCEP 成员国出口贸易的面板数据（2010~2022 年），数据主要从世界银行数据库、UN Comtrade 数据库①以及 CEPII 数据库②获取，如表 5 所示。

表 5 各变量含义及来源

变量类型	变量	预期符号	含义	数据来源
被解释变量	EXPORT	—	我国对 RCEP 成员国的出口贸易额	UN Comtrade 数据库（美元）
核心解释变量	SCORE	不确定	RCEP 成员国跨境电商发展水平	前文测算所得
虚拟变量	YUYAN	正	我国与 RCEP 成员国是否有共同语言	CEPII 数据库
	BIANJIE	正	我国与 RCEP 成员国是否有共同边界	CEPII 数据库
控制变量	POPULATION	不确定	RCEP 成员国人口规模	世界银行数据库
	DIST_OIL	负	两国地理距离与当年原油价格的乘积	CEPII 数据库
	HUI	负	RCEP 成员国当年的官方汇率	世界银行数据库

资料来源：马广琛. RCEP 成员国跨境电商发展水平测度及其对我国出口贸易的影响研究[D]. 连云港：江苏海洋大学，2022

3.2.3 计量分析和结果

实证分析之前，先对选取的变量进行描述性统计分析，结果如表 6 所示，可以看出，各项指标之间存在显著差异，具有一定的代表性。

表 6 主要变量的描述性统计结果

项目	EXPORT	SCORE	POPULATION	BIANJIE	YUYAN	HUI	DIST_OIL
平均值	23.621 480	−1.706 929	17.055 850	0.214 286	0.142 857	4.568 292	12.367 650
中位数	24.258 040	−1.516 059	17.522 270	0	0	3.933 887	12.331 600

① https://comtradeplus.un.org。

② http://www.cepii.fr/CEPII/en/bdd_modele/bdd_modele.asp。

续表

项目	EXPORT	SCORE	POPULATION	BIANJIE	YUYAN	HUI	DIST_OIL
最大值	25.834 190	−0.357 628	19.427 740	1	1	10.052 270	13.894 850
最小值	19.722 530	−4.030 159	12.889 300	0	0	−0.034 797	10.534 130
标准差	1.592 411	0.830 616	1.646 040	0.411 553	0.350 973	3.651 505	0.661 659
偏度	−0.733 784	−0.461 827	−0.917 809	1.392 621	2.041 241	0.105 505	−0.069 189
峰度	2.484 076	2.830 677	3.390 504	2.939 394	5.166 687	1.448 593	3.216 225
JB 统计量	17.086 8	6.172 6	24.653 9	54.328 7	149.527 8	17.159 7	0.461 3
概率	0.000 195	0.045 670	0.000 004	0	0	0.000 186	0.794 013
总和	3 968.409	−286.764	2 865.383	36	24	770.833	2 077.766
方差和	423.474 3	115.217 0	452.477 9	28.285 7	20.571 4	2 226.893 0	73.111 3
观测值数量	168	168	168	168	168	168	168

资料来源：根据 Stata 实证结果所得；JB 统计量即 Jarque-Bera 统计量

为保证数据之间具有相关性，本文又进行了相关性分析（表 7），结果表明研究变量具备相关性，可以进行回归分析。本文运用方差膨胀因子（variance inflation factor，VIF）对模型中的各变量进行了共线性检验，检验结果表明各变量间不具有多重共线性问题。

表 7　相关性分析

变量	EXPORT	SCORE	POPULATION	BIANJIE	YUYAN	HUI	DIST_OIL
EXPORT	1.000 000						
SCORE	0.733 797	1.000 000					
	0.000 0						
POPULATION	0.721 259	0.269 718	1.000 000				
	0.000 0	0.000 4					
BIANJIE	−0.254 910	−0.379 847	0.071 511	1.000 000			
	0.000 9	0.000 0	0.357 0				
YUYAN	0.230 301	0.192 658	−0.166 799	−0.213 201	1.000 000		
	0.002 7	0.012 4	0.030 7	0.005 5			
HUI	0.041 524	−0.276 470	0.505 522	0.545 638	−0.425 363	1.000 000	
	0.593 1	0.000 3	0.000 0	0.000 0	0.000 0		
DIST_OIL	−0.272 798	−0.148 788	−0.282 647	−0.202 008	0.134 196	−0.486 959	1.000 000
	0.000 3	0.054 2	0.000 2	0.008 6	0.082 9	0.000 0	

资料来源：根据 Stata 实证结果所得

在此基础上，对模型选择使用固定效应回归的实证结果进行解释说明，进行了豪斯曼检验和 F 检验。最终回归结果如表 8 和表 9 所示。

表 8 固定效应回归实证结果（一）

变量	系数	标准误差	*T* 统计量	*p*
SCORE	0.836 483	0.060 666	13.788 280	0.000 0
POPULATION	0.645 386	0.031 818	20.283 480	0.000 0
BIANJIE	−0.192 329	0.177 293	−1.089 738	0.103 2
YUYAN	0.956 281	0.121 530	−7.893 164	0.000 0
HUI	−0.056 100	0.019 746	2.841 030	0.005 1
DIST_OIL	−0.333 004	0.083 825	−3.972 614	0.000 1
常数项	18.322 180	1.115 359	16.427 160	0.000 0
效应固定	是	是	是	是
时期固定（虚拟变量）	是	是	是	是

资料来源：根据 Stata 实证结果所得

表 9 固定效应回归实证结果（二）

项目	数值	项目	数值
R^2	0.913 957	因变量均值	23.621 48
调整后的 R^2	0.904 205	因变量标准差	1.592 411
回归标准误差	0.492 864	赤池信息量准则	1.523 789
残差平方和	36.372 100	施瓦茨准则	1.859 500
对数似然值	−109.998 3	汉南-奎因准则	1.659 631
F 统计量	93.723 78	杜宾-沃森统计量	0.1457 85

资料来源：根据 Stata 实证结果所得

根据本文测度的固定效应回归结果，得到如下引力模型方程：

$$\text{lnEXPORT}=18.32218+0.836483\text{lnSCORE}+0.645386\text{lnPOPULATION}-0.192329\text{lnBIANJIE}+0.956281\text{lnYUYAN}-0.056100\text{HUI}-0.333004\text{DIST\_OIL}+u_{ij}$$

各变量回归结果如下。

（1）SCORE。RCEP 成员国跨境电商发展水平的系数为 0.836 483，并通过了 0.01 的显著性检验。这表明，成员国的 SCORE 指数每提高 1%，我国对该成员国的出口额将增加 0.836 483%，在其他条件不变的情况下。因此，RCEP 成员国的跨境电商发展水平越高，对我国的出口贸易推动性越大。

（2）POPULATION。RCEP 成员国的人口规模系数为正，成员国人口每增长 1%，我国的出口贸易额将增加 0.645 386%，说明成员国的人口基数越大，所对应的消费需求也就越高，当其国内的产品无法满足消费需求时，就会到国际市场寻找需要的产品，我国众多产业优势明显，物美价廉又供给过剩，从而促进出口贸易的发展。

（3）BIANJIE。一般情况下，两国具有共同边界，相互之间的贸易往来会更加密切，由于不需要经过第三国，可以大大降低其中的物流成本。但结果显示 RCEP 成员国与我国是否有共同边界的系数为负，说明两国接壤反而会抑制我国的出口贸易，这与前文预测不符，并且也没

有通过 p 值小于 0.05 的检验，因此可以忽略此变量对出口贸易产生的负面影响。

（4）YUYAN。双方是否有共同语言系数为 0.956 281，此变量对出口贸易的影响最为显著，甚至超过了跨境电商发展水平的系数，说明语言对贸易的影响极为重要，其背后隐含的是双方文化的相似性，相同语言的国家容易产生情感的共鸣，从而促进相互之间的贸易。

（5）HUI。一般地，一国汇率上升，本国货币升值，外币相对贬值，则有利于该国的进口而不利于出口，对外国来说，则有利于出口，不利于进口。但本文的回归却得到了相反的结果。各成员国官方汇率指数为−0.056 100，说明官方汇率每提高 1%，我国出口将减少 0.056 100%。究其原因，可能是 RCEP 成员国中一些国家的产业还处于劳动密集型阶段，劳动力价格低廉，而中国近年已从劳动密集型逐渐转向技术密集型，劳动力成本有所提高，生产的商品价格也更高。所以当一个成员国汇率上升时，虽然有进口需求，但会优先考虑进口价格较低的其他国家，而较少关注中国，所以该变量结果与预期相反。

（6）DIST_OIL。地理距离的回归系数为−0.333 004，并通过了显著性检验。这表明，地理距离对双方贸易具有显著的抑制作用，距离越远，运输成本越高。具体而言，地理距离每增加 1%，我国的出口量将减少 0.333 004%。

4 结论与政策建议

4.1 结论

通过上文分析，本文得出的结论具体有以下几个方面。

第一，区域自贸协定框架发展趋势是更加规范、开放、协调。本文根据搜集的 47 篇区域自贸协定电子商务章节规则内容，按时间划分进入期、合规期、主导期和开放期四个阶段，通过 TF-IDF 算法测算出每一阶段重要关键词，制作了等值线图，总结出跨境电商规则的演变规律，随着时间的推移，加入跨境电商规则框架的国家越来越多，规则越来越规范，越来越多的发展中国家拥有了制定规则的话语权。

第二，RCEP 成员国的跨境电商发展水平存在巨大差异。本文用熵值法对 RCEP 成员国跨境电商发展水平进行测算，得出各个国家从 2010 年到 2021 年跨境电商发展水平的得分。结果表明，虽然 RCEP 成员国的跨境电商发展水平整体呈上升趋势，但仍存在不均衡的现象，国家之间存在明显的差异，日本、韩国每年的平均得分高达 0.69 和 0.60，而缅甸、柬埔寨每年平均得分只有 0.07 和 0.03。整体来看非东盟成员国的得分高于东盟国家，从国家层面来看，有些国家的跨境电商发展水平上升迅速，但有些国家却仍保持较低水平。

第三，RCEP 成员国跨境电商发展水平对我国出口贸易的推动作用显著。通过对模型的面板数据进行实证检验发现，RCEP 成员国的跨境电商发展水平与我国出口贸易存在显著的正相关关系，RCEP 成员国通过降低贸易成本、扩大市场规模、重构价值链、赋能数字技术、推动政策协同等多维度机制，显著促进了中国出口贸易的增长与升级，RCEP 成员国的跨境电商发展水平对我国的出口贸易推动作用显著。

4.2 政策建议

经过多年的发展历程，跨境电商已从萌芽慢慢走向成熟。2010 年后，很多双边或多边自贸协定规则加入了电子商务章节，跨境电商规则体系的建立经历了从无到有，从构建框架到逐渐完善的过程。如今的自贸协定跨境电商规则越来越规范，包容性也更强，但仍存在较大的完善空间。以上研究结论对于我国立足 RCEP 和亚太区域，更好地构建开放型亚太区域经济一体化发展新格局，具有重要的指导意义[46]。

首先，从基础设施建设角度，要进一步加强数字贸易基础设施建设水平。我国政府应充分发挥 5G、大数据、云计算、人工智能等方面的优势，加强 RCEP 成员国的数字贸易基础设施建设，进一步推动区域产业链供应链稳定。探索建立 RCEP 成员国统一的跨境电商支付体系，提高跨境支付效率、降低企业支付风险[3]。应对数字贸易的挑战与机遇，鼓励支持中小型外贸企业数字化转型和开拓东盟等新兴市场[3]，积极打造数字服务“出海”平台。推动 RCEP 成员国共同制定数字经济领域的标准和规范，促进跨境数据流动和合作。

其次，从产业升级转型角度，要进一步深化改革开放促进产业升级。我国政府应支持和引导制造业企业加强与东盟国家的合作与交流，共同研发和开拓市场，有序推进中国与东盟的产业链协同发展，重构与升级[46]。在新一轮全球价值链体系重构过程中，中国制造型企业需熟悉 RCEP 协定的各项规则条款，优化配置要素资源，积极拓展研发、设计和品牌培育等高端环节，推动制造业向高端化、智能化、绿色化转型[47]。同时，根据成员国的产业优势和市场需求，优化供应链布局，降低生产成本。

最后，从区域经济发展角度，要进一步推进 RCEP 区域一体化大市场繁荣发展。我国政府需从 RCEP 规则顶层设计、货物贸易发展、投资合作交流、营商环境建设四个方面着手，引领各区域用好 RCEP 政策，持续提升 RCEP 协定效果。企业要充分认识 RCEP 原产地区域的商业价值，深度参与区域产业链供应链，构建优势互补、包容发展的产业链分工体系[48]。促进区域内各类生产要素自由流动，推进区域一体化大市场繁荣发展，为我国推进高水平对外开放提供强劲助力[49]。

参考文献

[1] 图表：2024 年我国跨境电商进出口同比增长 10.8%[EB/OL]. https://www.gov.cn/zhengce/jiedu/tujie/202501/content_6998286.htm[2025-01-13].

[2] RCEP 生效三周年 经济一体化加速成绩单速览[EB/OL]. https://www.gdte.org.cn/content/content_8835193.html[2025-01-02].

[3] 鄂尔江，石福才，玉丹萍. RCEP 生效对中国跨境电商发展的影响[J]. 湖南科技大学学报（社会科学版），2024，（5）：95-102.
[4] 王维，陈秧分. 贸易成本、制度质量与中国农产品贸易：基于 RCEP 伙伴国的实证分析[J]. 中国流通经济，2024，（12）：82-95.
[5] 周国富，湛婧宁. RCEP、贸易比较优势与价值链分工地位[J]. 经济与管理，2024，（6）：83-92.
[6] 郝延伟，孙杨. RCEP 框架下中日韩全球价值链合作研究[J]. 山东社会科学，2024，（9）：134-141.
[7] 董安然，张兵兵，曹历娟. 中国对 RCEP 伙伴国数字产品出口的新特征、新挑战与优化路径[J]. 国际贸易，2024，（8）：76-86.
[8] 杨继军，艾玮炜，陆春怡. RCEP 原产地规则对区域供应链重构的影响[J]. 国际贸易，2023，（7）：63-72.
[9] 许明. RCEP 对中国产业链供应链影响机制与优化路径研究[J]. 亚太经济，2023，（2）：96-105.
[10] 黄先海，周禄松. 全球数字贸易规则比较、挑战与中国应对策略：基于 CPTPP、DEPA 与 RCEP 比较视角[J]. 社会科学战线，2024，（1）：44-53.
[11] 施丽娜. 跨境电商发展对出口贸易的影响研究：基于中国与 RCEP 伙伴国[D]. 太原：山西财经大学，2024.
[12] 柴利，董晨. "一带一路"沿线亚洲国家贸易便利化对中国跨境电商出口规模的影响[J]. 商业经济研究，2019，（14）：134-138.
[13] 张夏恒. "一带一路"倡议下跨境电商与跨境物流协同研究[J]. 当代经济管理，2020，42（4）：27-32.
[14] Yin Z H, Choi C H. The effects of China's cross-border e-commerce on its exports：a comparative analysis of goods and services trade[J]. Electronic Commerce Research，2023，23（1）：443-474.
[15] 王惠敏，戴明锋，赵新泉. 跨境电商带动传统产业转型升级路径[J]. 国际经济合作，2021，（1）：33-40.
[16] 金泉，苏庆新. 跨境电商平台赋能中小企业国际化的机制研究[J]. 国际贸易，2022，（10）：68-76.
[17] 孟涛，王春娟，范鹏辉. 数字经济视域下跨境电商高质量发展对策研究[J]. 国际贸易，2022，（10）：60-67.
[18] 曾曦. 数字经济下跨境电商中小企业转型升级路径研究[J]. 中国市场，2023，（5）：180-182.
[19] 郭四维，张明昂，王庆，等. 新常态下的"外贸新引擎"：我国跨境电子商务发展与传统外贸转型升级[J]. 经济学家，2018，（8）：42-49.
[20] 马述忠，房超，张洪胜. 跨境电商能否突破地理距离的限制[J].财贸经济，2019，40（8）：116-131.
[21] 魏利平，邢文祥. 跨境电商出口对我国品牌国际化的影响研究[J]. 国际贸易，2019，（12）：19-26.
[22] 文瑞. 中国跨境电子商务发展的"痛点"分析[J]. 区域经济评论，2015，（5）：70-74.
[23] 庄小兰. 跨境电商的人才核心技能需求分析与培养对策[J]. 管理观察，2015，（17）：178-180.
[24] 徐艳艳. 跨境电商加速发展背景下新型高职外贸人才培养探析[J]. 对外经贸，2015，（8）：143-145.
[25] 李静，陈晓明. 数字经济背景下跨境电商人才培养策略研究[J]. 教育研究，2022，43（12）：56-64.
[26] 鄂立彬，黄永稳. 国际贸易新方式：跨境电子商务的最新研究[J]. 东北财经大学学报，2014，（2）：22-31.
[27] 方灿，杭言勇. 我国跨境电商平台的运营模式探讨[J]. 时代金融，2015，（32）：311，316.
[28] 马述忠，梁绮慧，张洪胜. 消费者跨境物流信息偏好及其影响因素研究：基于 1372 家跨境电商企业出口运单数据的统计分析[J]. 管理世界，2020，36（6）：49-64，244.
[29] 张洪胜，张小龙. 跨境电商平台促进全球普惠贸易：理论机制、典型事实和政策建议[J]. 国际商务研究，2021，

12（4）：74-86.

[30] Lesma V R B，Okada H. Influence of website attributes on consumer acceptance of cross-border electronic commerce[C]//14th International Conference on Advanced Communication Technology(ICACT). PyeongChang：IEEE，2012：1174-1177.

[31] 张夏恒，马天山. 中国跨境电商物流困境及对策建议[J]. 当代经济管理，2015，37（5）：51-54.

[32] 许欣，薛泽慧. 跨境电商研究综述与展望[J]. 商业经济研究，2020，（6）：141-144.

[33] Molka-Danielsen J，Engelseth P，Wang H. Large scale integration of wireless sensor network technologies for air quality monitoring at a logistics shipping base[J]. Journal of Industrial Information Integration，2018，10：20-28.

[34] 张卉. 跨境电商发展的 SWOT 分析及对策[J]. 山东工商学院学报，2015，29（3）：88-93.

[35] 韦斐琼. “一带一路”战略红利下跨境电商发展对策[J]. 中国流通经济，2017，31（3）：62-70.

[36] 陆岷峰，徐阳洋. 经济双循环背景下中小企业的机遇、挑战与成长的着力点[J]. 西南金融，2021，（1）：73-82.

[37] 蒋屏法. RCEP 背景下跨境电商助推中小企业数字化转型[J]. 经济导刊，2024，（6）：82-88.

[38] 吴玮. 跨境电商平台赋能中小企业贸易数字化转型：基于大龙网的案例研究[D]. 南昌：江西财经大学，2024.

[39] 孟亮，孟京. 我国跨境电商企业海外仓模式选择分析：基于消费品出口贸易视角[J]. 中国流通经济，2017，31（6）：37-44.

[40] 宋倩. 我国跨境电商企业“海外仓”发展面临的风险原因及其防范[J]. 对外经贸实务，2017，（9）：84-87.

[41] 胡玉真，李倩倩，江山. 跨境电商企业海外仓选址多目标优化研究[J]. 中国管理科学，2022，30（7）：201-209.

[42] 张晓燕. 我国跨境物流海外仓发展存在的问题及完善对策[J]. 对外经贸实务，2017，（1）：84-87.

[43] 伍蕾，倪姣，李婕. 旅游创新与旅游经济的时空耦合及驱动力研究：基于长江经济带的实证分析[J]. 湖南师范大学自然科学学报，2023，46（1）：70-80.

[44] 朱文鹏. 贸易便利化对贸易出口潜力影响实证分析：基于我国对 RCEP 成员国出口的样本[J]. 商业经济研究，2022，（6）：156-159.

[45] 宋东杰. 跨境电商发展水平对我国出口贸易的影响研究[D]. 杭州：浙江大学，2022.

[46] 彭水军，吴腊梅. RCEP 的贸易和福利效应：基于全球价值链的考察[J]. 经济研究，2022，57（8）：98-115.

[47] 韩佳容，贾孟瑶，余壮雄. RCEP 背景下的贸易合作与产业转移[J]. 经济学动态，2024，（7）：38-56.

[48] 马玲. 企业如何抓住 RCEP 机遇？商务部提出五点建议[EB/OL]. https://www.financialnews.com.cn/cj/zczx/202201/t20220126_238341.html[2022-01-26].

[49] RCEP 全面生效以来，域内产业链供应链合作愈发紧密——区域贸易投资合作显著增长[EB/OL]. https://www.gov.cn/yaowen/liebiao/202407/content_6960775.htm[2024-07-03].

The Impact Mechanism and Empirical Study of the Effect of Cross-Border E-Commerce Development Level on Export Trade under the RCEP Framework

Wu Bei，Chang Xinyu，Zhou Juntao，Gu Chenlei，Zhan Xulu

(School of Management and E-business, Zhejiang Gongshang University, Hangzhou 310018, China)

Abstract: This paper takes the text rules of 47 E-commerce chapters of regional free trade agreements (hereinafter referred to as free trade agreements) as the research object, and analyzes the influence of cross-border e-commerce development level on export trade under the RCEP framework, and discusses the evolution process and trend of text rules in free trade agreements, the development level of CBEC in RCEP partner countries and the influence of the development level of CBEC in RCEP partner countries on China's export trade. It divides the sample into four stages according to time, uses TF-IDF algorithm to obtain important keywords for each stage, constructs an indicator system from four aspects of digital information level, technological capability, customs clearance efficiency and logistics level, and uses entropy weight method to measure the development level of CBEC. And it explores the influence of CBEC on export trade under the RCEP framework by extended gravity model.

Keywords: free trade agreement; RCEP framework; cross border e-commerce; gravity model; export trade

城市营商环境对社会创业的多元影响——基于 NCA 与 fsQCA 的组态分析*

彭小宝[1,2]，侯思涵[1]，尚金金[1]，宋伟[2]

（1.中国科学技术大学 公共事务学院，合肥 230026；2.中国科学技术大学 知识产权研究院，合肥 230026）

摘要：本文基于组态分析的视角，结合 NCA 和 fsQCA 两种技术，分析了中国城市营商环境对城市社会企业发展的影响。研究发现：单一营商环境网络要素并不是高社会创业活跃度的必要条件，但低企业税负对激发高社会创业具有相对的普适性；四种营商环境网络组态包括“高政府支持+低税负+廉洁”多层次驱动型、无主导逻辑的“高政府支持+高政府关心+高政府透明+低税负+廉洁”驱动型、“高政府服务+低税负+廉洁”的营商环境驱动型和“高政府服务+低税负”的营商环境驱动型等，可以推动社会企业的发展。

关键词：营商环境；社会创业；组态分析

中图分类号：**F293**　　　**文献标识码**：**A**

1 研究背景

社会创业被誉为破解市场失灵、政府失败与志愿失效难题的新道路[1, 2]。社会企业不仅在解决社会问题、提供公共产品与服务方面有着显著的优势，而且在解决就业问题、创造商业价值方面也能助一臂之力，发展和壮大社会企业，解决社会问题，成为国际社会改善社会治理的共

---

* 基金项目：国家自然科学基金面上项目“社会企业混合价值共创机制的模式演化与政策组合研究”（72474204）；国家社会科学基金重大项目“创新链与产业链耦合的关键核心技术实现机理与突破路径研究”（22&ZD094）；国家社会科学基金重大项目“中国高校科技创新团队管理与合作有效性研究”（22&ZD308）。

作者简介：彭小宝（1981—），男，湖北黄石人，中国科学技术大学公共事务学院、知识产权研究院副教授、硕士生导师，博士，研究方向为社会企业、科技创新管理；侯思涵（1997—），男，四川南充人，中国科学技术大学公共事务学院硕士研究生，研究方向为社会创业、知识产权；尚金金（2003—），女，河南南阳人，中国科学技术大学公共事务学院硕士研究生，研究方向为社会创业、社会治理；宋伟（1962—）男，安徽定远人，中国科学技术大学知识产权研究院执行院长、教授，博士，研究方向为科技创新、知识产权。

识[3]。国家治理现代化转型发展，为社会企业参与基层治理创造了时机。伴随着“新型营商环境”的建立和完善，社会企业也将应对外部关系网络改变的挑战，新营商环境网络中各要素之间的组态关系对社会企业发展的影响机制，成为亟待研究的问题。当前中国的社会企业方兴未艾，为什么中国不同城市的社会企业发展会有差别？如何理顺政府与社会企业发展之间的逻辑关系、如何优化城市营商环境以更好地促进区域社会企业的发展？这些不仅是重要的现实问题，也是亟待研究的科学问题。本文利用模糊集定性比较分析（fuzzy-set qualitative comparative analysis，fsQCA）来探究营商环境对社会企业发展的因果逻辑关系，这种方法特别适用于分析具有多样性条件和结果的非对称因果关系，即不同条件组合可能导致相同或相似的结果[4]。

营商环境是一个涵盖多个关键维度的综合体，是市场主体在准入、生产经营、退出等过程中涉及的政务环境、市场环境、法治环境、人文环境等相关外部因素和条件的总和[5]。然而，先前对于营商环境对企业发展的影响的研究有以下两大方面的不足：一是在研究营商环境对商业企业发展影响机制中，偏向于研究营商环境对商业企业发展过程中的影响，如之前研究主要集中于地区领导人换届对商业企业发展的影响[6, 7]、制度交易成本对商业企业发展的影响等[8, 9]，而忽视了营商环境对社会创业起步阶段的影响研究；二是狭隘地理解了营商环境，缩小了营商环境概念的内涵和外延，仅将营商环境用廉洁程度[10]、公务人员任期[11]、公务人员异地调动[12]、创业政策[13]等来衡量，错误地将营商环境中的部分指标当作营商环境整体，忽视多层次复杂营商环境网络中内部要素之间的交互效应。以往研究缺乏整体性、系统性的思维和视野[14]，忽视了营商环境各个要素相互联系、连接或相互依赖的耦合效果，不能厘清复杂营商环境逻辑背后对商业企业发展的因果机制，更无法把握营商环境在社会企业发展过程中动态演化的本质和规律，导致传统研究理论与实践脱节。

本文立足于社会企业这一新业态，结合中国特色营商环境的情景，探究营商环境对社会企业产生和发展的影响。在多层次复杂的营商环境构成要素中，单一要素难以准确描述和探究影响社会企业发展的因果逻辑，多种要素对社会创业的影响机制目前尚不清楚[15]。前沿的组态视角对研究这种多要素和多层次复杂非对称性的并发因果关系有着先天性的优势[16, 17]。以往的研究逻辑是基于演绎逻辑和回归分析，对单一变量的净效应进行分析，而组态视角的分析基于溯因逻辑和充分必要性分析来识别因果机制[18]。本文结合社会网络关系与公共选择等理论，立足于社会企业，结合中国特色营商环境网络的情景[5, 19-21]，利用 fsQCA 与必要条件分析（necessary condition analysis，NCA）两种方法，探究必要因果与充分因果关系[18, 22]，根据组态分析视角来探索因果关系机制，以及分析单一要素对社会创业的瓶颈作用。

本文深入剖析了中国城市营商环境多层次逻辑框架下复杂互动机制的运作机理，并系统阐释了该机制与社会企业产生及发展之间的因果关联。本文致力于回应以下三大问题：中国城市营商环境多层次要素的耦合形成了何种营商环境组态；探究出的营商环境组态能否成为推动社会企业发展的必要条件；何种城市的营商环境组态能够帮助社会企业高速发展。

本文的研究价值在于：首先，基于组态视角和方法技术来更系统与全面地整合营商环境各个层次的要素，不仅系统性地将营商环境纳入实证研究中，而且为社会创业的实证研究提供了新的方向；其次，将 NCA 与 fsQCA 相结合，探索推动区域社会企业发展的必要条件；最后，通过探究导致区域高社会创业活跃度的多元路径和机制，从结论出发结合各地推动社会企业发展的案例，提出推动社会企业发展的具体建议，兼顾理论、实践两方面的重要意义。

2 研究基础与框架

党的十八大以来，我国政府高度重视新型营商环境的建设，并把以“放管服”为主要内容的营商环境改革作为政府工作的重中之重。近几年，优化营商环境是党中央、国务院在新形势下做出的重大决策部署，是促进高质量发展的重要举措。2013~2021 年，中央政府每年第一次国务院常务会议的主题均与营商环境有关。不仅中央政府高度重视优化营商环境工作，而且地方政府也在优化营商环境方面竞相深化改革。通过持续制度创新，我国已构建市场化、法治化、国际化的营商环境体系，推动政府与企业形成法治框架下的良性互动机制[23]。

2.1 研究基础

营商环境是政府优化市场主体在经济活动中涉及体制机制性条件而采取的一系列措施[24]，是其企业主体从事商业活动或经营行为时所必备的各种条件以及所需的各种要素环境之和[25]。营商环境是一个综合性的生态系统，包含了政府、企业等主体间的复杂互动关系，涵盖了企业活动从开办、经营到结束全过程所需的各种条件和周边环境的总和。这些条件涵盖了政治环境、宏观经济环境、市场机会、政府对自由市场及外国投资的政策、外贸和外汇管制、税收、融资、劳动力市场和基础设施等多个领域。营商环境对企业发展的作用机理主要体现在以下几个方面。

（1）政府行为。其包括政府干预和政府行政效率，对企业的发展具有重要影响[26]。政府干预可以通过降低企业交易费用、降低企业研发成本、完善企业内部控制制度等方式促进民营企业发展，研究的理论往往局限于单一的社会资本理论、公共选择理论等，缺乏多理论视野和跨学科研究成果。

（2）市场环境。研究构建公平、透明和可预期的市场环境来降低企业在交易过程中面临的事前、事中和事后的不确定性，减少甚至避免企业被动的不合理的公关行为，从而降低企业的交易费用和最终的生产经营成本[27]。

（3）基础设施。通过建设完善的基础设施能够为企业提供便利的交通、通信、能源等条件，降低企业的运营成本，提高企业的运营效率和市场竞争力[28]。

然而，营商环境涉及经济、社会、人文等复杂体系[29]，是一个包含宏观、中观和微观三个层面的生态系统。宏观层面上的营商环境主要涉及国家层面的政策、法律、经济环境以及国际环境等方面[30]。中观层面上的营商环境主要关注产业、区域或部门内部的特定环境和条件，包括政府基于不同产业的特点和需求而制定的差异化的政策和措施，以促进产业的健康发展的环境[31]；地区之间的经济发展水平和资源禀赋存在差异的环境要素总和；政府部门之间的协作效率直接影响到企业的营商体验。在微观层面，营商环境主要聚焦于企业在经营活动中所遭遇的具体环境与条件。它涵盖了企业开办与经营的环境，包括企业注册、登记、审批等流程的便捷性、时间成本以及费用成本，同时还包含公平公正的市场竞争环境以及融资与信贷环境等要素[32]。营商环境是一个复杂而综合的系统，它涉及宏观、中观和微观三个层面的多个方面。优化营商环境需要从多个角度入手，包括改善政策与法律环境、提升经济稳定性、促进产业和区域协调发展、加强部门协作、优化企业开办与经营环境、维护公平竞争的市场秩序以及完善金融服务体系等[33]。这些措施的实施将有助于激发市场活力、促进企业发展和社会经济繁荣。

中国社会企业从诞生之初到目前的方兴未艾，都受到营商环境的影响。社会企业价值创造需要政府引导、社会推动、市场供需驱动融合，政府部门作为购买者、资助者或立法者参与社会创业活动过程。从社会企业的起源看，目前中国的社会企业分为三种形式：一是政府扶持下的社会企业，这种社会企业主要是由公益组织、社区、事业单位所创办的，拥有良好的营商环境支持；二是由社会或商业资本所支持的社会企业，主要是以社会利益为导向的商业企业等；三是由政府和社会合作而产生的社会企业，如公益基金会等。中国社会企业需要在身份认定、资金扶持、运转经营等方面从政府部门获得帮助，同时中国的社会企业与国有企业、事业单位、科研院校、社会团体的协作关系，也是营商环境中的重要组成部分。从实践上看，中国的社会企业与政府之间存在相互帮助、相互影响的关系格局，营商环境在其中扮演着纽带和中介的作用，营商环境在塑造公平、公正、创新、效益、效率和稳定的秩序方面发挥了重要的作用。从企业角度来看，政府拥有大量关键的经济社会资源。为了获得发展的各方面资源，企业必须与政府保持着“清、亲”的良好互动[34]。从政府角度来看，地方政府履行推动区域经济社会发展的责任，需要帮助非公有制企业的发展。故而，政府会采取各种措施帮助和服务区域企业的发展，为创业者提供便利。政府和社会企业的“双向奔赴”塑造了独特的营商环境网络。这些网络强调长期的合作关系和互惠互利，信息和资源可以更有效地流动，这为社会企业提供了成长的土壤。社会企业作为一种特殊的企业形式，旨在解决社会问题并在实现社会价值的同时追求经济效益，因此它们在获取资源、政策支持以及社会认可方面尤其依赖于政府支持和良好的营商环境。营商环境对社会企业尤其是其生存和发展起到了决定性的作用，而理解这种影响机制对于促进健康可持续的中国社会企业发展至关重要。

社会企业具有社会和经济的双重身份特征，对营商环境的认知和商业企业不一样[35]，主要包含以下几个方面的原因。一是社会企业以解决社会问题为目的[36]，对国家大政方针和地区政策有着高度的敏感性，对社会问题中的创业机会识别与开放有着先天性优势[37]。二是社会企业的融资能力和市场化能力较弱，往往需要良好的营商环境为社会企业发展提供支撑，目前成都、佛山等城市对社会企业的支持有金融服务平台建设支持、政府购买服务支持、建立社会企业服务平台支持、建立社会企业研究中心支持等。三是产品和服务的非私性，社会企业所提供的公共产品和服务的非排他性、非竞合性，导致可能会出现市场机制失灵，从而需要良好营商环境的保障。正是社会企业多方面与商业企业存在差异[38]，使得社会企业所需要的营商环境与商业企业存在明显差异[39]，不能过度强调市场在资源配置当中的作用，而是要结合社会企业自身的特点来梳理营商环境，充分挖掘营商环境内部各个要素对社会企业发展的影响机制。

2.2 研究框架

目前管理学和创业学存在三种研究范式——线性回归范式、网络权变范式和组态范式[4, 40]。传统研究聚焦于自变量与结果变量之间的线性关系，通过回归关注每个自变量的独立的净效应，或将某一要素导入网络视角研究中，探索变量在网络中的关系，如中心性等，或将时间维度纳入其中，探索变量间关系的权变性。这些都忽视了各个要素之间相互依赖的互动机制，从组态视角来探究各个要素之间的耦合效应、复杂的非对称因果关系[40, 41]。

在梳理之前营商环境理论的基础上，本文首先界定条件范围，确定营商环境研究的维度和变量。本文归纳吸收以往营商环境研究中的各个要素，将营商环境分为政府与市场层面、政府单位与社会企业层面以及政府公务人员与社会创业者层面三个维度，然后运用 NCA 和 fsQCA，分析得出营商环境各要素所形成的促进社会创业发展的组态[42]，最后归纳出不同组态，结合案例进行组态理论化[18]。

2.2.1 宏观层面的营商环境

宏观层面的营商环境涉及国家层面的政策、法律、经济环境以及国际环境等，具体来说，核心问题在于政府与市场的关系问题[43, 44]，其互动模式可分为替代关系、互补关系、完全排斥和共同失灵等四个类别。例如，政府依法通过信息公开平台向市场主体提供政策指引[45]，或者政府通过购买社会企业服务来实现社会公共物品的供给，这时政府与市场处于一种相互补充的互动过程。为衡量和判断政府与市场之间的互动过程，本文采取两个指标来阐述——政府支持和政府透明。

（1）政府支持与社会创业。政府的政策支持、组织支持是企业创业与运转的两大重要条件，政策支持不仅体现了政府对地区社会企业发展的重视，也反映了政府在市场中所扮演的角色和地位[46]。政府的政策和财政对区域经济发展产生显著的影响，政府所制定的产业政策对企业的发展有着至关重要的作用机制[47]。同时，政府应该通过财政资助、无息贷款、资本金投入等手段，帮助社会企业解决融资难题，同时也对提升企业的市场金融能力起到了积极的作用[48]。在组织支持方面，除了政府部门之外，还包括国有企业、事业单位和社会团体的支持，在中国，国有企业承担了大量的社会公共责任[27]，其追求经济利益和社会利益的双重性跟社会企业具有高度的相似性[49]，事业单位提供公共服务，致力于公共事业发展，与社会企业有着共同的价值使命[50]，这些都是社会企业发展不可或缺的力量。

（2）政府透明与社会创业。政府透明包含了信息发布和财政透明两个方面：信息发布不仅有利于提高行政效率，促进信息传播，还有利于营造良好的营商环境[51]；财政透明有利于帮助企业在税收、财政补贴等方面公平公正地获得政府扶持。

2.2.2 中观层面的营商环境

中观层面的营商环境主要关注产业、区域或部门内部的特定环境和条件，其核心在于政府与企业之间的组织间关系，这包括政策的执行、监管以及政府对企业的支持和服务等，表现为双方之间的协同合作与策略互动。在这一层面上，政府和企业之间的互动应该是基于规则和透明度的，以促进公平竞争和有效监管。故而中观层面的营商环境的核心在于政府对企业的服务能力的评价，以及税负水平。营商环境对社会企业发展的影响分为两个方面：一方面表现为“帮助之手”；另一方面表现为“监管之手”。“帮助之手”表现为：一是政府依法配置公共资源，能够提供社会企业发展的宝贵资源；二是政府能够赋予社会企业合法性身份[45]；三是政府部门掌握社会各个方面的信息，能够通过公共服务平台对社会企业提供政策适配指引[52]；四是能够降低社会企业参与公共事务的门槛。“监管之手”主要为政府对企业的监管。本文采取两个指标来阐述——政府服务和企业税负。

（1）政府服务与社会创业。政府服务体现在政府部门能否满足社会企业发展的需要，能否为企业发展提供优质的服务。政府服务包含了基础设施、金融服务、市场中介、电子政务效率等四个方面。例如，基础设施等公共服务可以利用宏观经济学中的乘数效应，扩大需求，同时基础设施的建设有着正外部效应，可以给社会企业带来交易成本降低等一系列好处；金融服务业的发展的覆盖广度、服务深度和服务水平对创业活动具有显著影响。

（2）企业税负与社会创业。税收从研究主体来分，分为税收制度激励效应研究和税收负担研究。在税收制度激励效应研究方面，政策制定者长期以来一直试图通过各种有吸引力的税收政策鼓励小型企业活动。在税收负担研究方面，税收负担水平能够产生收入效应、支出效应，从而对创业事业造成影响[53, 54]。税收收入效应描述的是税收从纳税主体手中转移到政府手中后，减少了纳税人的可支配收入。对于个人和企业来说，可支配收入的减少可能会降低他们进行社会创业的动力和能力。当税收负担较重时，潜在的创业者可能会因为预期的净收益下降而放弃创业计划，已经成立的企业也可能因为可用于再投资和扩展的资金减少而限制了它们的发展[53, 54]。高税负还可能导致资本外流，即投资者将资金投向税负较低的地区或国家，从而抑制了本地的社会创业活动。支出效应指的是政府通过征税增加的财政收入可以用于提供公共物品和服务，包括为社会企业发展提供的各种支持，如补贴、贷款、培训、研发资助等。政府的这些支持措施可以降低社会创业的成本，提高创业的吸引力，进而促进社会创业活动的开展。另外，政府支出还可以改善基础设施，提供良好的商业环境，以及促进科技创新和人才培养，这些都是社会创业成功的重要因素。总体而言，税收负担的收入效应可能抑制社会创业活动，而支出效应则可能促进社会创业活动。因此，政府在设计税收政策时需要权衡这两种效应，寻求平衡点，以制定既能保证财政收入又能鼓励社会创业的税收政策。通过优化税收结构和调整税率水平，可以为社会创业创造一个更加有利的环境，从而实现经济增长和社会发展的双赢目标。

2.2.3 微观层面的营商环境

微观层面的营商环境主要表现为企业个体在经营过程中所面临的具体环境和条件，企业家在市场环境中与其他主体的互动是微观营商环境的核心。其中，政府公务人员与创业者之间的互动模型显得尤为重要[23]，一般来说政府公务人员与创业者之间的互动包含两个方面：一是促进关系，地区公务人员愿意与创业者建立良好的合作关系，以期促进地区经济发展[55]；二是边界关系，为了避免利益冲突和腐败行为，政府公务员与创业者之间必须保持一定的界限。这就要求公务员在与创业者互动时，要严格遵守法律法规，确保公务行为的公正性和透明度。公务员需要维护自身的职业操守，避免因私人关系而产生不公正的资源配置和决策过程。这样的界限有助于构建一个健康的营商环境，减少权力滥用和腐败现象的发生[32, 56]。本文采取两个指标来阐述——政府关心和政府廉洁。

（1）政府关心与社会创业。政府关心主要体现在政府部门及公务人员对社会企业的了解与重视程度上。政府关心程度与创业发展水平呈现正相关关系[56]。有学者研究表明创业者与政府公务人员建立良好的沟通渠道，可以让创业者拥有更加广泛和准确的政策信息来源[31, 57]，帮助企业把握政策动向，瞄准社会需求，找准市场目标[58]。除此之外，良好的关系可以让社会创业者的理念和思想纳入政府议程之中，推动建立有助于社会企业发展的政策[29]。

（2）政府廉洁与社会创业。目前学术界对寻租活动与经济发展之间的关系有多种不同的意见。学术界研究寻租与经济增长之间的关系有多种模式，主要包含了消极影响[59, 60]、倒“U”形关系[61]和库兹涅茨效应[62]等模式。大多数学者认为廉洁的政府会降低企业的交易成本，对企业的发展产生正向的影响[63]，回归和尊重市场规律在资源配置中的作用[31, 64]。然而社会企业作为一个新兴的社会组织形态，政府廉洁如何推动对社会企业发展的机制尚不明确，需要实证进行检验[65, 66]。

营商环境几大要素如何组合和关联，如何影响社会创业活动的机制有待探究。不同营商环境有着多样化的网络组态，本文利用溯因逻辑去探究何种营商环境组态能够帮助社会企业产生和发展[67, 68]。fsQCA 方法所采用的组态分析逻辑，可有效甄别出作用于社会企业产生与发展机制的各种影响机制及其作用路径，进而为营商环境和社会企业的产生与发展提供细粒度的分析[67]。本文关注两种因果关系：一是营商环境要素是否以及在什么程度上是社会企业产生和发展的必要条件；二是这些营商环境要素如何耦合以推动社会企业的产生与发展。三维营商环境网络对社会创业活跃度的组态效应分析模式如图 1 所示。

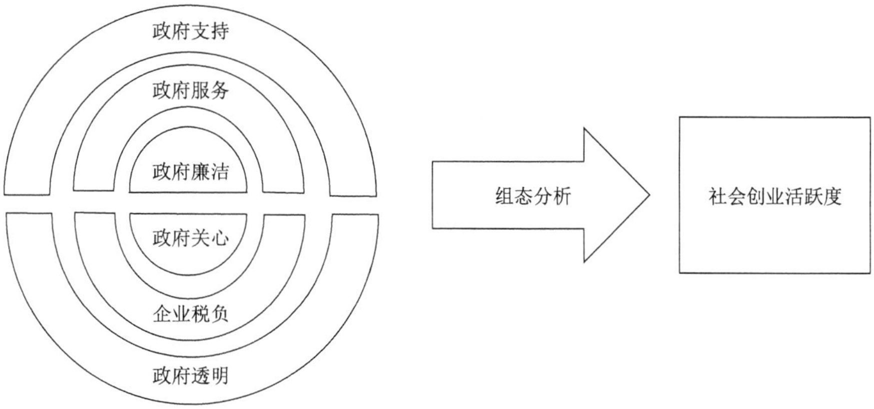

图 1　分析模型：三维营商环境网络对社会创业活跃度的组态效应

3 研究方法、数据与变量

3.1 研究方法

本文使用 fsQCA 方法探究营商环境影响社会企业产生与发展的因果关系[18]。fsQCA 方法基于组态视角，能够实现多案例之间横向比较，能够探究何种条件要素组态导致结果的产生和不产生等复杂因果关系问题[4, 18, 69]。营商环境多层次各要素组合形成复杂的耦合机制，对社会企业的产生与发展的复杂影响机制符合 fsQCA 方法的使用条件。fsQCA 方法兼顾定性分析与定量分析两者优势[18]，避免了传统定性分析与定量分析之争，不仅结合两者之间的优点，也弥补了两者之间的缺点。除此之外，由于 fsQCA 方法是基于布尔代数理论开发的，因此没有内生性等传统定量分析方法的问题，故而使用 fsQCA 方法无须考虑控制变量。

关于 NCA 方法，目前学术界逐步开始关注必要条件因果关系机制，必要条件因果关系是指当前因条件不成立，那么结果条件也不会出现[18, 70]。本文学习 Vis 和 Dul[71]在顶级方法类期刊 *Sociological Methods & Research*（《社会学方法与研究》）发表的文章 "Analyzing relationships of necessity not just in kind but also in degree：complementing fsQCA with NCA" 中的方法，结合 NCA 与 fsQCA 两种方法来探索变量之间的因果关系。fsQCA 方法虽然也能识别因果关系，但是只能定性地描述因果关系，不能用数值来衡量。由于 NCA 方法包括详细的隶属分数，这让 NCA 方法与 fsQCA 方法的结合更加具有研究意义[72]。

3.2 数据来源

本文数据的主要来源为两个部分：①由于政商关系和营商环境的概念具有明显的交集，政府是营商环境的塑造者，社会企业及商业企业等都是营商环境的服务对象，二者都是营商环境的核心元素，政商关系也就成为透视营商环境发展程度的关键指标，构建健康稳定的政商关系是优化营商环境的重要前提和基础。因此，前因变量营商环境指数的数据来源于三个方面，即中国人民大学发布的《中国城市政商关系排行榜 2020》，基于社会企业服务平台的社会企业官网数据和咨询数据，以及各个地方政府网站和政府年鉴等。②结果变量社会企业的数量数据来源于深圳市社创星社会企业发展促进中心的社会企业认定平台的数据以及《社会企业蓝皮书：中国社会企业发展研究报告（No.1）》[73]。将上述两个部分数据进行匹配汇总，将数据完整的 36 个城市作为研究案例。

3.3 变量测量与校准

3.3.1 变量测量

1. 宏观层面测量指标

（1）政府支持。分为三个方面：一是地方政府支持社会企业发展的文件数量（40%）；

二是地方政府对社会企业的财政支持（30%）；三是地方政府对研究社会企业的智库支持（30%）。

（2）政府透明。政府透明包含两个指标：一是网络信息公开指数（50%）；二是财政透明（50%）。

2. 中观层面的测量指标

（1）政府服务。政府服务包含四个方面，即基础设施（25%）、金融服务（25%）、市场中介（25%）和电子政务效率（25%）。

（2）企业税负。企业税负用三种方法来进行衡量，即税负种类（35%）、税负率（25%）和税负额（40%），政府税负指数为负向指标，得分越高，说明企业税负压力越大。

3. 微观层面的测量指标

（1）政府关心。政府关心指数包含两个方面，即领导人到企业视察次数（50%）、领导人与创业者座谈次数（50%）。

（2）政府廉洁。政府廉洁包含两个指标，即营业执照许可证代办价格（50%）、百度政府廉洁指数（50%），政府廉洁指数为负向指标，得分越低，说明政府越廉洁。

3.3.2 变量校准

本文采用直接法对变量进行校准。依据 fsQCA 变量校准的基本方法，本文将六个前沿变量和一个结果变量分为完全隶属、偏隶属、偏不隶属和完全不隶属四个校准锚点，分别设定为案例样本描述性统计的 100%、67%、34%和 0。非高社会创业活跃度的校准跟高社会创业活跃度的方法一致。各变量校准锚点及描述性统计结果见表 1。

表 1 校准锚点及描述性统计结果

指标	模糊集校准				描述性分析			
	完全隶属	偏隶属	偏不隶属	完全不隶属	均值	标准差	最小值	最大值
政府支持	91.78	55.85	41.66	23.40	49.00	15.42	23.40	91.78
政府透明	100.00	83.84	66.07	10.05	73.50	18.79	10.05	100.00
政府服务	87.31	38.53	27.91	14.63	35.60	15.47	14.63	87.31
企业税负	100.00	46.75	31.40	12.03	44.94	23.86	12.03	100.00
政府关心	100.00	45.27	17.62	0.00	34.98	28.21	34.98	100.00
政府廉洁	20.01	5.52	3.99	1.32	5.53	3.54	5.53	20.01
社会创业活跃度	50.00	5.00	1.00	0.00	7.46	11.85	0.00	50.00

4 实证分析

4.1 必要条件分析

本文采取 NCA 与 fsQCA 两种方法进行必要条件分析检验，NCA 方法的优势在于能够在判定必要条件的基础上，对必要条件的效应量进行测算，NCA 方法所得到的效应量代表了结果所需必要条件的最低数值，故而这个效应值又被称为瓶颈水平。其取值范围为 0 ~ 1，数值越高意味着效应值越大，一般来说当效应值低于 0.1 时，意味着效应量过低。在表 2 中，本文汇报了 NCA 方法所得到的结论，报告采取了 CR（ceiling regression，上限回归）与 CE（ceiling envelopment，上限包络）两种技术手段来计算效应数值，一般来说，要实现必要条件的判定需要满足两个要求，一是效应值不能小于 0.1，六个要素的 CR 效应值都低于 0.1，故而效应值都不能推断出是必要条件。二是蒙特卡罗仿真置换（Monte Carlo simulations of permutation）检验所得到的效应值，六大条件普遍在社会创业活跃度值超过 70%时，呈现普遍的显著。综合两个检验结果，发现虽然六大条件在蒙特卡罗仿真置换检验中显著，但是六个条件的 CR 效应值低于 0.1，使得这些都不能认为是社会创业活跃度的必要条件。

表 2　NCA 方法必要条件分析结果

条件	方法	精准度	天花板区域	范围	效应值	p 值
政府支持	CR	100%	0.083	0.88	0.094	0.144
	CE	100%	0.166	0.88	0.188	0.002
政府透明	CR	89.2%	0.201	0.88	0.023	0.000
	CE	100%	0.260	0.88	0.034	0.000
政府服务	CR	100%	0.018	0.88	0.020	0.309
	CE	100%	0.035	0.88	0.040	0.169
企业税负	CR	94.6%	0.050	0.88	0.056	0.283
	CE	100%	0.030	0.88	0.030	0.320
政府关心	CR	94.6%	0.072	0.87	0.082	0.091
	CE	100%	0.049	0.87	0.056	0.164
政府廉洁	CR	100%	0.004	0.88	0.005	0.783
	CE	100%	0.009	0.88	0.010	0.743

瓶颈水平是指达到结果最大观测范围时的水平值，前因条件最大观测范围内需要满足的水平值。根据表 3 的瓶颈水平分析结果，本文发现当社会创业活跃度达到 70%的时候，需要 7.0%的政府支持，1.5%的政府服务，0.7%的政府廉洁和 25.3%的政府透明，而剩下两个营商环境条件如政府关心和企业税负都不存在瓶颈水平。当社会创业活跃度低于 50%（含）的时候，所有的条件都显示不存在瓶颈水平，当社会创业活跃度达到 100%时，政府透明已经不是影响社会

创业生态发展的瓶颈因素。

表 3 NCA 方法瓶颈水平分析结果

社会创业活跃度	政府支持	政府关心	政府服务	企业税负	政府廉洁	政府透明
0	NN	NN	NN	NN	NN	NN
10%	NN	NN	NN	NN	NN	NN
20%	NN	NN	NN	NN	NN	NN
30%	NN	NN	NN	NN	NN	NN
40%	NN	NN	NN	NN	NN	NN
50%	NN	NN	NN	NN	NN	NN
60%	NN	NN	NN	NN	0.3	NN
70%	7.0%	NN	1.5%	NN	0.7%	25.3%
80%	22.9%	2.2%	4.8%	10.4%	1.2%	59.6%
90%	38.8%	40.9%	8.2%	26.6%	1.6%	94.0%
100%	54.7%	79.6%	11.6%	42.8%	2.1%	NA

注：NN 表示不必要，NA 表示不是瓶颈因素

本文利用 fsQCA 方法对必要条件再次检验（表 4）。表 4 中除了“~企业税负”的高社会创业活跃度的数值等于 0.90 外，其他单个前因条件的必要性数值的一致性水平较低，都小于 0.90。这个结果与 NCA 方法分析的结论基本吻合，即不存在产生高社会创业活跃度的必要营商环境网络条件。

表 4 fsQCA 方法单个条件的必要性检验结果

条件变量	结果变量	
	高社会创业活跃度	非高社会创业活跃度
政府支持	0.63	0.26
~政府支持	0.67	0.88
政府透明	0.74	0.37
~政府透明	0.64	0.82
政府服务	0.66	0.28
~政府服务	0.69	0.89
企业税负	0.34	0.43
~企业税负	0.90	0.68
政府关心	0.58	0.35
~政府关心	0.73	0.79
政府廉洁	0.40	0.34
~政府廉洁	0.88	0.79

注：~表示“非”

4.2 组态分析

本文使用 fsQCA 的 3.0 版本软件，逐步探究了导致高/非高社会创业活跃度的营商环境网络组态，各种特征的条件组态结论意味着实现高社会创业活跃度与非高社会创业活跃度的不同路径。从组态理论化角度出发，将本文所得出的组态进行命名。

本文采取通用数据处理方式，默认原始一致性阈值设置为 0.80，同时将 PRI（proportional reduction in inconsistency，不一致性的比例减少）一致性阈值设定为 0.70，将案例频数设定为 1[73]。之前研究较少探究营商环境的前因条件对创业绩效因果关系推断的理论依据，故而本文在完成反事实分析检验的步骤中，假设任何一个营商环境网络条件无论是具备还是缺乏都能够导致高社会创业活跃度。本文利用 fsQCA 结果分析中的中间解与简单解进行嵌套对比，将中间解和简单解中都出现的要素列为组态分析中的核心条件[74]。fsQCA 的分析结果见表 5。其中，导致高社会创业活跃度发生的组态有四组。下面详细分析每一种影响社会创业活跃度的组态。

表 5　在 fsQCA 中实现高社会创业活跃度的组态

条件	高社会创业活跃度			
	组态 1	组态 2	组态 3	组态 4
政府支持	●	○	○	×
政府透明		○	○	×
政府服务	○		●	●
企业税负	※	×	※	※
政府关心	○	○		×
政府廉洁	●	○	●	○
原始覆盖度	0.34	0.37	0.45	0.31
唯一覆盖度	0.01	0.04	0.10	0.12
一致性指数	0.87	0.92	0.91	0.84
总体覆盖度	0.64			
总体一致性	0.87			

注：● = 核心条件存在；※ = 核心条件缺失；○ = 边缘条件存在；× = 边缘条件缺失

（1）“高政府支持+低税负+廉洁”多层次驱动型。表 5 中，组态 1 表示以高政府支持、低企业税负、高政府廉洁为核心条件，以高政府服务和高政府关心为边缘条件的营商环境网络可以推动社会企业的发展。组态 1 所显示的是营商环境的三个维度互动模式的特征，产生营商环境三个维度增强效应。处于这类营商环境的典型城市有上海。从政府支持角度来看，上海的基层治理能力堪为全国的表率。制度和政策完善且较为规范，社会自治能力和社会治理需求较高，拥有较为充足的基层治理资金。同时上海拥有较大的地方管理自主权限，是首个建设目标为基层管理示范区的城市，为社会企业发展创造宽松的政策环境。另外，上海交通大学的中国公益发展研究院和上海财经大学的中国社会创业研究中心是社会企业研究的龙头智库，为推进中国社会创业发展提供理论支撑与智力支持。从政府服务角度来看，上海在教育、卫生医疗、文化体育事业等方面有着良好的基础，为社会企业发展创造条件。

（2）无主导逻辑的“高政府支持+高政府关心+高政府透明+低税负+廉洁”驱动型。在表 5 中，组态 2 表明当不具备核心条件时，高政府支持、高政府透明、高政府关心、低企业税负与高政府廉洁也能有助于推动社会企业的发展。本文发现组态 2 呈现出政府—市场互利共栖关系特征，即社会企业虽然受惠于政府部门的政策支持和关心逻辑的“帮助之手”，但是都不是核心必要条件。组态 2 表明企业税负较低和廉洁程度较高的城市，高政府支持、高政府透明和高政府关心，能够促进社会企业的发展，处于这类营商环境的典型城市为成都。成都是中国社会企业发展的龙头城市，是中国首个政府出台社会企业相关扶持政策的地区，成都社会企业的成长与发展以及相关政策是全国的标杆，受到了广泛的关注。从宏观调控层面的营商环境看，成都的社会企业认证遵循了“323”的工作思路，即通过搭建社会企业培育、支持、监督体系，建立了社会企业综合服务、信用公示平台，建立了社会企业评审、信息公开和退出机制，确保社会企业持续发挥作用。从中观层面的营商环境角度来看，成都为社会企业提供金融扶持服务，不仅有政府基金还有各种金融企业的基金支持。还以社区为载体，加大政府购买服务的力度，搭建了社区与社会企业供需对接平台。同时搭建了各级社会企业服务平台，用来提升社会企业宣传、交流合作、业务扩展的能力。成都社会企业的发展彰显了成都的区域优势与特色，使成都成为全国有影响力的社会企业创新中心。

（3）“高政府服务+低税负+廉洁”的营商环境驱动型。在表 5 中，组态 3 表明以高政府服务、低企业税负与高政府廉洁为核心条件，以高政府支持和高政府透明为边缘条件的营商环境网络能够促进社会企业的发展，呈现中观层面营商环境主导的特征，同时微观层面的高政府廉洁也对社会企业的发展起到积极作用。组态 3 表明在政府服务水平高的城市，政府通过减少企业税负和提高服务能力与水平，打造高透明的政府服务平台等方式，促进区域社会创业活跃度的提高。处于这类营商环境的典型城市是深圳、北京、杭州。以北京为例，2010 年以来以官方智库引路、党委政府认可支持、枢纽组织协调落实的“北京模式”初步形成。早在 2011 年，北京就明确要积极扶持社会企业的发展。从智库建设角度看，中国人民大学、清华大学、北京大学等高校都建立了各种规模和形式的社会企业学术研究单位，为北京的社会企业发展奠定了良好的基础。此外，北京拥有各种类型的商业企业，大型企业十分重视企业的社会责任承担，这为社会企业铺垫了各种商业联系。从政府服务的角度来看，建立了北京社会企业发展促进会，加强对社会企业的认定服务，来帮助社会企业的发展；还举办了各种类型的推动社会企业发展的活动，如召开中国社会企业论坛北京峰会，编制了中国第一本社会企业蓝皮书《北京社会企业蓝皮书：北京社会企业发展报告（2019）》，以及举办了“社创之星”创业大赛、“北京社会企业周”等[75]。

（4）“高政府服务+低税负”的营商环境驱动型。在表 5 中，组态 4 指出以高政府服务、低企业税负为核心条件，以非高政府支持、非高政府透明、非高政府关心和高政府廉洁为边缘条件的营商环境可以产生高社会创业活跃度，呈现出中观层面营商环境主导的特征。组态 4 表明政府提高服务水平、打造低企业税负可以产生高的社会创业业态。处于这类营商环境的典型城市包括武汉、苏州、佛山。以佛山为例，佛山早在 2012 年就成立了社会创新中心，社会创新中心坚持“政府引导、社会参与、市场导向、择优扶持”的原则，坚持孵化培育与评价监管相结合，向社会企业提供政策支持、资源对接和能力提升等服务。政府部门也推动行业基金会、第三方孵化器、专项基金等业务，建立了多层次、多领域的针对社会企业的金融扶持政策。除此之外，还建立人才培养机制和企业能力建设机制，举办“龙腾星光企业家提升班”等活动，支持社会创业者和技术员工参加专业培训与岗位培训，提升社会企业团队普遍薄弱的政策分析以及解读意识。佛山市政府重视宣传支持，对社会企业统一包装、统一宣传、打造形象、推广品牌和传播知识。

4.3 稳健性检验

本文进一步对高社会创业活跃度的前因条件实施了三次稳健性检验[76]。第一次稳健性检验方法为阈值检验，将案例数阈值从 1 改变为 2，产生的组态结论呈现基本一致（表 6）。第二次稳健性检验为 PRI 一致性检验，将 PRI 一致性值从 0.70 变为 0.75，也出现基本一致的结果（表 7）。稳健性检验显示结果稳健。第三次稳健性检验，考虑到四个直辖市在资源、政策方面的差异，删除其样本案例后，得到的结果与原组态分析结果一致。综上所述，说明本文的稳健性程度较高。

表 6 提高频数阈值的稳健性检验

条件	高社会创业活跃度					
	频数阈值为 1				频数阈值为 2	
	组态 1	组态 2	组态 3	组态 4	组态 1	组态 2
政府支持	●	○	○	×	×	○
政府透明		○	○	×	×	○
政府服务	○		●	●	●	●
企业税负	×	×	※	※	×	×
政府关心	○	○		×	※	※
政府廉洁	●	○	●	●	●	●
原始覆盖度	0.34	0.37	0.45	0.31	0.30	0.38
唯一覆盖度	0.01	0.05	0.10	0.12	0.13	0.20
一致性指数	0.88	0.92	0.91	0.84	0.85	0.89
总体覆盖度	0.63				0.51	
总体一致性	0.87				0.90	

注：● = 核心条件存在；※ = 核心条件缺失；○ = 边缘条件存在；× = 边缘条件缺失

表 7 提高 PRI 一致性阈值的稳健性检验

条件	高社会创业活跃度						
	频数阈值为 1，PRI 一致性为 0.70				频数阈值为 1，PRI 一致性为 0.75		
	组态 1	组态 2	组态 3	组态 4	组态 1	组态 2	组态 3
政府支持	●	○	○	×	○	○	●
政府透明		○	○	×	○	○	○
政府服务	○		●	●	●	×	○
企业税负	※	×	※	※	※		※
政府关心	○	○		×		○	○
政府廉洁	●	○	●	●	●	○	●
原始覆盖度	0.34	0.37	0.45	0.31	0.46	0.39	0.35
唯一覆盖度	0.01	0.05	0.10	0.12	0.14	0.06	0.02
一致性指数	0.88	0.92	0.91	0.84	0.90	0.92	0.87
总体覆盖度	0.63				0.55		
总体一致性	0.87				0.86		

注：● = 核心条件存在；※ = 核心条件缺失；○ = 边缘条件存在；× = 边缘条件缺失

5 结论与展望

5.1 研究结论

首先，本文采用 NCA 方法发现六个要素单独存在并不构成产生高社会创业活跃度的必要条件，说明了单纯提高单一要素虽然对塑造良好的营商环境有着非常积极的作用，但是对促进社会创业的发展却不显著，政府的改革应该强调系统性和整体性。其次，本文采用组态视角和 fsQCA 方法发现了产生高社会创业活跃度的四种营商环境组态（表 8）。这四种营商环境组态代表了不同城市推动社会企业发展的路径，有助于启发政府部门的决策者依照区域的营商环境，促进地区营商环境的完善。高社会创业活跃度的四组组态都包含低企业税负，表明政府在推动社会企业发展的过程中，需要减少税负和提高政府透明，提高政府对社会企业的服务水平，进一步扩展服务项目和优化政府的办事能力，推动社会企业发展。高社会创业组态路径与非高社会创业组态路径显示出因果非对称性[16]，即高社会创业活跃度的组态路径并不就是非高社会创业活跃度组态路径的对立面[16, 18]。研究结论显示，过高不确定性规避的特点，也表现有过低不确定性规避的特点，地区创业水平的高低不能用单一的营商环境因素来解释。组态分析的整体性视角打破了传统线性因果关系中的对称性因果推断，有助于理论和实践的统一。

表 8　营商环境驱动社会创业组态

<table>
<tr><th>组态名称</th><th>组态视图</th><th>组态意义</th></tr>
<tr><td>“高政府支持+低税负+廉洁”多层次驱动型</td><td>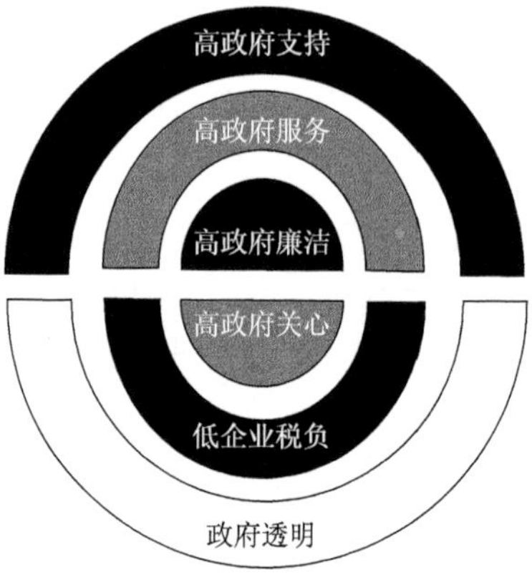
</td><td>理论启示：营商环境对社会企业发展的影响是多维度的，每个维度都有一个指标来促进社会创业。
实践启示：社会企业的发展需要政府部门强化政策驱动、金融支持和平台建设支持，同时应在提高政府服务、降低税负和提高关心方面继续加强</td></tr>
<tr><td>无主导逻辑的“高政府支持+高政府关心+高政府透明+低税负+廉洁”驱动型</td><td>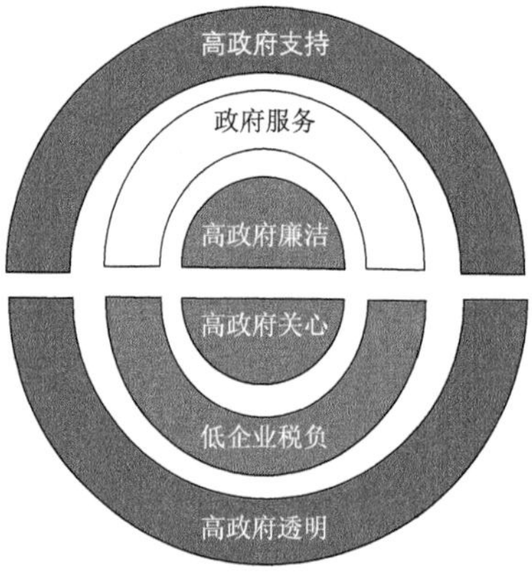
</td><td>理论启示：营商环境各要素都非核心必要条件时，也能促进社会创业发展。
实践启示：社会企业的发展需要政府支持和提高透明度，降低企业税负，同时需要加强政府关心的力度和提高地区廉政水平建设</td></tr>
<tr><td>“高政府服务+低税负+廉洁”的营商环境驱动型</td><td>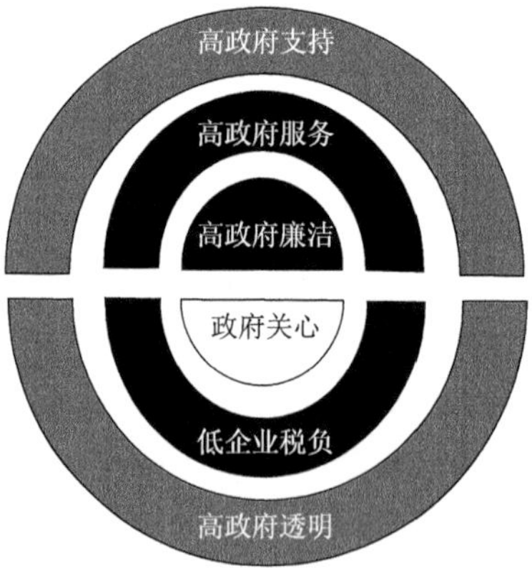
</td><td>理论启示：影响社会企业发展的核心在于营商环境，应该重视对营商环境的研究。
实践启示：政府需要提高服务水平，降低企业税负，同时也要加强廉政建设</td></tr>
</table>

续表

组态名称	组态视图	组态意义
“高政府服务+低税负”的营商环境驱动型	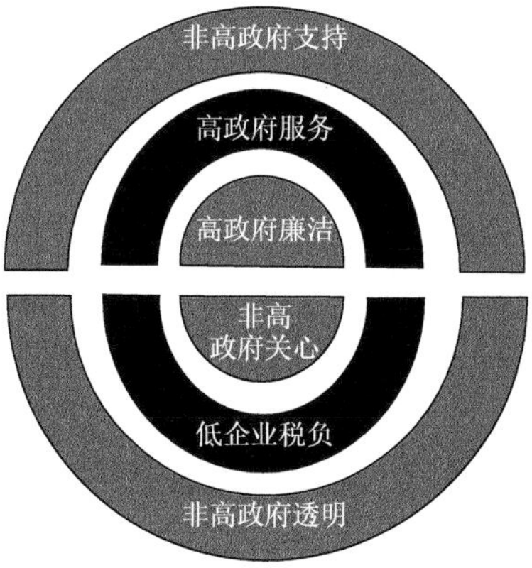	理论启示：影响社会企业发展的核心在于营商环境，应该重视对营商环境的研究。 实践启示：政府需要提高服务能力，同时降低企业税负

5.2 研究贡献与不足

5.2.1 理论贡献

重塑政府与市场的关系、理顺政府单位与社会企业之间的关系、构建“亲”“清”的政府公务人员与创业者之间的关系[76]，是优化营商环境的根本出路。本文对现有营商环境对社会企业的产生与发展的影响具有以下重要的理论探索与贡献。

一是基于组态理论化，首先，本文发现单一营商环境前因条件并非推动社会创业活跃度发展的必要条件，本文整合了营商环境的三个维度和六大要素，回应了复杂科学时代下，对多元因果关系的探究和思考。以往对营商环境的研究大多基于单一要素的影响机制，缺乏要素之间耦合关系、互动关系的研究视角和探索。其次，本文也首次系统性地将营商环境作为一个整体纳入实证研究分析之中。最后，本文利用 fsQCA 方法的组态视角研究社会创业，为相关研究提供了新的视野和技术[67]。

二是本文以城市为单位，探究不同城市的营商环境对社会创业的影响，对于城市营商环境的探究更加系统和深入，为中国社会企业分布不均这一典型现象提供了理论的解释。近年来由现象驱动的研究逐步受到了国内外学术界的重视，在创业学界的学者开始提倡使用组态分析视角来解释创业过程中的复杂因果关系问题。本文探究了城市营商环境要素的耦合对社会企业发展的影响机制，有利于为城市促进社会企业的产生与发展提供多元视角的政策理论支撑，以及更准确的指导[67]。

三是凸显了社会企业区别传统商业企业的营商环境属性，社会企业作为一个第三部门组织，与第二部门企业之间有着显著性的差异。这一差异也体现在适应营商环境的属性当中，从结果上看社会企业需要政府部门予以政策方面的支持，需要良好的政府服务和较低的税负以及较高政府廉洁环境作为支持。普通商业企业的发展不一定依赖政府政策，更不会与政府服务产生深刻的联系[59, 61]。本文阐述了社会企业所面临的营商环境与商业企业之间的不同之处，丰富了社会企业相关研究。

5.2.2 实践启示

本文基于城市营商环境与社会企业的产生与发展之间因果关系的研究，有助于不同城市根据地区营商环境情况，调整政府和社会企业之间的互动模式，重塑政府公务人员与创业者之间的关系，重点把握营商环境中关键条件变量的组合匹配，促进社会企业的产生与发展[77]。本文组态结果（表 8）的实践启示：组态 3（“高政府服务+低税负+廉洁”的营商环境驱动型）和组态 4（“高政府服务+低税负”的营商环境驱动型）的结论显示，营商环境各个要素中提高政府服务水平和效率、降低企业税负是促进社会企业发展的重要因素；从组态 1（“高政府支持+低税负+廉洁”多层次驱动型）发现，协调好三个层面的营商环境对于推动地区社会企业发展有着重要影响，三个层面的良性耦合，有助于系统性提升营商环境，地方政府应有整体意识、大局意识来推动营商环境的改革；组态 2（无主导逻辑的“高政府支持+高政府关心+高政府透明+低税负+廉洁”驱动型）显示，即使没有必要核心条件的推动，次要条件的改善也能推动社会企业的发展，这为社会企业发展程度不高和营商环境改革不彻底的城市与地区提供了经验的借鉴，大力推进“放管服”改革，优化营商环境[78]。

综合四个组态的整体分析，本文发现低企业税负有三次成为核心条件，说明企业税负是较为重要的前因条件，这与前面单个条件的必要性检验的结论基本一致，说明未来在政府的改革中应当针对社会企业的特殊情况来降低企业的税负压力。同时政府廉洁在四个组态中两次作为核心条件，两次作为边缘条件，说明政府廉洁在营商环境中发挥较为普遍性作用，未来政府在营商环境的调整方面需要加强政府廉洁程度的建设。

5.2.3 研究不足与展望

本文存在一些不足之处，希望在未来研究中能够得到完善。首先，本文尽可能收集和处理关于社会企业的有关资料，但是由于社会企业在中国起步很晚，社会企业的认定标准不统一，同时由于社会企业的分布极其不均且规律性不明显，本文数据样本偏少，对 fsQCA 分析结果的准确性有所干扰，随着中国社会企业事业的发展，必定会为研究提供丰富的资料和数据。其次，由于营商环境自身的特征和课题研究的敏感性，当前国内外对营商环境的评价标准尚未统一，对营商环境测量的准确性还有待提高，本文基于中国人民大学的政商关系数据，并且加入自身的数据进行综合分析和处理，但是依然很难准确地对各个城市的营商环境进行评判。

参考文献

[1] 李健，张米安，顾拾金. 社会企业助力扶贫攻坚：机制设计与模式创新[J]. 中国行政管理，2017，（7）：67-72.

[2] 高传胜. 社会企业的包容性治理功用及其发挥条件探讨[J]. 中国行政管理，2015，（3）：66-70.

[3] Sengupta S，Sahay A. Social entrepreneurship research in Asia-Pacific：perspectives and opportunities[J]. Social Enterprise Journal，2017，13（1）：17-37.

[4] 杜运周，贾良定. 组态视角与定性比较分析（QCA）：管理学研究的一条新道路[J]. 管理世界，2017，33（6）：155-167.

[5] 张志红，王露露，宋艺. 营商环境生态如何驱动城市创新绩效？——基于创新型城市的模糊集定性比较分析[J]. 研究与发展管理，2022，34（3）：24-40.

[6] 刘海洋，林令涛，黄顺武. 地方官员变更与企业兴衰：来自地级市层面的证据[J]. 中国工业经济，2017，（1）：62-80.

[7] 戴静，刘放，张豪，等. 周期交错、政策不确定和企业 R&D 投资：基于官员任期和五年计划的证据[J]. 管理评论，2019，31（12）：100-114.

[8] 连立帅，朱松，陈关亭. 资本市场开放、非财务信息定价与企业投资：基于沪深港通交易制度的经验证据[J]. 管理世界，2019，35（8）：136-154.

[9] 连立帅，朱松，陈超. 资本市场开放与股价对企业投资的引导作用：基于沪港通交易制度的经验证据[J]. 中国工业经济，2019，（3）：100-118.

[10]王浩，李晓敏. 廉洁政府建设赋能数字贸易的理论机制与经验证据[J]. 江海学刊，2023，（5）：123-129，255-256.

[11]潘越，宁博，肖金利. 地方政治权力转移与政企关系重建：来自地方官员更替与高管变更的证据[J]. 中国工业经济，2015，（6）：135-147.

[12]朱光喜，陈景森. 地方官员异地调任何以推动政策创新扩散？——基于议程触发与政策决策的比较案例分析[J]. 公共行政评论，2019，12（4）：124-142，192-193.

[13]曾婧婧，温永林. 政府创业政策对城市创业的影响及其作用机制：基于国家创业型城市的准自然实验[J].经济管理，2021，43（4）：55-70.

[14]杜运周，孙宁，刘秋辰. 运用混合方法发展和分析复杂中介模型：以营商环境促进创新活力，协同新质生产力和“就业优先”为例[J]. 管理世界，2024，40（6）：217-237.

[15]谢智敏，王霞，杜运周，等. 创业生态系统如何促进城市创业质量：基于模糊集定性比较分析[J]. 科学学与科学技术管理，2020，41（11）：68-82.

[16]杨英，李岩，张秀娥，等.正式制度与非正式制度如何驱动社会创业：基于效率驱动型国家的 QCA 研究[J]. 科技进步与对策，2021，38（3）：21-29.

[17]杜运周，李佳馨，刘秋辰，等. 复杂动态视角下的组态理论与 QCA 方法：研究进展与未来方向[J]. 管理世界，2021，37（3）：180-197，12-13.

[18]杜运周，刘秋辰，程建青. 什么样的营商环境生态产生城市高创业活跃度？——基于制度组态的分析[J]. 管理世界，2020，36（9）：141-155.

[19]徐虹，张妍，翟燕霞. 社会创业研究回顾与展望[J]. 经济管理，2020，42（11）：193-208.

[20]彭伟，于小进，郑庆龄. 中国情境下的社会创业过程研究[J]. 管理学报，2019，16（2）：229-237.

[21]张玉利，杨俊，戴燕丽. 中国情境下的创业研究现状探析与未来研究建议[J]. 外国经济与管理，2012，34(1)：1-9，56.

[22]崔连广，闫旭，张玉利. 心理因素联动对创业者决策逻辑的影响：一个基于 QCA 方法的研究[J]. 科学学与科学技术管理，2020，41（9）：123-135.

[23]杜运周，刘秋辰，陈凯薇，等. 营商环境生态、全要素生产率与城市高质量发展的多元模式：基于复杂系统观的组态分析[J]. 管理世界，2022，38（9）：127-145.

[24]刘凤，黄丽萍. 营商环境建设成效的影响因素研究：基于四川省的田野调查与组态分析[J]. 软科学，2025，39（2）：41-48.

[25]李志军，张世国，牛志伟，等. 中国城市营商环境评价及政策建议[J]. 发展研究，2021，38（9）：56-62.

[26]刘承礼. 经济治理体系和治理能力现代化：政府与市场的双重视角[J]. 经济学家，2015，（5）：28-34.

[27]李文钊，翟文康，刘文璋. “放管服”改革何以优化营商环境？——基于治理结构视角[J]. 管理世界，2023，39（9）：104-124.

[28]袁文融. 高铁开通能改善城市营商环境吗？——基于 288 个地级市的准自然实验[J]. 技术经济，2022，41(9)：109-121.

[29]“中国城市营商环境评价研究”课题组，李志军，张世国，等. 中国城市营商环境评价的理论逻辑、比较分析及对策建议[J]. 管理世界，2021，37（5）：98-112，8.

[30]侯冠宇，张震宇. 营商环境助推民营企业发展：历史、现实与路径[J]. 重庆社会科学，2024，（8）：29-43.

[31]曾艺，周小昶，冯晨. 税收中性与产业链重塑：基于企业专业化视角[J]. 世界经济，2024，（6）：124-148.

[32]赵勇，马珍妙. 营商环境对企业长期投资决策的影响：基于上市公司的面板数据分析[J]. 改革，2023，（9）：110-128.

[33]原祎筠. 地方官员更替与微观企业行为研究综述[J]. 现代商贸工业，2021，33（7）：117-118.

[34]Chen C C，Chen X P，Huang S S. Chinese Guanxi：an integrative review and new directions for future research[J]. Management and Organization Review，2013，9（1）：167-207.

[35]毛寿龙. 市场经济的秩序维度及政策选择：关于营商环境和秩序的理论思考[J]. 中国行政管理，2023，39(11)：10-16.

[36]Bozhikin I，Macke J，da Costa L F. The role of government and key non-state actors in social entrepreneurship：a systematic literature review[J]. Journal of Cleaner Production，2019，226：730-747.

[37]Austin J，Stevenson H，Wei-Skillern J. Social and commercial entrepreneurship：same，different，or both? [J]. Revista de Administração，2012，47(3)：370-384.

[38]Andersson F O，Self W. The social-entrepreneurship advantage：an experimental study of social entrepreneurship and perceptions of nonprofit effectiveness[J]. Voluntas：International Journal of Voluntary and Nonprofit Organizations，2015，26（6）：2718-2732.

[39]Gupta P，Chauhan S，Paul J，et al. Social entrepreneurship research：a review and future research agenda[J]. Journal of Business Research，2020，113：209-229.

[40]Kamaludin M F，Xavier J A，Amin M. Social entrepreneurship and sustainability：a conceptual framework[J]. Journal of Social Entrepreneurship，2024，15（1）：26-49.

[41]Furnari S，Crilly D，Misangyi V F，et al. Capturing causal complexity：heuristics for configurational theorizing[J]. Academy of Management Review，2021，46（4）：778-799.

[42]Greckhamer T，Furnari S，Fiss P C，et al. Studying configurations with qualitative comparative analysis：best practices in strategy and organization research[J]. Strategic Organization，2018，16（4）：482-495.

[43]杜运周. 组织与创业领域：组态视角下的创业研究[J]. 管理学季刊，2019，4（3）：31-41，140.

[44]林毅夫. 政府与市场的关系[J]. 国家行政学院学报，2013，（6）：4-5.

[45]沈志荣，沈荣华. 公共服务市场化：政府与市场关系再思考[J]. 中国行政管理，2016，（3）：65-70.

[46]刘鑫，蒋春燕. 政治和商业网络关系与企业探索式创新：一个整合模型[J]. 经济管理，2016，38（8）：68-81.

[47]买忆媛，甘智龙. 我国典型地区创业环境对创业机会与创业能力实现的影响：基于 GEM 数据的实证研究[J]. 管理学报，2008，（2）：274-278.

[48]朱富强. 为何需要产业政策：张维迎和林毅夫之争的逻辑考辩[J]. 社会科学战线，2017，（4）：44-61.

[49]谢绚丽，沈艳，张皓星，等. 数字金融能促进创业吗？——来自中国的证据[J]. 经济学（季刊），2018，17（4）：1557-1580.

[50]金碚. 社会企业的机理逻辑及对认识现代市场经济的启示[J]. 中国工业经济，2022，（3）：5-19.

[51]温家宝. 关于发展社会事业和改善民生的几个问题[J]. 新华文摘，2010，（11）：1-9.

[52]鲍静，张勇进，董占广. 我国政府数据开放管理若干基本问题研究[J]. 行政论坛，2017，23（1）：25-32.

[53]葛笑春，刘虎，田雪莹，等. 多重制度逻辑下组织创业资源的识取：非营利组织转型为社会企业的案例研究[J]. 管理案例研究与评论，2021，14（2）：192-204.

[54]孟耀，张弥. 税负水平对中国投资、创业和就业的影响[J]. 经济与管理，2010，24（2）：5-9.

[55]杜剑，史艳敏，杨杨. 柔性税收征管对企业价值的影响：基于研发投入的遮掩效应[J]. 管理学刊，2021，34（3）：105-125.

[56]姚洋，张牧扬. 官员绩效与晋升锦标赛：来自城市数据的证据[J]. 经济研究，2013，48（1）：137-150.

[57]贺小刚，朱丽娜. 地方官员更替与创业精神：来自省级经验的证据[J]. 中山大学学报（社会科学版），2016，56（3）：194-208.

[58]张建琦，赵兴庐，安雯雯. 政治关系、制度环境与创业机会识别[J]. 西北大学学报（哲学社会科学版），2015，45（1）：124-131.

[59]吴兴海，张玉利. 创业机会的开发时机选择研究[J]. 管理学报，2018，15（4）：530-538.

[60]钟粤俊，董志强，张天华. 官员更替、营商环境与企业非生产性负担[J]. 经济科学，2023，（4）：160-177.

[61]Flores Márquez H，Castillo N O. Corruption as an entry incentive and exit barrier for foreign direct investment（FDI）[J]. Revista de Economía Mundial，2021，57（3）：45-66.

[62]吴新任. 新型政商关系对企业不同类型创新的影响[J]. 软科学，2022，36（6）：9-16.

[63]李国璋，陈宏伟，郭鹏. 中国经济增长与腐败的库兹涅茨曲线效应：实证视角的检验[J]. 财贸研究，2010，21（1）：65-70.

[64]赵放，刘禹君. 寻租、创业与区域创新效率[J]. 浙江学刊，2017，（4）：102-109.

[65]罗文恩，黄英. 官民商协作与社会企业可持续发展：来自中国香港的经验及启示[J].公共行政评论，2018，11（4）：97-118，180-181.

[66]冯梦龙，祁峰. 税收负担、财政透明度与社会创业活跃度[J]. 科学决策，2024，（10）：92-107.

[67]杨英，李岩，张秀娥，等. 正式制度与非正式制度如何驱动社会创业：基于效率驱动型国家的 QCA 研究[J]. 科技进步与对策，2021，38（3）：21-29.

[68]Douglas E J，Shepherd D A，Prentice C. Using fuzzy-set qualitative comparative analysis for a finer-grained understanding of entrepreneurship[J]. Journal of Business Venturing，2020，35（1）：105970.

[69]Judge W Q，Fainshmidt S，Brown J L. Institutional systems for equitable wealth creation：replication and an update of judge[J]. Management and Organization Review，2020，16（1）：5-31.

[70]程建青，罗瑾琏，杜运周，等. 制度环境与心理认知何时激活创业？——一个基于 QCA 方法的研究[J]. 科学学与科学技术管理，2019，40（2）：114-131.

[71]Vis B，Dul J. Analyzing relationships of necessity not just in kind but also in degree：complementing fsQCA with NCA[J]. Sociological Methods & Research，2018，47（4）：872-899.

[72]Dul J. Necessary condition analysis（NCA）：logic and methodology of "necessary but not sufficient" causality[J]. Organizational Research Methods，2016，19（1）：10-52.

[73] 徐家良，何立军. 社会企业蓝皮书：中国社会企业发展研究报告（No.1）[M]. 北京：社会科学文献出版社.

[74]Dul J，van der Laan E，Kuik R. A statistical significance test for necessary condition analysis[J]. Organizational Research Methods，2020，23（2）：385-395.

[75]夏溪遥. 社会影响力投资视阈下我国社会企业发展研究[D]. 上海：华东理工大学，2021.

[76]张明，杜运周. 组织与管理研究中 QCA 方法的应用：定位、策略和方向[J]. 管理学报，2019，16(9)：1312-1323.

[77]郭燕芬. 营商环境治理效能提升的制度优势支撑：一个基于政策过程理论的框架建构[J]. 兰州学刊，2024，（8）：69-79.

[78]中国行政管理学会课题组，张定安，鲍静. 深化"放管服"改革 建设人民满意的服务型政府[J]. 中国行政管理，2019，（3）：6-12.

Influence Mechanism of Cross-Level Interactive Business Environment on Social Entrepreneurship: Configuration Analysis Based on NCA and fsQCA

Peng Xiaobao[1, 2], Hou Sihan[1], Shang Jinjin[1], Song Wei[2]

(1.School of Public Affairs, University of Science and Technology of China, Hefei 230026, China; 2.Intellectual Property Research Institute, University of Science and Technology of China, Hefei 230026, China)

Abstract: Based on the perspective of configuration analysis, this paper combines NCA and fsQCA techniques to analyze the influence of business environment on the development of social enterprises in Chinese cities. The findings are as follows: a single network element of business environment is not a necessary condition for high social entrepreneurial activity, but low corporate taxes have a relatively universal effect on stimulating high social entrepreneurship; four types of business environment network configurations, including the multi-layered drive type of "high support+low taxes+integrity", the non-dominant logic drive type of "high government support+high government concern+high transparency+low taxes+integrity", the drive type of "high-level services+low taxes+integrity", and the drive type of "high services+low taxes", can drive the development of social enterprises.

Keywords: business environment; social entrepreneurship; configuration analysis

混合所有制改革对科技型企业绿色创新影响的实证分析

黄江龙，赵新宇

（吉林大学 经济学院，长春 130012）

摘要：本文选取 2007~2021 年我国高新技术企业上市公司的样本数据，采用固定效应模型分析混合所有制改革对科技型企业的绿色科技创新的影响。研究表明：混合所有制改革显著且稳定地提升了科技型企业的绿色创新；其主要机制包括融资约束的缓解、管理经验的提升、声誉效应的增强和收入分配的改善；混合所有制改革对我国科技型企业的绿色创新水平的影响在企业 CEO 海外背景、企业所处地区以及企业所处行业层面表现出异质性。

关键词：混合所有制改革；科技型企业；科技创新；绿色发展

中图分类号： F273.1　　　　**文献标识码：**A

改革开放以来，中国在不断取得震惊世界的经济成就的同时，也实现了从追赶世界潮流到引领世界潮流的巨大飞跃。然而伴随着经济的不断发展，传统经济增长模式带来的高污染、高耗能以及高排放等环境问题越来越成为束缚持续发展的障碍，也得到了党和国家的重视[1-3]。党的十九大报告提出“我国经济已由高速增长阶段转向高质量发展阶段，正处在转变发展方式、优化经济结构、转换增长动力的攻关期”[4]；国家“十四五”规划提出坚持绿水青山就是金山银山理念，推动经济社会发展全面绿色转型[5]。二者共同体现了要转变经济增长方式，加强生态文明建设的要求。绿色创新，作为发展方式转变和生态文明发展的重要支撑，其所倡导的能源节约、污染防控、效能提升和资源循环利用的概念和其在产业发展上的应用，日益受到人们的重视，如何加快推进绿色创新成为全社会共同关心的问题[6-8]。政府也出台大量的产业政策，通过制定和实施污染防控措施，推动绿色产业发展，推动企业绿色转型，推动企业绿色创新等。

作者简介：黄江龙（1977—），男，河北石家庄人，吉林大学博士研究生，研究方向为经济管理、水处理、工业资源化；赵新宇（1977—），男，吉林白城人，吉林大学经济学院教授，博士生导师，吉林大学中国国有经济研究中心副主任，博士，研究方向为经济发展理论。

然而，相较于政府产业政策的实施，越来越多的研究表明，更应该发挥市场力量推动企业绿色创新的发展，尤其是混合所有制改革所带来的制度变革的力量。

与此同时，《国务院关于国有企业发展混合所有制经济的意见》中明确指出，鼓励国有企业通过投资入股、联合投资、并购重组等多种方式，与非国有企业进行股权融合、战略合作、资源整合，发展混合所有制经济。那么，这种以科技型企业引入国有资本而进行的混合所有制改革形式，是否有助于缓解科技型企业面临的融资约束差异，进而有效促进科技型企业绿色创新能力的提升？同时，创新根据科学价值的高低和技术难度的不同，可以分为实质型创新和策略型创新两种类型[9]。相较而言，实质型创新项目的风险更大，面临的信息不对称问题更加严重，金融部门对该类型创新项目的资金支持也会更为谨慎。由此，科技型企业通过引入国有资本，是否有助于激励金融部门增加对企业科技型创新项目的信贷资源配置意愿，进而促进企业创新能力的提升？关于上述问题的回答，在当前深入推进以企业为主体的“创新驱动发展战略”过程中将具有重要的理论和现实意义。

事实上，在已有文献中，关于混合所有制改革的研究大多是基于国有企业引入民营资本这一改革形式展开的，而针对民营企业引入国有资本这种“逆向混改”形式的相关研究却相对较少。但是，在当前中国经济仍然处于增长速度换挡、结构调整阵痛以及前期刺激政策消化三期叠加的背景下，民营企业尤其是其中的科技型企业融资难、融资贵的问题表现得尤为突出，从而严重阻碍了科技型企业创新活动的正常开展。与此同时，国有资本在向产业链、价值链中高端集中的结构调整过程中，正通过优化产能过剩领域布局并积极寻找优质投资渠道，以满足现实需求[10]。由此，在当前科技型企业融资渠道受限和国有资本急需寻找优质投资渠道之间存在双向契合的背景下，本文针对科技型企业引入国有资本这种混合所有制改革形式与企业绿色创新能力之间的关系展开深入探讨，可能对于未来进一步深化混合所有制改革政策的制定具有一定的潜在参考价值。

基于此，本文选取我国 2007~2021 年的高新技术企业上市公司样本，分析混合所有制改革对我国科技型企业绿色创新的影响。具体内容如下：首先，我们研究混合所有制改革对我国科技型企业绿色创新的影响水平。其次，分别从科技型企业 CEO（chief executive officer，首席执行官）是否具有海外背景、企业所处地区、所处行业等方面分析其异质性。同时，对我们的基准回归结果进行稳健性检验，并从融资约束、管理经验、声誉效应和收入分配等四个角度分析其主要机制。

1 理论分析与研究假设

创新是国家经济增长的重要驱动力，是企业获得和保持长期竞争优势的决定性因素，已成为引领发展的第一动力。中国经济高质量发展需要充分发挥科技型企业的创新主体作用，在国家战略引导下实现质量变革，效率变革、动力变革，因此，科技型企业应该积极通过改革与创新，为中国经济高质量发展提供核心动能。

1.1 混合所有制改革与科技型企业绿色创新

关于混合所有制改革对于科技型企业绿色创新的影响，研究者有两种主要观点。一种观点认为，混合所有制改革可以为科技型企业提供良好的环境和条件，推动其在绿色创新领域取得突破[11-13]。第一，国有资本通常在技术、研发和创新领域拥有较强的实力和资源。这些资源包括先进的技术、实验设施、专业人才和市场渠道等。通过引入国有资本，科技型企业可以获得这些优势资源，推动企业在绿色技术和创新领域取得突破。例如，国有资本可能在新能源、节能环保、清洁生产等领域有丰富的经验和技术储备，这有助于科技型企业开展绿色创新[14]。第二，引入国有资本，通常伴随着企业治理结构和管理水平的优化。国有资本参与科技型企业管理可以带来更规范和专业的管理方式，如更严格的合规要求和环境标准。这有助于企业在绿色创新方面进行更有效的规划和执行。此外，国有资本的参与可能引入更多的绿色发展理念和战略，为科技型企业制定长期的可持续发展目标提供指导。第三，国有资本具备较强的政策信息获取与协调能力，这有助于科技型企业获得更多的政策支持和合作机会。例如，政府可能通过补贴、税收优惠、研究基金等形式，支持企业开展绿色创新。

另一种观点认为，混合所有制改革可能会对科技型企业绿色创新产生一些负面影响[15]。第一，科技型企业在绿色创新方面需要一定的灵活性和自主权，以快速应对市场变化和技术发展。然而，混合所有制改革引入国有资本后，企业的经营和决策可能会受到更多外部因素的影响，如国有资本的管理意图和政策导向。这可能限制企业在绿色创新方面的自主权和灵活性，从而影响企业的创新效率和成果。第二，混合所有制改革后，企业的资源分配可能会受到国有资本的影响。国有资本可能更倾向于将资源投向与政府政策相吻合的项目，而不是专注于绿色创新。这种资源分配倾向的不均可能导致企业在绿色创新项目上面临资源短缺或资源配置不当的问题，从而影响创新项目的进展和成功。第三，科技型企业通常拥有激励员工创新的内部机制，如股权激励、绩效奖金等。然而，混合所有制改革引入国有资本可能导致这些激励机制发生变化。国有资本可能要求企业采用更加传统或保守的薪酬和激励制度，这可能削弱员工的创新动力和积极性，从而影响企业在绿色创新方面的进展。因此，本文提出以下研究假设。

H1a：混合所有制改革对科技型企业绿色创新具有正向影响。

H1b：混合所有制改革对科技型企业绿色创新具有负向影响。

1.2 混合所有制改革影响科技型企业绿色创新的基本路径

尽管上文提出了混合所有制改革对科技型企业绿色创新可能存在的正负两种效应假设（H1a 与 H1b），但无论是促进还是抑制，其作用均需通过具体渠道得以实现。下文将从融资约束、管理经验、声誉效应和收入分配等角度，梳理和分析混合所有制改革影响绿色创新的潜在机制路径，如图1所示，以供后续实证检验。

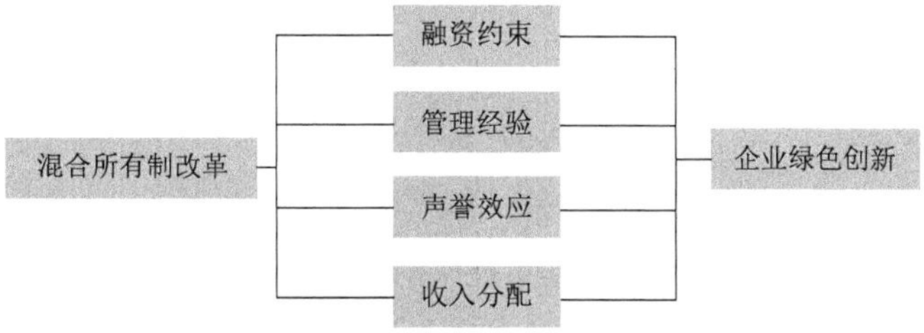

图 1 主要影响机制

1.2.1 融资约束渠道

混合所有制改革通过改善企业的融资约束状况可以为企业的绿色创新提供更多资金和资源支持[16]。首先，通过引入国有资本，拓宽了企业的资金来源。这不仅可以缓解企业在绿色创新项目上的融资压力，还能为企业提供更多稳定、长期的资金支持。更多的资金来源意味着企业可以在绿色创新项目上进行更大规模的投资，从而推动绿色技术和产品的研发以及商业化进程。其次，国有资本的参与通常能提高企业的信用和信誉度。这有助于企业在融资市场上获得更好的信贷条件，包括更低的利率和更宽松的贷款条件。改善融资能力将有助于企业在绿色创新项目上获得所需的资金，支持企业在绿色技术和产品方面的持续研发与创新。最后，进行混合所有制改革后，企业可能获得更多的政策支持和市场准入，这有助于企业开拓多元化的融资渠道和方式。例如，企业可能更容易获得政府扶持的绿色金融产品，如绿色债券、绿色贷款等。这些多样化的融资方式可以降低企业的融资成本，并为绿色创新项目提供更丰富的资金来源。鉴于此，本文提出如下假设。

H2：科技型企业混合所有制改革会显著缓解企业融资约束水平，进而提升企业绿色创新水平。

1.2.2 管理经验渠道

混合所有制改革可以通过提升企业管理水平，帮助企业在绿色创新领域取得更好的成绩[17]。首先，国有资本通常具备丰富的管理经验和成熟的管理实践，尤其在大型企业运营和监管方面。这些专业化的管理方法可以通过混合所有制改革引入科技型企业。借助这些经验和实践，企业可以优化内部管理流程，提高决策效率，并更好地规划和执行绿色创新项目。专业化的管理有助于企业在绿色创新领域取得更好的效果。其次，混合所有制改革通常带来更规范的治理结构和更高的管理透明度。国有资本的参与可以帮助企业建立健全治理体系，明确企业的责任和权利，从而确保科技型企业在绿色创新项目上的合规性和透明度。这种规范的治理和管理有助于企业在绿色技术和产品的研发与推广中更好地遵守相关法规和标准。最后，国有资本的参与通常伴随着企业管理团队的调整和优化。这种调整可能包括引入有经验的管理人员和专业技术人才，这有助于提高科技型企业在绿色创新领域的整体实力。鉴于此，本文提出如下假设。

H3：科技型企业混合所有制改革会显著提升企业管理经验水平，进而提升企业绿色创新水平。

1.2.3 声誉效应渠道

混合所有制改革通过提升科技型企业的声誉水平，获得公众信任、促进与政府和其他利益相关方的合作，以及增强企业的社会责任感，企业能够更好地推进绿色创新项目的研发和推广，从而提升企业的绿色创新水平[18]。首先，国有资本的参与通常能提高企业的公众形象和信任度。消费者和投资者往往对国有资本参与的企业持有更高的信任和认可。这种声誉上的提升可以增强企业在绿色创新领域的市场影响力和竞争力，使企业更容易在市场上推广绿色技术和产品。其次，国有资本的参与通常为企业提供与政府机构和其他利益相关方（如行业协会、研究机构等）合作的机会。通过这些合作，企业可以获得更多的政策支持和市场资源，进而加速绿色创新项目的研发和商业化进程。此外，企业与政府和其他机构的合作还可以提升企业在绿色创新领域的声誉和知名度。最后，混合所有制改革可以引导企业更加注重社会责任和可持续发展。这种价值观的转变有助于企业在绿色创新领域树立良好的声誉，进一步提升企业的品牌形象和市场竞争力。在市场日益重视环境和可持续发展的背景下，企业通过积极参与绿色创新项目，可以获得更多的消费者认同和社会支持。鉴于此，本文提出如下假设。

H4：科技型企业混合所有制改革会显著提升企业声誉水平，进而提升企业绿色创新水平。

1.2.4 收入分配渠道

混合所有制改革可以通过改善企业收入分配状况，激发员工的创新动力，吸引和留住高素质人才，增强企业的社会责任感和形象。这些因素都将有助于推动企业绿色创新水平的提升[19-21]。通过公平、激励性的薪酬制度和员工福利政策，企业可以在绿色创新领域取得更好的成绩，实现可持续发展目标。首先，改善企业收入分配状况意味着更公平和激励性的薪酬制度。这种制度可以激发员工的创新动力和积极性，尤其是在绿色创新领域。通过提高员工的收入和构建激励机制，企业可以鼓励员工提出新颖的绿色创新想法，并积极参与绿色技术的研发和推广。其次，通过改善收入分配状况，企业可以更好地吸引和留住高素质人才。这些人才在绿色创新方面往往具有专业知识和独特见解。更具竞争力的薪酬和福利制度将有助于企业吸引更优秀的科学家、工程师和创新者，并为他们提供稳定的工作环境。高素质人才的参与将为企业的绿色创新项目带来新的视角和技术突破。最后，通过公平的收入分配和员工福利政策，企业可以提升其社会责任感和形象。这种企业文化有助于企业在绿色创新领域树立良好的声誉，并获得社会和消费者的认可。良好的声誉将为企业在绿色创新领域提供更多的市场机会和合作机会，有助于企业扩大绿色技术的推广和应用，从而进一步提高企业的绿色创新水平。鉴于此，本文提出如下假设。

H5：科技型企业混合所有制改革会显著改善企业收入分配，进而提升企业绿色创新水平。

2 研究设计

本文通过构建计量回归模型，实证分析和检验混合所有制改革对科技型企业绿色创新的影响。

2.1 数据选取与处理

本文采用上市公司数据作为基本样本数据。样本数据按照如下标准进行筛选：①由于模型中大多数变量的计算需要用到前一年年报中的市场交易数据和财务数据，因此剔除当年刚上市样本；②剔除数据不完整的公司、金融行业的公司和 ST（special treatment，特别处理）公司、PT（particular transfer，特别转让）公司。研究所需的市场交易数据和财务数据来自 Wind 和 CSMAR（China Stock Market & Accounting Research，中国经济金融研究）数据库。具体的数据指标包括：年份、证券代码、公司名称、行业名称、行业代码、所在省份、所在城市、流动比率、速动比率、权益乘数、公司规模、资产负债率、总资产净利润率、净资产收益率、总资产周转率、现金流比率、营业收入增长率、董事人数、独立董事人数等多个指标。对于高新技术企业的筛选，根据 CSMAR 数据库中的《上市公司资质认定信息文件》数据进行整理。筛选“认定项目类型”为“高新技术企业”；筛选“认定对象身份”为“高新技术上市公司本身”。根据“认定时间”和“有效期限”判断当年是否为高新技术企业，有效期限通常为 3 年，缺失值默认为 3 年。前十大股东持股比例来自 CSMAR 数据库，股东性质在该数据库基础上依据天眼查、企查查以及国家市场监督管理总局数据进行手工核对调整，通过控制链条追溯获取的终极控制人信息来明确该股东是否属于国有股东[22-24]。参考已有研究[25]，删除了被特殊处理以及变量缺失的样本，并对所有连续变量在上下 1%处进行了缩尾处理，回归中进行了聚类稳健标准误估计。最终得到 2007~2021 年的高新技术企业上市公司样本。

2.2 基本模型设定

本文主要采用固定效应模型来分析混合所有制改革对高新技术企业绿色创新的影响。具体模型设定如下：

$$\text{Invention}_{it} = \alpha + \beta \text{Soeov}_{it} + \gamma X_{it} + \mu_{it} + \delta_{it} + \varepsilon_{it} \tag{1}$$

其中，Invention_{it} 为企业的上市公司绿色持续创新水平，本文借鉴 Triguero 和 Córcoles[26]的思路，通过合并企业在第 t-1 年（或第 t-2 年）与 t 年的研发投入、专利申请量来测度企业在第 t 年的技术多元化与持续创新；Soeov_{it} 为前十大股东中所有国有股东持股比例之和除以前十大股东持股比例之和，为高新技术企业进行混合所有制改革的衡量变量；X_{it} 为一组控制变量，在模型中加入了企业总资产净利润率（roa）、企业规模（size）、企业年龄（lnage）、资产负债率（tl）、第一大股东持有股份比例（top1）、董事会规模（board）以及独立董事人数（director）

等多个控制变量；μ_{it} 为企业个体固定效应；δ_{it} 为年份固定效应；ε_{it} 为残差项。

2.3 变量定义

（1）绿色创新（Invention）。企业的绿色创新体现在其持续创新水平上。现有文献大多将企业创新状态分为“0”和“1”两种情况，以滞后一期（或多期）的创新绩效对当期创新状态的影响来测度创新持续性，从回归结果判断企业维持创新状态的概率，该做法的缺点是忽视了创新投入与产出的差异性，对创新状态的划分也较为简略。为此，借鉴 Triguero 和 Córcoles[26] 的做法，将持续创新作为独立研究变量，同时采用创新投入指标（研发经费）和创新产出指标（因无法全面获得上市公司的新产品销售收入数据，此处仅分析创新专利申请量）的前后期对比来反映创新的持续程度。具体地，将企业在第 t 年的创新持续性等于企业在第 $t-1$ 与第 t 年间的专利申请量（或研发经费）之和较第 $t-2$ 年与第 $t-1$ 年间的专利申请量（或研发经费）之和的环比增长率，再乘以第 $t-1$ 年与第 t 年的专利申请量（或研发经费）之和。计算公式为

$$\mathrm{IIP}_t=\frac{\mathrm{IIN}_t+\mathrm{IIN}_{t-1}}{\mathrm{IIN}_{t-1}+\mathrm{IIN}_{t-2}}\times(\mathrm{IIN}_t+\mathrm{IIN}_{t-1}) \tag{2}$$

$$\mathrm{OIP}_t=\frac{\mathrm{OIN}_t+\mathrm{OIN}_{t-1}}{\mathrm{OIN}_{t-1}+\mathrm{OIN}_{t-2}}\times(\mathrm{OIN}_t+\mathrm{OIN}_{t-1}) \tag{3}$$

其中，IIP_t 和 OIP_t 分别为企业在第 t 年的创新投入持续性和创新产出持续性；IIN_t、IIN_{t-1}、IIN_{t-2} 分别为企业在第 t 年、第 $t-1$ 年、第 $t-2$ 年的研发经费；OIN_t、OIN_{t-1} 和 OIN_{t-2} 分别为企业在第 t 年、第 $t-1$ 年、第 $t-2$ 年的专利申请量。

（2）混合所有制改革（Soeov）。本文尤其关注民营企业的逆向混改，因此采用前十大股东中所有国有股东持股比例之和与前十大股东持股比例之和的比值（Soeov）对高新技术企业的混合所有制改革事件进行度量。参考现有混合所有制改革的相关研究[23]，采用前十大股东中所有国有股东持股比例之和除以前十大股东中所有非国有股东持股比例之和（Soere）对国有股东参股情况进行再次刻画。此外，也引入虚拟变量，即是否有国有股东参股（Soedum）作为自变量。

采用这种衡量方法的原因是：首先，该指标直接反映国有资本控制力；前十大股东中国有股东的持股比例可以直接反映国有资本在企业中的控制权。较高的国有股东持股比例意味着国有资本在企业中的影响力较大；其次，衡量国有资本对民营资本的介入程度；相对较低的国有股东持股比例可以表明民营资本对企业的介入程度较高，从而体现企业逆向混改的程度；最后，数据获取相对容易；前十大股东持股比例通常可以从公开的财务报表或证券交易所信息中获取，这使得这一指标的计算和分析相对简单。变量定义具体如表 1 所示。

表 1 变量定义

变量			变量定义
因变量	绿色创新	Invention	上市公司绿色持续创新水平
自变量	混合所有制改革	Soeov	前十大股东中所有国有股东持股比例之和除以前十大股东持股比例之和
控制变量	企业总资产净利润率	roa	企业当年净利润与年末总资产的比值（%）
	企业规模	size	企业当年年末总资产的自然对数
	资产负债率	tl	企业当年年末总负债与年末总资产的比值（%）
	企业年龄	lnage	当前年份减去企业成立年份的自然对数
	第一大股东持股比例	top1	企业当年年末第一大股东持股占总股份比例（%）
	董事会规模	board	企业当年年末董事会人员规模（人）
	独立董事人数	director	企业当年年末独立董事人员规模（人）

表 1 和表 2 给出了处理后的数据所包含的变量的定义及描述性统计分析结果。表 2 中，因变量为绿色创新（Invention）。

表 2 变量的描述性统计分析结果

变量	（1）	（2）	（3）	（4）	（5）
	观测数	平均值	标准差	最小值	最大值
Invention	19 940	8.405 2	75.723 3	0.000 0	2 809
Soeov	21 007	0.604 8	0.355 8	0.000 0	1.000 0
roa	20 999	0.024 8	0.937 5	−51.297 8	108.365 7
size	20 987	22.525 2	1.690 9	13.076 0	31.191 3
tl	20 999	0.553 2	1.570 9	−0.194 7	178.345 5
lnage	21 006	2.482 6	0.717 7	0.000 0	3.465 7
top1	21 002	36.427 6	15.792 5	2.630 0	89.990 0
board	21 001	9.142 0	1.977 8	0.000 0	19.000 0
director	21 001	3.349 0	0.729 2	0.000 0	9.000 0

3 实证结果分析

首先，基于计量模型（1）实证检验混合所有制改革对科技型企业绿色创新的影响；其次，利用多种方式对基础回归结果进行稳健性检验，以保证实证结果的稳健性；再次，从融资约束、管理经验、声誉效应和收入分配四个角度分析其主要机制，验证混合所有制改革影响科技型企业绿色创新的主要路径；最后，对相关结果按照企业类别进行异质性分析，以得到关于主题更加丰富的结论。

3.1 基准回归结果分析

本文逐步引入可能影响企业绿色创新的各种固定效应和控制变量，主要回归结果见表 3。数据分析结果表明，在控制了其他有可能影响企业绿色创新的主要因素且控制了个体和年份固定效应之后，混合所有制改革对科技型企业绿色创新具有稳定且显著的正向影响，且该结论对于不同固定效应与控制变量层面均非常稳健。

表 3 基本回归结果

变量	（1）	（2）	（3）
	Invention		
Soeov	0.062 4***	0.062 5***	0.035 0***
	（0.008 0）	（0.014 1）	（0.013 5）
roa			0.002 6
			（0.005 2）
size			0.239 2***
			（0.022 6）
tl			0.008 5
			（0.005 5）
lnage			−0.112 8***
			（0.039 1）
top1			−0.001 7
			（0.001 4）
board			0.004 4
			（0.015 2）
director			0.038 7
			（0.037 0）
常数项	0.545 4***	0.545 5***	−4.708 0***
	（0.010 3）	（0.025 5）	（0.497 1）
样本量	17 951	17 947	17 932
R^2	0.003 4	0.210 0	0.280 8
控制变量	No	No	Yes
个体固定效应	No	Yes	Yes
年份固定效应	No	Yes	Yes

注：括号内为聚类稳健标准误

***表示在 1%的水平下显著

具体表现在，从回归结果（3）可以看出，随着科技型企业前十大股东中所有国有股东持股比例之和除以前十大股东持股比例之和增加 1 单位值，高新技术企业绿色创新将提升 0.035 单位值。这主要是因为：首先，混合所有制改革引入了多样化的股东，包括国有资本、民营资本和外资，这为科技型企业带来了更多的资金来源，能够支持企业进行绿色创新项目的研发和实施；其次，通过引入国有资本和外资，企业会更重视满足环保要求和环保政策，这种环保压力促使企业积极寻求绿色创新，以满足政策要求和社会责任；最后，混合所有制改革使企业具备更高的治理水平和资源配置效率，这有助于企业在市场竞争中保持领先地位。同时，通过绿色创新，企业能够更好地满足市场和消费者对可持续发展和环保产品的需求。这验证了 H1a。

3.2 稳健性检验

为确保基准分析结果的稳健性，分别采用替换被解释变量衡量方法、替换解释变量衡量方法、改变模型聚类层级、改变模型固定效应控制层级、排除城市规模因素影响，以及排除其他可能因素影响等，对我们基准模型分析结果进行稳健性检验，以确保基准模型分析结果的可靠性。

3.2.1 替换被解释变量衡量方法

在本文的前半部分，使用企业绿色持续创新能力衡量企业的绿色创新，此处我们采用企业绿色专利申请量（Invention1）和绿色发明专利申请量（Invention2）作为企业绿色创新的替代衡量指标，基于基准模式（1）进行稳健性检验，具体回归结果如表 4 列（1）和列（2）所示。最后的实证分析结果与我们基准回归结果的实证结论相一致，混合所有制改革对科技型企业绿色创新具有稳定且显著的正向影响。

表 4 替换被解释变量和解释变量衡量方法的回归结果

变量	（1）	（2）	（3）	（4）
	Invention1	Invention2	Invention	Invention
Soeov	0.024 8**	0.019 1**		
	（0.010 0）	（0.007 8）		
Soere			0.011 8***	
			（0.004 1）	
Soedum				0.094 7***
				（0.024 0）
常数项	−3.781 8***	−3.269 3***	−4.775 8***	−4.600 5***
	（0.392 1）	（0.359 3）	（0.141 0）	（0.127 8）
样本量	18 740	18 740	17 888	19 917
R^2	0.287 4	0.267 8	0.280 9	0.271 5
控制变量	Yes	Yes	Yes	Yes
个体固定效应	Yes	Yes	Yes	Yes
年份固定效应	Yes	Yes	Yes	Yes

注：括号内为聚类稳健标准误

***、**分别表示在 1%、5%的水平下显著

3.2.2 替换解释变量衡量方法

在本文的前半部分，我们采取了科技型企业前十大股东中所有国有股东持股比例之和除以前十大股东持股比例之和作为自变量，反映政府对于企业的混合所有制改革情况。这里我们采用科技型企业前十大股东中所有国有股东持股比例之和除以前十大股东中所有非国有股东持股比例之和（Soere），以及科技型企业前十大股东中是否有国有股东的虚拟变量（Soedum，有取值为 1，否则为 0）作为科技型企业混合所有制改革的替代衡量方法进行稳健性检验。具体结果如表 4 列（3）和列（4）所示。基于基准回归模型进行分析后，最后的实证分析结果与我们原模型的实证结论相一致，混合所有制改革对科技型企业绿色创新具有稳定且显著的正向影响。

3.2.3 改变模型聚类层级

本文在基准回归中将聚类标准误控制在企业层面。在稳健性检验中，为控制可能来自企业所在行业、城市和省份层面的因素影响，我们分别将标准误聚类到以上三个层面，具体回归结果如表 5 列（1）~列（3）所示。基于基准回归模型进行分析后，实证分析结果与我们基准回归结果的实证结论相一致，混合所有制改革对科技型企业绿色创新具有稳定且显著的正向影响。

表 5 替换不同聚类层级的回归结果

变量	（1）	（2）	（3）
	聚类到行业	聚类到城市	聚类到省份
Soeov	0.035 0*	0.035 0**	0.035 0**
	（0.017 7）	（0.015 1）	（0.015 0）
常数项	−4.708 0***	−4.708 0***	−4.708 0***
	（0.978 3）	（0.437 3）	（0.365 1）
样本量	17 932	17 932	17 932
R^2	0.280 8	0.280 8	0.280 8
控制变量	Yes	Yes	Yes
个体固定效应	Yes	Yes	Yes
年份固定效应	Yes	Yes	Yes

注：括号内为聚类稳健标准误

***、**、*分别表示在 1%、5%和 10%的水平下显著

3.2.4 改变模型固定效应控制层级

本文在基准回归中控制了企业个体固定效应和年份固定效应。在稳健性检验中，我们在控

制了企业个体固定效应和年份固定效应的基础上，继续控制个体-年份交互固定效应、省份-年份交互固定效应以及同时控制两者，具体回归结果如表 6 列（1）~列（3）所示。我们改变模型固定效应控制层级后得到的实证分析结果与我们基准回归结果的实证结论相一致，混合所有制改革对科技型企业绿色创新具有稳定且显著的正向影响。

表 6　改变模型固定效应控制层级的回归结果

变量	（1）	（2）	（3）
	Invention		
Soeov	0.035 0***	0.036 0**	0.034 4**
	（0.013 5）	（0.014 0）	（0.014 2）
常数项	−4.707 1***	−4.614 9***	−4.711 1***
	（0.497 2）	（0.499 0）	（0.504 0）
样本量	17 932	17 932	17 932
R^2	0.280 9	0.299 4	0.317 1
控制变量	Yes	Yes	Yes
个体固定效应	Yes	Yes	Yes
年份固定效应	Yes	Yes	Yes
个体-年份交互固定效应	Yes	No	Yes
省份-年份交互固定效应	No	Yes	Yes

注：括号内为聚类稳健标准误

***、**分别表示在 1%、5%的水平下显著

3.2.5　排除城市规模因素影响

由于城市规模及区域特殊性可能对我们的实证研究有潜在影响，我们选择将其排除在原始数据集之外，包括北京、上海、广州和深圳四个城市在内的 35 个大中型城市被排除，之后进行回归分析，最后，实证分析结果与我们原模型的实证结论相一致。即在考虑到城市规模及区域特殊性可能的潜在影响，排除 35 个大中型城市后也没有改变回归结果，得出混合所有制改革对科技型企业绿色创新具有稳定且显著的正向影响的结论。这说明本文所讨论的现象在城市和地区层面具有普遍性，因而在数据上表现出稳健性。

3.2.6　排除其他可能因素影响

首先，在样本数据年限 2007~2021 年，2007 年的高新技术企业会计规则的转变，使得统计口径和统计规则在 2007 年发生了转变，出于保证样本数据质量以检验数据分析结果稳健性的考虑，我们将 2007 年和 2008 年两年数据删除进行稳健性检验以验证基本回归分析的结果是否真正可靠。其次，2007 年，我国出台了《中华人民共和国企业所得税法》及其配套法规。这些

变化包括将企业所得税法定税率从 33%降至 25%，以及更宽松的税前扣除标准。税收政策的调整可能会冲击到我们基于数据样本的回归分析结果的稳健性。最后，2008 年也爆发了席卷全球的金融危机，对整体宏观经济以及企业部门造成了重大冲击。地方政府层面也采取了规模巨大的经济刺激政策以挽救经济形势，这可能会对企业部门创新投入水平的变动产生不可估测的影响。综上所述，为了避免如数据可比性、税制改革以及金融危机冲击等各方面因素对本章基础回归结果可能造成的影响，将样本区间限定在 2009~2021 年，对基准回归模型式（1）重新进行回归分析，最后，在排除了如数据可比性、税制改革以及金融危机冲击等各方面因素对本文基础回归结果可能造成的影响之后，实证分析结果与我们原模型的实证结论相一致，混合所有制改革对科技型企业绿色创新具有稳定且显著的正向影响。

3.3 机制分析

本文主要从融资约束、管理经验、声誉效应和收入分配四个角度验证混合所有制改革对科技型企业绿色创新的主要路径。

3.3.1 融资约束渠道

改善企业融资约束对于提升企业绿色创新具有重要意义。融资约束的改善可以为企业提供更多资金，用于研发和技术创新。这些投入有助于企业提升技术水平、改进生产流程，从而提高绿色创新水平。融资约束的改善还可以使企业能够在市场竞争中更好地应对挑战和抓住机遇。充足的资金支持有助于企业进行市场拓展和业务扩张，提高市场份额和竞争力，从而提升绿色创新。鉴于此，本文参考 Hadlock 和 Pierce[27]，将企业的财务状况划分为五级融资约束类型，使用 Ordered Probit 模型估计出 SA 指数计算公式，并将其应用到更大样本量中。公式为 $-0.737\times size+0.043\times size^2-0.04\times age$，取值一般为负，且绝对值越大，企业受到的融资约束程度越严重。同时，参考孙文凯等的研究[28]，构建 FC 指数，FC 指数越大，企业面临的融资约束越大，具体回归结果如表 7 列（1）和列（2）所示。数据分析结果表明，无论是从 SA 指数还是 FC 指数来看，混合所有制改革显著改善了高新技术企业的融资约束状况，并且促进了企业投资水平的提高。这主要是三个方面的原因。第一，混合所有制改革引入了不同所有制类型的股东，如国有、私营和外资。这些股东的加入为企业提供了更多的融资渠道，包括股权融资和债务融资。这种多样化的融资渠道有助于高新技术企业获得更多的资金，从而减轻其融资约束。第二，通过混合所有制改革，高新技术企业的治理结构得以优化，引入了不同背景的投资者和管理者。这有助于提高企业的信用和声誉，使其更容易获得金融机构的信贷支持和市场投资者的青睐，进一步缓解融资约束。第三，混合所有制改革可能提升高新技术企业在资本市场的表现，如股价和市值的上升，这种市场认可有助于企业在资本市场上获得更多的融资机会，从而提高其投资水平。这验证了 H2。

表 7 融资约束渠道

变量	(1)	(2)
	Invention	
Soeov	−0.699 3***	0.070 2***
	(0.162 1)	(0.015 6)
Soeov × SA	−0.186 2***	
	(0.041 4)	
Soeov × FC		−0.067 9**
		(0.031 3)
常数项	−1.697 5***	−5.021 0***
	(0.511 5)	(0.281 8)
样本量	16 291	16 071
R^2	0.711 1	0.128 5
控制变量	Yes	Yes
个体固定效应	Yes	Yes
年份固定效应	Yes	Yes

注：括号内为聚类稳健标准误

***、**分别表示在 1%、5%的水平下显著

3.3.2 管理经验渠道

管理者的经验和能力水平的提高对于提升企业绿色创新至关重要。高素质的管理者具备丰富的经验和知识，能够制定和执行有效的决策与战略规划。这有助于企业更好地利用资源，降低生产成本，提高生产效率，从而提升绿色创新。同时，具备较高的创新意识和技术应用能力的管理者可以引导企业进行技术创新与新技术的应用。这有助于企业提高产品与服务的质量和附加值，从而提升绿色创新。鉴于此，本文参考 Demerjian 等[29]的方法，基于上市企业的财务数据，把固定资产净额、无形资产净额、商誉、研发支出、营业成本、销售与管理费用作为数据包络分析（data envelopment analysis，DEA）中的投入变量，把营业收入作为独立的产出变量，通过数据包络分析可以计算得出企业效率值。随后，通过 Tobit 模型，控制企业规模、市场份额、自由现金流、成立年限、国际化程度和多元化程度等企业层面影响因素，可以估计出上市企业的管理者能力指标（managerial ability，MA）和管理者能力的排序变量（managerial ability rank，MA2），具体回归结果如表 8 列（1）和列（2）所示。同时，本文参考现有的经典研究[30-33]，构建了基于中国会计准则下的两种经典模型的投资效率水平指标，包括 Biddle 模型（Efficiency1）和 Chen 模型（Efficiency2），具体回归结果如表 8 列（3）和列（4）所示。数据分析表明，混合所有制改革显著提高了高新技术企业管理者的能力水平，并且促进了企业投资效率的提高，进而促进了科技型企业绿色创新水平的提升。这主要是三个方面的原因。第一，改革引入了多样化的股东结构，包括国有、民营和外资资本，不同所有制的资本可能带来

不同的管理经验和文化，管理者可以通过学习这些经验，提升自身的管理能力。第二，混合所有制改革通常伴随着企业治理和管理体系的改善。引入具有丰富经验和专业知识的股东或合作方，可以提供更好的管理经验和实践，帮助企业管理者提升管理能力和水平。同时，改善企业治理结构，加强内部约束和监督，这有利于提高管理者的责任感和执行力。第三，混合所有制改革通常涉及引入优质的资本和先进的技术，帮助企业提升生产力和技术水平，这有助于提高企业的创新能力和生产效率，进而促进绿色创新水平的提高。这验证了 H3。

表 8　管理经验渠道

变量	（1）	（2）	（3）	（4）
	Invention			
Soeov	0.041 0***	−0.017 6	0.030 3**	0.030 8**
	（0.007 7）	（0.018 7）	（0.013 0）	（0.012 9）
Soeov × MA	0.124 4***			
	（0.039 4）			
Soeov × MA2		0.023 2***		
		（0.006 5）		
Soeov × Efficiency1			0.243 5**	
			（0.111 6）	
Soeov × Efficiency2				0.261 5**
				（0.111 0）
常数项	−5.154 6***	−5.169 8***	−1.555 7***	−1.555 6***
	（0.163 4）	（0.166 8）	（0.305 4）	（0.305 3）
样本量	16 076	16 076	15 439	15 439
R^2	0.288 3	0.288 4	0.708 8	0.708 8
控制变量	Yes	Yes	Yes	Yes
个体固定效应	Yes	Yes	Yes	Yes
年份固定效应	Yes	Yes	Yes	Yes

注：括号内为聚类稳健标准误

***、**分别表示在 1%、5%的水平下显著

3.3.3　声誉效应渠道

良好的声誉对企业绿色创新的提升具有积极的作用。例如，企业声誉良好，投资者和金融机构会更愿意为企业提供资金支持，降低融资成本。这有助于企业获得更多资源用于创新和技术引进，提升绿色创新。为了对混合所有制改革影响科技型企业绿色创新的声誉效应渠道进行实证检验，我们引入新的上市公司媒体关注度变量（news1）、报刊中标题出现该企业的新闻总数（news2）以及报刊中内容出现该企业的新闻总数（news3）三个变量，检验混合所有制改

革影响科技型企业绿色创新的声誉效应渠道。具体回归结果如表 9 所示。数据分析表明，混合所有制改革显著提高了科技型企业声誉水平，进而促进了科技型企业绿色创新水平的提升。这主要是三个方面的原因。第一，混合所有制改革通常会引入具有丰富经验和资源的股东或合作伙伴，这些股东或合作伙伴在业界享有良好的声誉。与高质量的合作伙伴合作，能够提高企业的专业形象和声誉，从而增强客户、投资者和合作伙伴对企业的信任和认可。第二，混合所有制改革可以引入更多的资本和技术资源，有助于科技型企业提升研发和创新能力。通过增加研发投入、提供更好的研发条件和支持，企业能够推动技术创新和产品改进，提高产品质量和技术水平，从而树立良好的声誉。第三，混合所有制改革可以为科技型企业提供更多的资源和支持，有利于品牌建设和市场竞争力的提升。企业通过加强品牌形象塑造、提升产品品质和服务水平，能够赢得客户的信任和忠诚度，提高市场份额和销售收入，从而增强企业的声誉和绿色创新水平。这验证了 H4。

表 9　声誉效应渠道

变量	（1）	（2）	（3）
	Invention		
Soeov	0.032 7**	0.017 6*	0.057 3***
	（0.014 8）	（0.010 4）	（0.007 9）
Soeov × news1	0.077 5*		
	（0.040 5）		
Soeov × news2		0.017 5***	
		（0.006 0）	
Soeov × news3			0.001 5***
			（0.000 3）
常数项	−4.307 2***	−4.091 1***	−4.447 6***
	（0.759 2）	（0.159 7）	（0.145 4）
样本量	13 090	17 932	17 174
R^2	0.302 0	0.284 0	0.281 4
控制变量	Yes	Yes	Yes
个体固定效应	Yes	Yes	Yes
年份固定效应	Yes	Yes	Yes

注：括号内为聚类稳健标准误

***、**、*分别表示在 1%、5%和 10%的水平下显著

3.3.4　收入分配渠道

公平合理的内部收入分配可以激励员工的积极性、创造力、满意度和忠诚度。当员工感知到自己的努力和贡献得到公正回报时，他们更有动力投入工作，提高工作效率和质量，这种积极性和创造力的提升有助于提高绿色创新水平，促进企业的创新和竞争力。本文采用企业当期为职工支付的现金/营业总收入构建企业内部劳动收入份额指标（LS），检验混合所有制改革

影响科技型企业绿色创新的收入分配渠道。具体回归结果如表 10 所示。数据分析表明，混合所有制改革显著改善了科技型企业的收入分配状况，进而促进了科技型企业绿色创新水平的提升。这主要是三个方面的原因。第一，混合所有制改革可以带来更多的资本和资源投入，使科技型企业有能力提高员工的收入水平和福利待遇。通过提供具有竞争力的薪酬和福利制度，企业能够吸引和留住高素质的人才，激励员工的积极性和创造力，进而提升绿色创新水平。第二，混合所有制改革通常伴随着企业治理结构的完善和透明度的提升。这种改善有助于确保内部收入分配的公正性和透明度，减少不合理的收入差距，增强员工对企业的信任和归属感。员工在公平和稳定的工作环境中更有动力，从而促进绿色创新的提升。第三，混合所有制改革通常引入市场机制和竞争机制，使企业面临更加激烈的市场竞争。这种竞争压力迫使企业更加注重效率和绩效，包括内部收入分配的公平性，改善收入分配状况，进而促进绿色创新的提升。这验证了 H5。

表 10　收入分配渠道

变量	Invention
Soeov	−0.007 4
	（0.014 6）
Soeov × LS	0.180 5**
	（0.083 0）
常数项	−1.352 5***
	（0.307 0）
样本量	15 784
R^2	0.699 0
控制变量	Yes
个体固定效应	Yes
年份固定效应	Yes

注：括号内为聚类稳健标准误

***、**分别表示在 1%、5%的水平下显著

3.4　异质性分析

本节按照企业 CEO 背景、企业所在地区以及企业是否处于高污染行业分组进行异质性分析，以得到更深层次的结论。

3.4.1　按 CEO 海外背景分组

CEO 的海外背景对企业绿色创新可能产生多方面的影响。例如，拥有海外经验的 CEO 通常具备国际视野，能够从全球角度制定战略。这样的战略可以更有效地利用全球资源，寻找新的市场机会，从而提升绿色创新水平。考虑到 CEO 海外背景的差异可能导致不同企业混合所有制改革对企业绿色创新的总体效应产生差异，我们将样本数据按照企业 CEO 是否具有海外

背景分为两组进行实证分析与检验，总体回归结果如表 11 列（1）和列（2）所示。混合所有制改革对 CEO 非海外背景的科技型企业绿色创新的影响更为显著。这主要是三个方面的原因。第一，非海外背景的 CEO 通常对国内市场和本土资源更为熟悉。在混合所有制改革的背景下，这种熟悉度有助于他们更好地利用改革带来的多样化股东结构，整合本土资源，从而提高生产率。具有海外背景的 CEO 可能会在适应新的治理结构和管理风格方面遇到挑战，无法充分利用混合所有制改革带来的优势。第二，非海外背景的 CEO 对本土文化和商业环境有更好的适应性。这种适应性在混合所有制改革中可能表现为更高的决策效率和执行力，从而提升绿色创新。第三，非海外背景的 CEO 更熟悉国内的制度和政策变化，他们更容易适应混合所有制改革带来的变化，调整企业战略和运营。

表 11　按照 CEO 海外背景、所在地区以及企业所处行业分组

变量	(1)	(2)	(3)	(4)	(5)	(6)	(7)
	海外背景	非海外背景	东部	中部	西部	高污染	非高污染
Soeov	0.129 7	0.041 9***	0.041 0**	0.038 2	0.083 3*	0.052 1**	0.043 1**
	(0.080 7)	(0.014 7)	(0.017 0)	(0.032 8)	(0.044 2)	(0.021 6)	(0.019 3)
常数项	−4.098 6**	−4.505 5***	−4.803 6***	−4.576 5***	−5.382 5***	−5.023 8***	−4.736 7***
	(1.879 0)	(0.528 9)	(0.779 9)	(1.200 4)	(1.040 7)	(0.804 5)	(0.766 0)
样本量	672	14 537	9 234	3 037	3 562	5 414	10 420
R^2	0.577 5	0.261 7	0.297 2	0.271 7	0.297 3	0.279 3	0.261 7
控制变量	Yes	Yes	Yes	Yes	Yes	Yes	Yes
个体固定效应	Yes	Yes	Yes	Yes	Yes	Yes	Yes
年份固定效应	Yes	Yes	Yes	Yes	Yes	Yes	Yes

注：括号内为聚类稳健标准误

***、**、*分别表示在 1%、5%和 10%的水平下显著

3.4.2　按企业所在地区分组

考虑到地区差异导致地方政府经济决策的差异，进而可能导致不同地区混合所有制改革对科技型企业绿色创新影响的总体效应产生差异，我们将样本数据按照企业所在地区分为三组[①]进行实证分析与检验，总体回归结果如表 11 列（3）~列（5）所示。相较于非东部地区的科技型企业，混合所有制改革对东部地区的科技型企业绿色创新的影响更为显著。这主要是两个方面的原因。第一，东部地区市场更加成熟，商业环境较为发达，拥有更高的市场需求和竞争压力，混合所有制改革为企业带来的多样化股东结构和管理经验能够更好地适应东部地区市场，从而提高全要素生产效率。第二，东部地区的科技型企业在技术创新方面具有优势，混合所有制改革为这些企业提供了更多的资金和技术支持，有助于企业在研发和创新方面取得更好的成

① 地区分组主要包括：中部（山西、河南、湖北、湖南、安徽、江西），东部（北京、天津、河北、上海、江苏、浙江、福建、山东、广东、海南），西部（内蒙古、重庆、四川、广西、贵州、云南、陕西、甘肃、青海、宁夏、新疆、西藏）。东北三省未在研究范围内。

果，提高绿色创新水平。

3.4.3 按企业所处行业分组

环境治理旨在减少企业对自然资源的过度利用和环境污染，保护生态环境。这不仅关系到自然生态系统的可持续性，也影响到人类生存和发展所依赖的自然基础。长期以来，中国政府在环境保护方面开展了多项工作，如制定严格的环境法规和标准、加大环境法规的监管和执法力度、鼓励企业采用清洁生产工艺和技术等。考虑到企业所处行业的差异可能导致不同行业混合所有制改革对科技型企业绿色创新影响的总体效应产生差异，我们将样本数据按照企业是否处于高污染行业进行分组分析与检验，总体回归结果如表 11 列（6）和列（7）所示。相较于非高污染行业的企业，混合所有制改革对高污染行业的科技型企业绿色创新的影响更为显著。这主要是三个方面的原因。一是高污染行业面临更高的环保要求和监管压力，其更有动力通过混合所有制改革引入多样化的资本和管理经验，推动企业通过技术创新和生产工艺优化来满足环保要求，从而提高绿色创新水平；二是混合所有制改革帮助高污染行业的科技型企业改善其社会和环境形象，这种形象提升有助于企业获得更多的社会和政策支持，提高市场竞争力，从而提高绿色创新水平；三是混合所有制改革通过引入多样化的投资者，缓解企业的融资约束，提供长期资金保障，对于高污染企业，这些资源能更快速影响改善企业减排成果，绿色创新增加的边际效应更显著。

4 小结

绿色科技创新是培育和发展新质生产力的核心动力。习近平在主持中共中央政治局第十一次集体学习时指出，绿色发展是高质量发展的底色，新质生产力本身就是绿色生产力[34]。必须加快发展方式绿色转型，助力碳达峰碳中和。2024 年 3 月，习近平在参加十四届全国人大二次会议江苏代表团审议时进一步指出，发展新质生产力不是忽视、放弃传统产业，要防止一哄而上、泡沫化，也不要搞一种模式。各地要坚持从实际出发，先立后破、因地制宜、分类指导，根据本地的资源禀赋、产业基础、科研条件等，有选择地推动新产业、新模式、新动能发展，用新技术改造提升传统产业，积极促进产业高端化、智能化、绿色化[35]。党的二十大报告进一步提出高质量发展是全面建设社会主义现代化国家的首要任务[36]，是推动中国式现代化的重要实现方式，而企业绿色技术创新是新发展阶段企业迈向高质量发展的必由之路。推进以混合所有制改革为代表的制度变革进而促进企业绿色创新发展就成为一个非常重要的选择。然而，科技型企业参与混合所有制改革的成效究竟如何，国有资本入驻能否帮助企业提高其绿色创新水平，是目前理论分析与实务研究关注的重点。本文主要基于 2007~2021 年我国高新技术企业上市公司样本，系统分析混合所有制改革对我国科技型企业绿色创新的影响，并得出如下三方面的结论。

第一，在控制了其他可能影响科技型企业绿色创新水平的主要因素并且控制了个体和年份固定效应之后，混合所有制改革对我国科技型企业绿色创新具有稳定且显著的正向影响，且该结论对于不同固定效应与控制变量层面均非常稳健。第二，融资约束、管理经验、声誉效应和收入分配是混合所有制改革影响我国科技型企业绿色创新水平的主要机制。科技型企业的混合所有制改革有助于其自身融资约束的缓解、企业管理经验水平和声誉水平的提升，以及收入分配状况的改善，进而促进自身绿色创新水平的提升。第三，进一步分析表明，混合所有制改革对我国科技型企业绿色创新水平的影响在企业 CEO 海外背景、企业所处地区以及企业所处行业层面表现出异质性。

参考文献

[1] 李金昌，史龙梅，徐蔼婷. 高质量发展评价指标体系探讨[J]. 统计研究，2019，36（1）：4-14.

[2] 滕磊，马德功. 数字金融能够促进高质量发展吗？[J]. 统计研究，2020，37（11）：80-92.

[3] 张涛. 高质量发展的理论阐释及测度方法研究[J]. 数量经济技术经济研究，2020，37（5）：23-43.

[4] 习近平：决胜全面建成小康社会 夺取新时代中国特色社会主义伟大胜利——在中国共产党第十九次全国代表大会上的报告[EB/OL]. https://www.gov.cn/zhuanti/2017-10/27/content_5234876.htm[2017-10-27].

[5] 中华人民共和国国民经济和社会发展第十四个五年规划和 2035 年远景目标纲要[EB/OL]. https://www.12371.cn/2021/03/13/ARTI1615598751923816.shtml#d1[2021-03-13].

[6] 齐绍洲，林屾，崔静波. 环境权益交易市场能否诱发绿色创新?——基于我国上市公司绿色专利数据的证据[J]. 经济研究，2018，53（12）：129-143.

[7] 李青原，肖泽华. 异质性环境规制工具与企业绿色创新激励：来自上市企业绿色专利的证据[J]. 经济研究，2020，55（9）：192-208.

[8] 王馨，王营. 绿色信贷政策增进绿色创新研究[J]. 管理世界，2021，37（6）：173-188，11.

[9] 王侃，李建辉. 企业创新能力结构、战略学习能力与竞争优势的关系：基于环境动态性的视角[J]. 创新与创业管理，2023，（2）：105-126.

[10] 曾经纬，宋鹏，刘芸，等. 大数据能力、迭代式创新与企业可持续竞争优势[J]. 创新与创业管理，2024，（1）：78-96.

[11] 朱磊，陈曦，王春燕. 国有企业混合所有制改革对企业创新的影响[J]. 经济管理，2019，41（11）：72-91.

[12] 乔翠霞，马一森，刘韵致. 非国有股东治理与国有企业创新：倒 U 型关系及其形成机理检验[J]. 改革，2023，（2）：118-138.

[13] 任广乾，李俊超，田一迪. 混合所有制改革何以影响国有企业投资效率?——基于公司治理视角的研究[J]. 南京审计大学学报，2023，20（5）：51-60.

[14] 赵鑫，杨棉之，曹迅. 国有股权参与、吸收能力与民营企业绿色技术创新：一个有调节的中介效应模型[J]. 科技进步与对策，2023，40（7）：23-33.

[15]孙健慧，王淑蓓，张海波. 混合所有制改革促进绿色技术创新了吗？——兼论地方政府依赖效应的影响[J]. 会计之友，2023，（5）：143-149.

[16]别奥，杨上广，罗孝玲. 国有股东参股能否促进民营企业绿色技术创新？——基于民营企业混合所有制改革的经验证据[J]. 中南大学学报（社会科学版），2023，29（5）：109-122.

[17]袁歌骋，李娟娟. 混合所有制改革对国有企业绿色创新的影响与溢出效应[J]. 中国人口·资源与环境，2023，33（7）：180-190.

[18]吴崇，顾丹，张佳奇. “逆向混改”如何影响战略性新兴产业民企绿色创新?——基于代表性产业比较分析的视角[J]. 技术经济，2024，43（3）：51-63.

[19]陈林，唐杨柳. 混合所有制改革与国有企业政策性负担：基于早期国企产权改革大数据的实证研究[J]. 经济学家，2014，（11）：13-23.

[20]沈红波，张金清，张广婷. 国有企业混合所有制改革中的控制权安排：基于云南白药混改的案例研究[J]. 管理世界，2019，35（10）：206-217.

[21]何瑛，杨琳. 改革开放以来国有企业混合所有制改革：历程、成效与展望[J]. 管理世界，2021，37（7）：44-60，4.

[22]蔡贵龙，柳建华，马新啸. 非国有股东治理与国企高管薪酬激励[J]. 管理世界，2018，34（5）：137-149.

[23]祁怀锦，于瑶，刘艳霞. 混改股权制衡与“脱实向虚”：抑制还是促进[J]. 经济理论与经济管理，2021，41（2）：13-27.

[24]孙亮，刘春. 民营企业因何引入国有股东？——来自向下调整盈余的证据[J]. 财经研究，2021，47（8）：109-122.

[25]孟庆斌，侯粲然，鲁冰. 企业创新与违约风险[J]. 世界经济，2019，42（10）：169-192.

[26]Triguero Á，Córcoles D. Understanding innovation：an analysis of persistence for Spanish manufacturing firms[J]. Research Policy，2013，42（2）：340-352.

[27]Hadlock C J，Pierce J R. New evidence on measuring financial constraints：moving beyond the KZ index[J]. The Review of Financial Studies，2010，23（5）：1909-1940.

[28]孙文凯，何薇，王文靖. 政府补助与中小企业创新绩效[J]. 经济学报，2024，11（1）：295-318.

[29]Demerjian P，Lev B，McVay S. Quantifying managerial ability：a new measure and validity tests[J]. Management Science，2012，58（7）：1229-1248.

[30]刘慧龙，王成方，吴联生. 决策权配置、盈余管理与投资效率[J]. 经济研究，2014，49（8）：93-106.

[31]陈运森，黄健峤. 股票市场开放与企业投资效率：基于“沪港通”的准自然实验[J]. 金融研究，2019，（8）：151-170.

[32]Biddle G C，Hilary G，Verdi R S. How does financial reporting quality relate to investment efficiency?[J]. Journal of Accounting and Economics，2009，48（2/3）：112-131.

[33]Chen S M，Sun Z，Tang S，et al. Government intervention and investment efficiency：evidence from China[J]. Journal of Corporate Finance，2011，17（2）：259-271.

[34]习近平在中共中央政治局第十一次集体学习时强调：加快发展新质生产力 扎实推进高质量发展[EB/OL]. https://www.gov.cn/yaowen/liebiao/202402/content_6929446.htm[2024-02-01].

[35] 习近平在参加江苏代表团审议时强调：因地制宜发展新质生产力[EB/OL]. https://www.gov.cn/yaowen/liebiao/202403/content_6936752.htm[2024-03-05].

[36] 习近平：高举中国特色社会主义伟大旗帜 为全面建设社会主义现代化国家而团结奋斗——在中国共产党第二十次全国代表大会上的报告[EB/OL]. https://www.gov.cn/xinwen/2022-10/25/content_5721685.htm[2022-10-25].

Empirical Analysis on Impact of Mixed Ownership Reform on Green Innovation in Technology-based Enterprises

Huang Jianglong，Zhao Xinyu

（School of Economics，Jilin University，Changchun 130012，China）

Abstract: This paper selects sample data from publicly listed Chinese high-tech companies from 2007 to 2021 and employs a fixed-effects model to analyze the impact of mixed-ownership reform on the green technological innovation of technology-based enterprises. The study shows as follows:mixed-ownership reform promotes green innovation in these enterprises significantly and consistently; the primary mechanisms driving this effect include the alleviation of financing constraints, the improvement of managerial experience, the enhancement of reputation effects and the optimization of income distribution; the impact of mixed-ownership reform on the green innovation levels of technology-based enterprises exhibits heterogeneity, varying with CEO's overseas background, the region where the enterprise is located and the industry sector.

Keywords: mixed-ownership reform；technology-based enterprise；technological innovation；green development

隐形冠军从无到有铆劲前行——以极米科技为例*

邵云飞，方美仁，陈燕萍

（电子科技大学 经济与管理学院，成都 611731）

摘要：本文以极米科技为例，通过纵向单案例研究分析中小企业成长为隐形冠军的机制。研究结果显示：隐形冠军企业的从无到有是一个多维度、复杂且动态的过程，其核心在于核心驱动力、内生动力与外生动力的相互作用与融合。其中，核心驱动力为企业长远发展奠定了坚实的基础；内生动力不仅促进了企业内部进步，还通过技术创新与效率提升反作用于核心驱动力和外生动力，增强企业的整体竞争力；外生动力不仅促进企业市场份额的扩大，而且通过把握市场机遇推动核心驱动力的发展，激励企业内部的持续创新。

关键词：隐形冠军；专精特新企业；核心驱动力；内生动力；外生动力

中图分类号：F270.1　　文献标识码：A

进入 21 世纪后，随着全球经济格局的深刻调整与科技进步的加速，高质量发展成为中国经济发展的核心议题。在 2024 年全国两会上，“高质量发展”作为十大热词之一，彰显了国家对于推动经济转型升级、实现新质生产力突破的坚定决心[1]。在这一过程中，原创与颠覆性科技创新被视为关键突破点。原创科技代表着自主创新的最高境界，是构建国家竞争新优势、掌握发展主动权的核心力量；而颠覆性科技创新则能够以其革命性的技术突破，重塑产业格局，引领未来发展方向。一个国家科技综合实力也体现在是否拥有一批隐形冠军企业。促进中小企业聚焦于“专业化、精细化、特色化、新颖化”的转型路径，致力于成为各自领域的隐形冠军企业，不仅能够加速中小企业迈向高质量发展阶段，更是构建制造强国战略不可或缺的力量。

早在 20 世纪 90 年代，德国企业经济学家 Hermann Simon 教授就已经提出“隐形冠军”概

---

* 基金项目：国家自然科学基金项目“组织竞合影响传统企业数字化转型：解构、演化和重塑”（72172024）；国家自然科学基金项目“创新生态系统视角下‘卡脖子’技术破解机制研究：资源共享、价值共创、协同共生”（72372017）；国家社会科学基金重大项目“创新链与产业链耦合的关键核心技术实现机理与突破路径研究”（22&ZD094）。

作者简介：邵云飞（1963—），女，浙江金华人，电子科技大学经济管理学院教授、博士生导师，新兴技术管理研究所所长，研究方向为创新管理、组织战略；方美仁（2003—），女，广东湛江人，电子科技大学经济管理学院本科生，研究方向为创新管理；陈燕萍（1996—），女，重庆万州人，电子科技大学经济管理学院博士研究生，研究方向为创新管理。

念，为全球经济版图中的中小企业指明了方向[2]。隐形冠军企业虽不广为人知，却在各自细分市场中凭借独特的竞争力和明确的战略定位，占据了领导地位。这一理念与后来我国提出的专精特新企业概念不谋而合，均强调企业在特定领域的深耕细作、持续创新及全球化视野。但它们有一些区别，专精特新是隐形冠军企业成长的必经阶段，而隐形冠军企业则是专精特新企业在产业结构转型和高质量发展道路上的加强版[3]。2016 年，工业和信息化部颁布《制造业单项冠军企业培育提升专项行动实施方案》，将隐形冠军企业的培育上升到国家战略层面。在当前逆全球化趋势下，专注于细分市场并持续深耕的隐形冠军企业，成为推动我国制造强国战略实施与经济发展的关键力量。但结合现实来看，我国专精特新企业面临着市场体系不完善、人才短缺、全球化水平不足、历史积淀薄弱、专注度不足及数字化转型挑战等多重约束，这些约束阻碍了我国中小企业成为隐形冠军企业。

普通中小企业如何实现从无到有，最终发展为隐形冠军企业是本文研究的主题。本文以极米科技为例，深入探讨其如何从无到有发展为“隐形冠军”的秘诀，为我国各个领域积极培养高精尖特企业、形成科技创新体集群提供借鉴和参考。

1 文献综述

隐形冠军企业持续占据领先地位、拥有显著的全球影响力，这无疑是其长期稳健发展与战略执行效果的体现，而隐形冠军企业的成功可以归结为具有持续竞争优势。在以往的研究中，大部分学者都认为隐形冠军企业主要以创新活动作为其维持竞争优势的核心手段[4, 5]。具体而言，企业借助技术创新与变革的力量，对现有产品与服务进行革新与升级，从而成功探索并推出新产品、新服务，或是进军新的国际细分市场[6]。西蒙将隐形冠军竞争优势影响因素划分为外部能力、内部能力以及核心能力三个层面。

在讨论隐形冠军企业外部能力影响因素方面，现有研究主要分析专注聚焦于细分市场、全球化以及密切的客户关系等因素对隐形冠军企业的竞争力和领导地位的影响[7]。例如，朱巍等指出成为隐形冠军的核心路径和主要手段是精耕细分领域的专注力、积极变革精益求精的创新力和面向全球市场的开放力，而其必要条件和外在表现是引领产业发展方向的领导力和长期稳定发展的持续力[8]。隐形冠军企业以“专注度”和“持续性”为核心，提升竞争力。明确专长、精准布局，稳固客户关系；深耕细分市场，维护品牌形象；注重产品质量，持续创新，扩大市场需求；以全球化视野对标同行，不断提升竞争力[2, 3, 9]。各学者关于内部能力影响因素的研究主要聚焦于企业持续的创新和高绩效的员工等，而核心能力影响因素方面的研究则主要关注强有力的领导与远大的战略目标。其中，隐形冠军企业的创新涵盖了多个层面，具体包括技术创新、产品创新、服务创新等多种形式[10]。再继续细分的话，隐形冠军企业的技术创新又可以分为新创企业的原始创新、传统企业运用智能化方式进行技术改造和转型升级，以及新进入企业从模仿到自主创新等三大类，同时我国制造业隐形冠军技术创新能力在不同区域和企业间具有差异性和动态性[11]。产品创新则可分为以软硬件相结合的产品，以及结构新、功能强、品质好的“纯硬件”产品[12]，产品创新能优化更新产品，丰富种类，优化组合，是技术创新成功的关键[13]。但核心能力、内部能力与外部能力的影响因素界限并不是绝对清晰的，有的学者甚至将细分市场的高度专注化、密切的客户关系、强有力的领导与健康组织氛围以及创新归纳为隐形冠军企业的内部能力[14]。

综上，既有研究主要从外部能力、内部能力以及核心能力三个方面讨论了隐形冠军企业成功的影响因素，为本文提供了理论基础，但仍存在限度。主要是目前的研究多是分析某一具体因素在隐形冠军企业成功之路上发挥的作用，并没有将外部因素、内部因素以及核心因素整合起来进行综合性的分析。本文在已有的研究基础上，以极米科技为案例，构建综合外部因素、内部因素及核心因素的理论模型，系统剖析隐形冠军企业从无到有的运行机制和成长路径，为其他中小企业提供可借鉴的经验和启示。

2 理论分析框架

2.1 企业竞争力的核心驱动力、内生动力与外生动力

企业竞争优势的形成涉及企业内部和外部的多个方面，从竞争优势构成的内在逻辑来看，企业的竞争力影响因素可以归纳为核心驱动力、内生动力与外生动力引擎三个层面，它们相互交织、相互作用，共同推动着企业不断向前发展。

拥有远大目标的领导力被认为是隐形冠军企业成功的核心[15]，也就是核心驱动力。具体而言，核心驱动力包含明确而持久的战略定位、组织。在隐形冠军的发展模式中，明确而持久的战略定位通常体现为聚焦战略、专业化战略以及精一战略。企业综合运用聚焦战略、专业化战略和精一战略的核心要素，明确聚焦细分市场，积极采取专业化战略，通过加大研发投入、技术创新和产品升级等活动，不断提升业务的专业化程度，在选定的细分领域内持续深耕细作，不断追求卓越和极致，同时确保企业发展过程中的每一步都服务于成为该领域领导者的最终目标[16]。组织又分为组织结构与组织领导力。隐形冠军企业倾向于构建一种权力去中心化、紧密围绕客户需求而设计的组织结构框架，而隐形冠军领导者则以专业知识洞察市场机遇，以愿景和激情驱动，构建行业领军地位，但同时成功更需领导者持续的专业积累与不懈努力[7]。

持续创新是企业内生动力的核心，而隐形冠军通常在整个价值链上实现创新，包含着技术创新和产品创新。在数字化浪潮席卷的当下，传统基于固定路径的价值链体系已难以契合新兴商业格局的需求。企业若欲在激烈的市场竞争中稳固并拓展其优势地位，必须进行战略调整，积极协调与各方利益相关者的关系，构建一个紧密围绕自身核心竞争优势与价值主张的商业生态系统[17]。技术前沿性是隐形冠军企业的一项核心标识，这些企业显著地侧重于依托不懈的技

术革新策略，以催生产品的高附加值。它们专注于特定细分领域，通过持续的创新活动深化技术壁垒，进而有效增强企业的盈利效能与市场竞争力。人力资本是内生动力的另一重要因素。企业不仅要持续投资于员工技能的精进与提升，还要致力于构建长期稳定的雇佣关系，以最大限度地保留人才。相应地，员工被寄予厚望，在一种往往由企业领导者独特个性塑造的环境中，展现出高效能与高效率的工作表现。企业的核心价值观、工作氛围及文化体系成为新入职员工关注的焦点，并在后续的绩效评估过程中占据重要考量地位，有效促进了个人价值与企业目标的深度融合。

专注聚焦于细分市场、全球化以及与客户建立密切的联系构成了企业竞争优势的外生动力。隐形冠军企业的显著特征之一在于其对客户服务的深度承诺与重视，致力于构建基于信任的紧密客户关系。虽然紧密性隐含对特定客户的依赖，但是企业应将其视为拓展市场、深化竞争优势的契机。隐形冠军企业的产品与服务的卓越品质，构筑了客户难以转向他处的壁垒。此外，企业应强调可靠性、快速响应及持续洞察客户需求，以创新解决方案满足动态变化。其核心策略不在于降低成本，而在于精准契合客户需求，提供定制化产品与服务[14]。企业需深耕细分的市场领域，选择服务于特定的市场利基，而非盲目追求产品和服务的多样化或新市场的扩张。隐形冠军企业通常采取的策略是系统性地聚焦于狭窄的细分市场，通过不断创新与优化服务内容，精准满足该领域内客户的独特需求。这类企业普遍展现出对多元化的审慎态度，即便进行多元化尝试，也紧密围绕其核心竞争力展开，新产品的研发与新市场的探索均旨在响应既有客户群体的扩展性需求。然而，长期聚焦于某一细分领域可能导致本土市场容量趋于饱和，业务与资源集中度过高[18]。为克服此弊端，企业应积极采取全球化战略，通过跨越国界，在更广阔的市场中寻找并增加有效客户基数，缓解本土市场局限带来的增长压力，为企业开辟巨大的增长潜力。

2.2 隐形冠军企业从无到有的运行机制

企业的竞争优势形成是一个多维度、复杂且动态的过程，其核心驱动力、内生动力与外生动力三者相互依存、相互作用，共同推动普通中小企业向隐形冠军蜕变。

核心驱动力作为企业发展的根基，构成企业独特竞争力的根基，它难以被竞争对手轻易复制与替代，它为内生动力与外生动力提供支撑和指导，确保它们围绕企业的核心愿景和战略展开。内生动力关注企业内部自发的、推动持续进步和创新的力量，是核心驱动力在企业内部的体现与实现。外生动力则侧重于外部环境对企业竞争优势形成的促进作用，衡量企业把握市场机遇的能力。内生动力可以通过内部的积极改变来反作用于核心驱动力，增强其效果，如技术创新带来的效率提升。同时，内生动力的提升可以使企业更好地应对外部环境，抓住外部机遇。外生动力通过积极把握机遇，促进企业调整战略定位、推进核心驱动力的发展进程，同时激励内部创新以应对外部环境的变化。三者的相互作用构成隐形冠军从无到有的运行机制（图 1）。

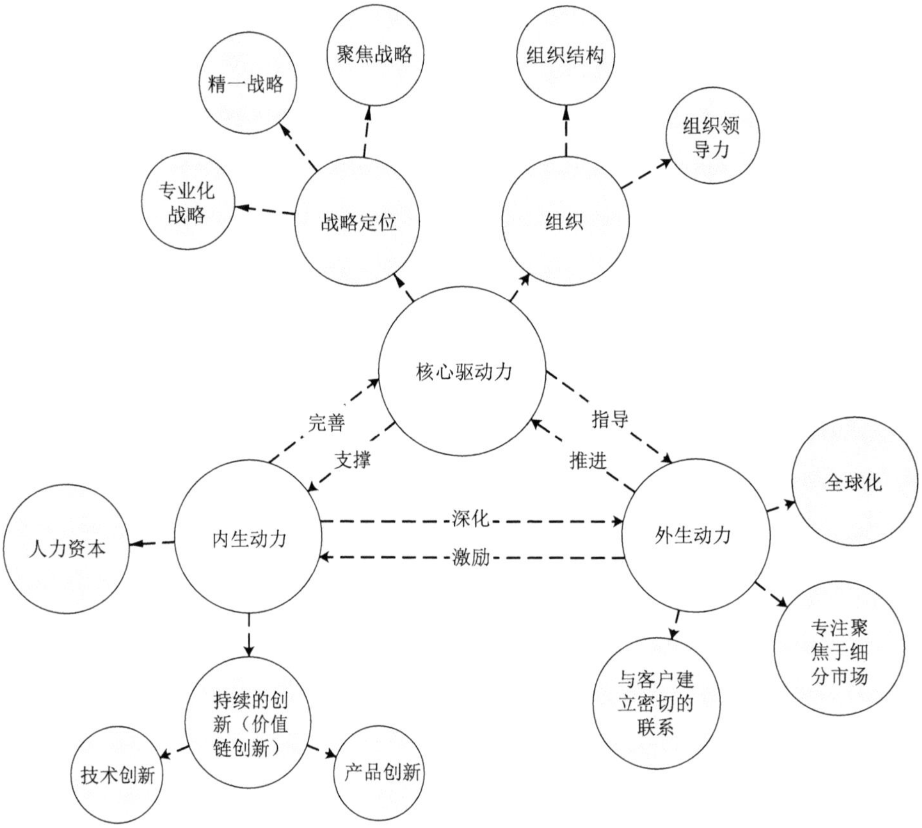

图 1　隐形冠军从无到有的运行机制

3　案例分析：隐形冠军从无到有的实践逻辑

3.1　案例描述

本文采取案例研究法，选择极米科技为个案研究对象。极米科技是成立于 2013 年的高新技术企业，专注于新型显示技术的深耕细作，尤其是在智能投影与激光电视等前沿领域，实现了从设计、研发、生产到销售、服务的全链条覆盖，不仅重塑了我国智能投影产业的格局，更是全球投影技术领域中的领先者。极米科技创始团队秉持开拓精神，从零开始，逐一攻克投影仪核心技术的难关，成功激活了一个曾被视为夕阳产业、技术门槛高的传统投影仪市场，并开创性地提出了“无屏电视”的概念，引领了一场视觉体验的革命[17]。极米科技不仅关注产品本身的性能提升，更致力于构建一个开放、协同的新型光电产业生态圈，通过整合光机产业链上下游资源，形成了价值共创、利益共享的价值生态体系。2020 年，极米科技继续深化其技术创新战略，特别是在光机设计、硬件电路、整机结构、智能算法及画质优化等多个维度积累了丰富的核心技术优势，显著提升了智能投影设备的综合性能与用户满意度，为投影市场带来了新的活力。2022年，公司更是迎来了历史性的一刻，习近平总书记亲临极米科技考察，对企业在自主创新和产品研发销售方面取得的成就给予了高度评价，并寄予厚望。2024年，极米科技不仅在国内市场持续巩固其领先地位，还加大了对海外市场的拓展力度，通过国际化战略的实施，不断提升品牌在全球范围内的知名度和影响力。此外，极米科技还积极响应国家关于数字经济和智能制造的号召，推动生产流程的智能化改造和升级，提升生产效率和质量水平，为行业的数字化转型树立了标杆。

3.2 案例分析

3.2.1 核心驱动力支撑内生动力、指导外生动力

极米科技在组织层面的构建与运营，深刻体现了其领导者深厚的技术背景与敏锐的市场洞察力。以董事长为代表的管理层，凭借在电子科技大学等名校的扎实学术基础，以及在知名家电企业和软件公司积累的丰富实战经验，不仅为极米科技带来了前沿的技术视野和深厚的行业理解，更为公司的发展路径奠定了坚实的基石。在战略执行层面，极米科技的管理层将聚焦战略、精一战略与专业化战略有机融合，确保公司在智能投影领域保持高度的专注与极致的追求。

聚焦战略和精一战略指导极米科技清晰并具有针对性地布局产品线。公司主打低 SKU（stock keeping unit，存货单位）大单品策略，该策略有效避免了产品线过于繁杂导致的资源分散，确保每一款产品都能精准对接市场需求。聚焦智能微投、激光电视和创新产品三大品类。其中，智能微投产品线包括 RS 系列、H 系列、Z 系列、便携系列和 MOVIN 系列等，不仅覆盖了从入门级到高端市场的全范围用户，还通过细致的产品系列划分市场，以进一步满足了不同消费群体的个性化需求[19]。RS 系列和 H 系列定位高端家用市场，性能优异；Z 系列性能均衡，满足基本影音娱乐需求；便携系列便于携带，适合户外使用；MOVIN 系列主打年轻化、潮酷卖点，为年轻人提供入门投影选择。这种精准细分的市场定位以及高度集中的资源配置，使极米科技在初期便迅速建立起市场辨识度，为后续的技术沉淀与市场深耕铺设了坚实的道路，加速了品牌成长的步伐。

在专业化战略的支撑与指导下，极米科技重视持续创新以及人才培养，不断加大研发投入，构建专业化的研发团队，持续提升技术壁垒，巩固市场领先地位。极米科技致力于构建学习型组织，并采用阶梯式培养模式，为各成长阶段员工提供针对性支持与资源。同时，随着专业化研发团队的构建，极米科技的技术与产品不断实现突破性创新。面对传统投影仪在光源寿命、画质色彩、使用便捷性等方面的诸多痛点，极米科技毅然决然地踏上了自主创新的征途。从最初的 LED（light emitting diode，发光二极管）光源技术探索，到后来的三色激光光源尝试，再到最终推出的 Dual Light 超级混光技术，极米科技在光源技术的道路上不断突破，实现了从跟跑到领跑的华丽转身[17]。这一系列技术创新的背后（图 2），是极米科技对核心技术研发的持续投入与不懈追求。

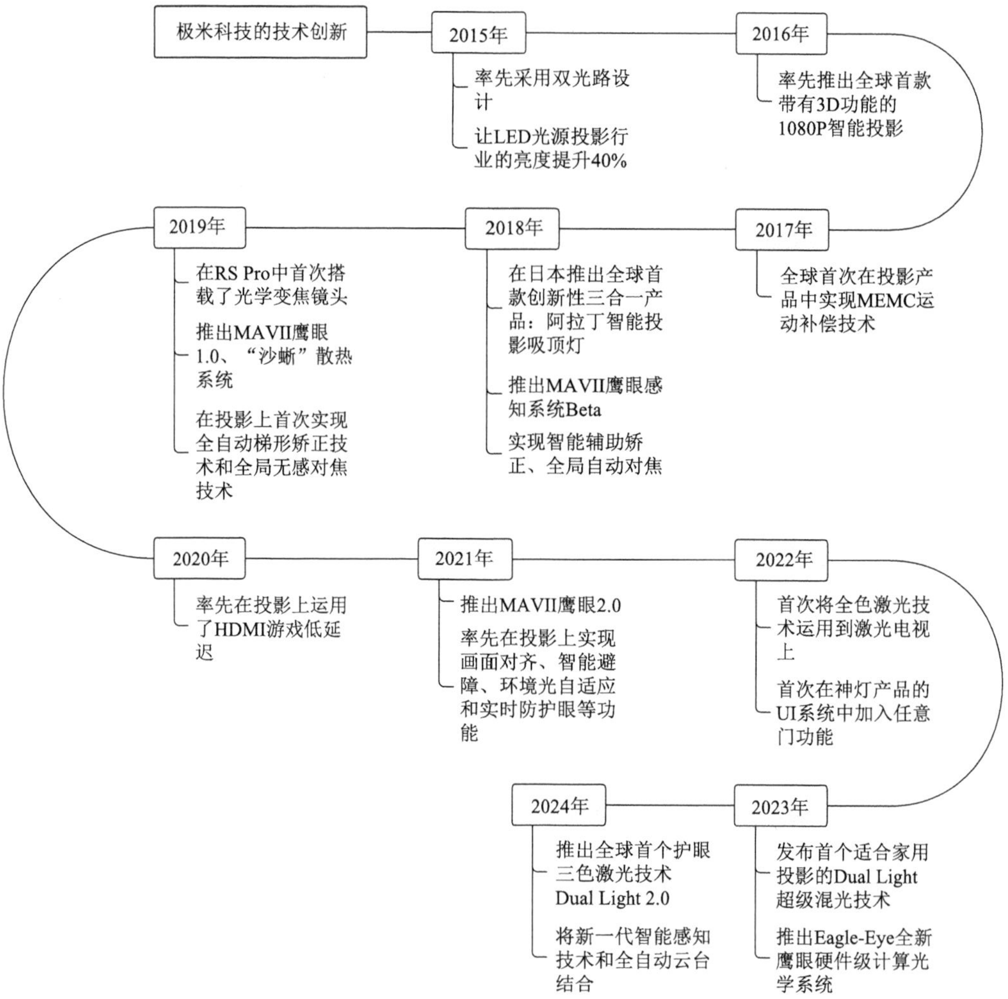

图 2　极米科技的技术创新历程

MEMC 表示 motion estimate and motion compensation，运动估计和运动补偿；HDMI 表示 high definition multimedia interface，高清多媒体接口；UI 表示 user interface，用户界面设计

3.2.2　内生动力促进核心驱动力的完善、推动外生动力的发展

极米科技智能投影集成软件系统，直接触达终端用户，依托硬件平台与互联网应用，提供应用分发、影视内容等多元化增值服务。秉持“开放合作”理念，极米科技在智能投影生态中领航，与智能设备互联，共建内容生态。随着极米科技的价值链不断创新增值，极米科技对于全球化进程不断深入推进，进一步完善了极米科技的战略布局，促进了核心驱动力的完善。极米科技凭借卓越的产品性能和日益增强的品牌影响力，逐步将业务拓展至德国、俄罗斯等国家及重要国际市场。针对不同市场的独特需求，公司精心策划了差异化的市场进入策略和产品推广方案，成功实现了品牌在当地市场的深入渗透和稳健发展，

推动了外生动力的发展。

极米科技深耕投影技术，对光源、光学设计、图像处理等关键技术进行了深度研发与优化，构建了坚实的技术壁垒，确保了极米科技产品在画质、亮度、色彩还原等方面始终保持行业领先地位，满足了消费者对高品质视觉体验的苛刻要求。同时，极米科技在产品设计与用户体验上精益求精。从外观设计到内部构造，从软件界面到交互逻辑，每一个细节都经过精心打磨，力求为用户带来极致的使用感受，不断向用户贴近。极米科技通过持续的创新，向内更深层次地促进企业核心竞争力的阶段提升，向外则不断深化发展深度和广度。

3.2.3 外生动力推进核心驱动力的发展、激励内生动力的创新

极米科技通过细分市场，针对不同用户群体的需求，量身打造了一系列具有针对性的产品，有效提升了市场竞争力。同时，极米科技还注重品牌建设和用户关系管理，通过搭建极米社区、举办品牌日、粉丝节等活动，与用户建立了深厚的情感联系，增强用户黏性和品牌忠诚度[17]。在渠道建设上，极米科技采取了线上线下融合的全渠道销售模式。在线上方面，公司充分利用电商平台流量优势，与天猫、京东等主流电商平台建立深度合作，通过大数据分析和精准营销，提升品牌曝光度和用户转化率。在线下方面，极米科技积极布局线下门店，通过体验店、专卖店等形式，为消费者提供沉浸式的产品体验和服务，进一步增强了品牌黏性和用户忠诚度。在极米科技专注在细分市场中不断贴近用户的过程中，对于公司的战略定位以及产品定位的理解更加深入，反过来促进公司领导者确定了更加精准的市场定位和差异化的产品策略，推动了公司核心驱动力的发展。

同时，极米科技在深化消费者洞察与全球化战略的双重驱动下，积极寻求国际合作。与谷歌携手，通过 Android TV 系统的集成，提升了产品的智能化水平并且拓宽了海外市场的应用场景，实现了技术价值向商业价值的高效转化。此外，与圣罗兰的跨界合作，更是将时尚元素融入智能投影设计，HORIZON Ultra 投影圣罗兰版不仅是一款高端智能设备，更是艺术与科技融合的典范，进一步提升了极米在个性化定制领域的深厚功底。其中，极米科技与 Popln 株式会社携手打造的 Popln Aladdin 三合一智能投影灯，成功将吸顶灯、投影仪和蓝牙音箱三大功能完美融合，不仅在日本市场赢得了广泛赞誉，也为极米科技在国际舞台上树立了良好的品牌形象[20]。这一系列国际合作不仅丰富了极米的产品线，也激励了极米科技不断创新价值链。

4 结论与讨论

隐形冠军企业的从无到有，是一个多维度、复杂且动态的过程，其核心在于核心驱动力、内生动力与外生动力的相互作用与融合。核心驱动力，即企业的远大目标和战略定位，为企业的长远发展奠定了坚实的基础，明确而持久的聚焦战略、专业化战略及精一战略，使企业在特

定领域内深耕细作，不断提升业务的专业化程度。这种战略定位不仅指导了企业的资源配置，还确保了每一步发展都服务于成为行业领导者的最终目标。内生动力则关注企业内部自发的创新与进步，是核心驱动力在企业内部的实现与体现。隐形冠军企业通过持续的技术创新和产品创新，在价值链上不断实现突破，提升企业的盈利效能与市场竞争力。同时，企业注重人力资本的投资与培养，构建稳定且高效的团队，推动企业内部的积极变革与成长。这种内生动力不仅促进了企业内部的进步，还通过技术创新与效率提升反作用于核心驱动力和外生动力，增强了企业的整体竞争力。外生动力则侧重于外部环境对企业竞争优势的促进作用，包括细分市场聚焦、全球化战略以及与客户建立紧密联系等方面。隐形冠军企业通过深耕细分市场，精准满足客户需求，构建基于信任的紧密客户关系，进而在市场中占据领先地位。同时，企业积极采取全球化战略，跨越国界寻找新的市场机遇，缓解本土市场饱和带来的增长压力。这种外生动力不仅促进了企业市场份额的扩大，还通过把握市场机遇推动了核心驱动力的发展，激励企业内部的持续创新。

在隐形冠军企业的成长过程中，核心驱动力、内生动力与外生动力三者相互依存、相互作用，共同推动企业不断向前发展。以极米科技为例，其通过明确的战略定位、持续的技术创新、人才培养以及全球化战略等举措，成功实现了从初创企业到行业隐形冠军的蜕变。这一过程充分展示了隐形冠军企业运行机制的有效性与可行性，为其他企业提供了可借鉴的经验与启示。对于现有企业而言，极米科技的成功之路启示：一是要明确企业自身的战略定位，深入研究市场，明确自身的核心竞争力，并聚焦于能够发挥优势的细分领域，避免在广泛市场中与大型企业直接竞争。二是要深耕技术，加大研发投入，专注于核心技术的自主研发，以技术创新为引擎，紧跟行业趋势，快速响应市场变化，推动产品和服务的不断升级。三是加强人才培养与团队建设，吸引和培养高素质人才，建立有效的人才激励机制和培训体系。构建积极向上的企业文化，激发员工的创造力和归属感，打造高效协作的团队。四是强化用户导向与优质服务，以用户为中心，注重提升用户体验，不断优化产品设计、生产与售后服务，并建立客户反馈机制，及时了解并满足客户需求，提升客户满意度和口碑。五是要敏锐洞察市场需求，灵活应对市场变化，同时具备全球视野，制定前瞻性的市场拓展战略，积极参与国际竞争与合作，提升企业的国际竞争力和影响力。

参考文献

[1] 杨抒燕. 激发专精特新企业加速涌现壮大发展新质生产力[N]. 云南日报，2024-06-19（3）.

[2] 黄利潮，张毕西. “隐形冠军”企业成功因素研究[J]. 商场现代化，2007，（12）：90.

[3] 刘晨，崔鹏. 国内中小企业从“专精特新”到“隐形冠军”的成长路径研究[J]. 西南金融，2022，（11）：29-42.

[4] Din F U, Dolles H, Middel R. Strategies for small and medium-sized enterprises to compete successfully on the world market：cases of Swedish hidden champions[J]. Asian Business & Management，2013，12（5）：591-612.

[5] Grego-Planer D，Glabiszewski W. The role of innovation in the business activity of hidden leaders of the Polish economy[J]. Management，2016，20（2）：23-34.

[6] Lee S S，Chung Y K. A study on development strategy of Korean hidden champion firm：focus on SWOT/AHP technique utilizing the competitiveness index[J]. Journal of International Entrepreneurship，2018，16（4）：547-575.

[7] 李森，吴德龙，夏恩君，等. 国外隐形冠军研究综述与展望[J]. 技术经济，2020，39（1）：10-18，42.

[8] 朱巍，陈慧慧，陈潇宇. 隐形冠军：国际竞争视野下科技型中小企业培育变革趋势与策略[J]. 科技进步与对策，2019，36（3）：77-82.

[9] 蒋瑜洁，史湜衡，王尚可. 中国"隐形冠军"技术创新的多元或聚焦之路：基于中日新能源汽车电池领域专利对比分析[J]. 软科学，2024，38（6）：75-81，112.

[10] 巫云仙，陈苎名. 试论中国隐形冠军企业的技术创新[J]. 商讯，2021，（26）：133-135.

[11] 任保全，周玲. 我国制造业隐形冠军技术创新演变趋势及区域异质性研究[J]. 工业技术经济，2021，40（7）：36-42.

[12] 毛光烈. 加强专精特新的产品创新，不断向单项冠军企业进阶[J]. 信息化建设，2022，（5）：49-50.

[13] 毕克新，艾明晔，李柏洲. 产品创新与工艺创新协同发展分析模型与方法研究[J]. 中国管理科学，2007，（4）：138-148.

[14] Voudouris I，Lioukas S，Makridakis S，et al. Greek hidden champions[J]. European Management Journal，2000，18（6）：663-674.

[15] Simon H. Hidden Champions：Lessons from 500 of the World's Best Unknown Companies[M]. Boston：Harvard Business School Press，1996.

[16] 葛宝山，赵丽仪. 创业导向、精一战略与隐形冠军企业绩效[J]. 外国经济与管理，2022，44（2）：117-135.

[17] 范波，邵云飞，孔海璞. 极米科技：以突破性创新实现价值共创的专精特新"小巨人"[J]. 清华管理评论，2023（11）：116-122.

[18] 康曦. 极米科技董事长钟波：坚持长期主义用创新构筑产品护城河[N]. 中国证券报，2023-09-20（A07）.

[19] 代润霞，张庆民，范文欣，等. 中国隐形冠军企业的形成发展机制研究[J]. 中国集体经济，2022，（3）：78-79.

[20] 于靖园. 极米科技：未来的电视一定是无屏的[J]. 小康，2020，（1）：58-59.

Hidden Champions Strive to Advance from Scratch — Taking XGIMI Technology as an Example

Shao Yunfei, Fang Meiren, Chen Yanping

(School of Economics and Management, University of Electronic Science and Technology of China, Chengdu 611731, China)

Abstract: Taking XGIMI Technology as a case study, this paper conducts a longitudinal single-case analysis to explore the mechanisms through which small and medium-sized enterprises (SMEs) grow into hidden champions. The findings reveal that the emergence of hidden champion enterprises is a multidimensional, complex, and dynamic process, driven by the interplay and integration of core driving forces, endogenous forces, and exogenous forces. Among them, the core driving force lays a solid foundation for the enterprise's long-term development; the endogenous force not only facilitates internal advancement but also enhances the overall competitiveness of the enterprise by reinforcing both the core and exogenous forces through technological innovation and efficiency improvement; the exogenous force contributes to market expansion and stimulates internal innovation by seizing external opportunities and further reinforcing the development of the core driving force.

Keywords: hidden champion; "SRDI" enterprises; core driving force; endogenous driving force; exogenous driving force

差异化变革型领导对资源拼凑的影响——组织冗余的调节作用*

孙永磊，刘心雨

（北京化工大学 经济管理学院，北京 100029）

摘要：本文以国内273家企业为调研样本，通过层次回归分析，实证检验不同的变革型领导方式对辅助型资源拼凑和互补型资源拼凑的影响，并探讨在不同组织冗余水平下该影响的差异性。研究发现：一致性变革型领导对辅助型资源拼凑有促进作用，差异性变革型领导对辅助型资源拼凑则没有显著的促进作用；差异性变革型领导和一致性变革型领导都对互补型资源拼凑具有促进作用，其中差异性变革型领导的促进作用更强；组织冗余在差异性变革型领导与辅助型资源拼凑之间以及一致性变革型领导与辅助型资源拼凑之间均起着正向调节作用，在差异性变革型领导与互补型资源拼凑之间也起着正向调节作用。

关键词：变革型领导；组织冗余；资源拼凑

中图分类号：C93　　　文献标识码：A

在谋求持续竞争优势的过程中，如何通过资源拼凑解决企业发展过程中遇到的问题被学者和实践者广泛关注。资源拼凑是对“在手资源”的重新定义与组合，对提高资源利用效率，解决资源约束问题，促进企业创新发展有重要意义[1]。资源拼凑能够提高新创企业现有资源的丰裕度，不仅能够有效地突破资源约束困境，还能够帮助企业形成竞争优势[2]。现有关于资源拼凑的研究主要在论述其对企业发展所起的重要作用，对于其前因变量的研究则比较有限。随着研究的深入发展，有学者认为，资源拼凑能够有效地突破资源约束，提高资源利用效率，促进企业创新，但拼凑行为的发生还需要外在推动力[3]，必须要重视对资源拼凑前因变量的研究，以促进企业资源拼凑行为的开展。

---

* 基金项目：国家社会科学基金重大项目“打赢关键核心技术攻坚战的目标、主攻方向与对策研究”（23ZDA062）。

作者简介：孙永磊（1984—），男，河南封丘人，北京化工大学经济管理学院教授、硕士生导师，博士，研究方向为技术创新理论与管理；刘心雨（2001—），女，山东齐河人，北京化工大学经济管理学院硕士研究生，研究方向为创新管理。

有学者提出不同管理者在认知和能力上的差异会影响资源组合和资源利用的方式，因此提高资源拼凑的有效性，离不开领导者的智慧和创造能力[4]。变革型领导力是领导者变革性和创造性的最直接体现，变革型领导者自身具备很强的变革性和创造性，对企业资源活动的积极性和创造性也具有重要的驱动作用。变革型领导者可以利用个人魅力、感召力，通过智力激发和个性化关怀等方式来影响员工的资源拼凑行为。此外，冗余资源是企业进行资源管理的起点，与领导效能的发挥有着一定的必然联系，也为资源的整合和利用提供了基础。资源拼凑主要通过调度组织资源来应对市场变化、解决矛盾问题，有效的资源拼凑必须要考虑企业冗余资源的情况。变革型领导方式、组织冗余以及资源拼凑之间存在重要的联系，但是现有关于它们之间关系的研究较少。基于上述分析，本文主要研究差异化变革型领导方式对资源拼凑的影响，并探讨组织冗余的调节作用。

本文研究弥补了现有研究的不足，对资源拼凑进行了重新划分，并探讨了差异化变革型领导对两种拼凑行为的影响，丰富了有关资源拼凑前因变量的研究；同时也为领导者如何选择合理的领导方式，如何实现高效的资源拼凑提出了一些建议。

1 文献回顾

1.1 变革型领导

变革型领导是指领导者利用自己的个人魅力、感召力通过智力激发和个性化关怀等方式，让员工意识到他们所承担的责任及任务的重要性，充分发挥员工的潜在能力[5]。变革型领导通常具有以下特质：积极与下属进行沟通；对下属进行授权；针对下属的个性化特点进行管理，为下属提供丰富的资源支持；鼓励员工进行相互合作等。变革型领导理论弥补了以往单一领导理论的不足，将多种领导理论结合起来进行研究，是当代领导领域研究的重点。但是目前关于变革型领导的研究大都集中于整体层面，有学者提出应该进一步研究不同维度变革型领导的差异性[5]。

Schriesheim 等从整体和个体两个方面出发，将变革型领导划分为一致性和差异性两个维度[6]。本文参考借鉴这种划分方法分别研究差异性和一致性变革型领导对资源拼凑的影响。其中，一致性变革型领导的主要任务是在组织中营造公平的氛围，平等地对待同一团队中的成员，领导者通过让员工学习角色模范、向员工展现高期望来激发组织成员的工作积极性，增强员工对组织的认同感，从而实现组织所期望的目标。差异性变革型领导会根据下属的能力、个体特征的差异或者情境因素等采取个性化的领导行为，根据个体潜质进行智力激发和个性化关怀[4]，领导者关注的是个体员工而非整体团队[7]。差异性变革型领导者会有目的地鼓励某个下属打破现有惯例，站在新的角度思考问题，用新的方法开展工作[8]。

1.2 资源拼凑

资源拼凑作为一种解决企业资源约束问题的独特方式逐渐引起学者的广泛关注。何一清等认为资源拼凑是对手头资源进行探索和开发的过程，包括对现有资源的重组和将就使用[9]。手头资源包括其他人认为是无用的或可廉价或免费获取的资源[1]。Sirmon 等认为资源拼凑能通过重新组合现有资源，赋予资源新的生命力，创造新价值[10]。赵兴庐等认为资源拼凑能提高企业机会识别能力，有助于促进企业资源整合[11]。目前，很多学者仍将资源拼凑看作一种即兴行为，认为拼凑仅仅是用来解决临时问题的将就方案，在这种思维下资源拼凑研究很难有进一步的发展[12, 13]，因此本文研究响应 Senyard 等的呼吁[3]，关注企业资源拼凑过程中的有意为之，探索不同的创业学习方式对资源拼凑的作用结果。

现有文献对资源拼凑类型的研究较为罕见，一般都是依据拼凑对象的类型进行划分。魏江和徐蕾在研究中将知识整合分为互补型和辅助型[14]，本文以他们的研究为基础，尝试将资源拼凑分为辅助型和互补型，其中，辅助型资源拼凑是以新的目的识别、获取、整合和利用与本企业专业领域和经验相匹配的同质性资源，以更好地应对环境变化，解决工作中出现的新问题。互补型资源拼凑是识别、获取、整合和利用与本企业原有资源基础差异大的异质性资源，以促进企业创新，提高竞争力。现有关于资源拼凑的研究主要侧重于其在企业发展过程中所起的作用，对其前因变量的研究较为有限。因此，本文主要研究差异化变革型领导方式对辅助型和互补型资源拼凑的影响，以丰富资源拼凑前因变量的研究，指导企业领导者通过调整变革型领导风格，促进企业的资源拼凑行为。

1.3 组织冗余

组织冗余被认为是组织中能自由利用的过剩资源，它可以缓解组织面临的内部调整以及外部政策变化的压力，对企业的变革具有重要的推进作用[15, 16]。目前组织冗余普遍存在于企业当中，一直是学者关注的焦点，有关组织冗余的研究也已经取得了大量的成果。近年来学者将组织冗余视为关键的情景变量，认为组织冗余程度的高低会对企业战略意图、行为方式等效能的发挥产生重要影响，如贡文伟等研究发现组织冗余在探索式创新与企业绩效之间起着重要的调节作用[17]。李晓翔和刘春林认为，组织冗余作为一种缓冲性资源，可以减轻企业面临的各种压力，降低企业经营风险，提高企业变革的成功率[18]。冗余资源作为企业的闲置资源与领导效能的发挥有着一定的必然联系，同时组织冗余作为缓冲性资源能为企业的拼凑行为提供一定的保障[19]。虽然冗余资源、领导方式与企业资源拼凑行为密切相关，但是现有研究并未将三者放在同一框架中进行研究。因此本文将组织冗余作为研究差异化变革型领导方式与两种资源拼凑之间关系的调节变量，研究组织冗余在其中所起的调节作用。

2 研究假设

资源拼凑能够帮助企业突破资源困境，提高资源利用效率，但拼凑行为的发生还需要外在推动力[3]。不同领导者在认知和能力上的差异会影响资源组合和利用的方式[20]，有效的资源拼凑活动，离不开领导者的智慧和创造力。

一致性变革型领导通过形成组织的创新创造氛围来促进辅助型资源拼凑。Wang 和 Zhu 发现，一致性变革型领导会促进团队整体的创造性和创新意识[21]。一致性变革型领导本身具有变革性，能在企业内形成浓郁的创新创造氛围，对辅助型资源拼凑具有正向促进作用。一致性变革型领导通过团队共享来促进辅助型资源拼凑，贡文伟等认为一致性变革型领导强调团队的力量，在这种领导下，员工更可能贡献自身的智力资本[17]。李圭泉等认为，一致性变革型领导可以通过发挥自身的榜样作用来激励大家共同完成组织目标[22]，有助于提升员工变革和创新的积极性，发现资源创造性的利用方式。一致性变革型领导能够通过在组织中营造创新氛围并引导员工进行团队合作调动员工的积极性，发掘资源之间潜在的协同关系。因此，本文提出以下假设。

H1：一致性变革型领导正向影响辅助型资源拼凑。

差异性变革型领导能够通过向员工授权来促进辅助型资源拼凑。Braun 等认为，差异性变革型领导的特点之一是对员工进行授权[23]，在这种领导方式下，员工拥有更高的自主权和主动权，随机应变能力强[24]。差异性变革型领导的这一特点使员工能够即兴发挥，灵活地利用现有资源来应对工作中出现的新问题以及环境的新变化。另外，差异性变革型领导能够通过引导员工积极追求更高层次的目标来促进辅助型资源拼凑。孙永磊等认为差异性变革型领导能够给下属提供丰富的资源支持，鼓励他们追求更高层次的目标[5]，在这种情况下，员工不满足于现状，会不断地提升现有资源的利用效率。辅助型资源拼凑是以提高资源利用效率，解决工作中出现的新问题为目的，对同质性资源进行获取、整合和利用的过程，而差异性变革型领导能够通过授权并鼓励员工追求更高层次的目标来促使员工不断地提升现有资源的利用效率，解决突发问题。因此，本文提出以下假设。

H2：差异性变革型领导正向影响辅助型资源拼凑。

一致性变革型领导倡导的学习角色模范不利于互补型资源拼凑。孙永磊等指出，一致性变革型领导通过让员工学习角色模范来实现高绩效的目标[5]。在这种情况下员工的知识来源单一，不利于引入新知识、新技术、新资源。另外，在一致性变革型领导下，员工之间存在的共享性特征不利于互补型资源拼凑。蔡亚华等指出在一致性变革型领导下，属于同一个团队的成员会互相分享相同或类似的认知、态度、情感或行为感知[8]，进而形成相似的心智模式，这不利于高度差异化的想法产生。互补型资源拼凑需要企业去识别、获取新的异质性资源，而在一致性变革型领导下员工更可能安于现状、遵守规则，缺少获取和整合利用新资源的想法。因此，本文提出以下假设。

H3：一致性变革型领导负向影响互补型资源拼凑。

差异性变革型领导能够通过提升个体的创造性来促进互补型资源拼凑。刘景江和邹慧敏认为差异性变革型领导能够通过个性化关怀与员工建立良好的人际关系，使员工敢于提出一些具有创造性的新想法[25]。在差异性变革型领导下，员工创造能力强，能够产生高度差异化的想法并得到充分的支持，这有利于获取和整合利用互补性资源。另外，差异性变革型领导通过为员工提供丰富的知识来源来促进互补型资源拼凑。孙永磊等认为差异性变革型领导鼓励员工进行创造性学习，丰富员工的知识来源[5]。在这种情况下，员工能够利用这些异质性的知识探索并整合利用新的异质性资源。因此，本文提出以下假设。

H4：差异性变革型领导正向影响互补型资源拼凑。

在企业实践过程中，资源配置是领导者需要开展的一项重要工作。冗余资源是企业中闲置的未被充分利用的资源，是领导者进行资源管理的起点，与领导效能的发挥有着必然联系。在不同组织冗余程度下，差异化变革型领导方式对资源拼凑的影响也有所不同。

辅助型资源拼凑以提高资源利用效率，应对工作中突发的矛盾问题为目的，重视对同质性资源的开发和利用。组织理论学者认为冗余资源作为资源缓冲可以解决矛盾问题，给企业应对外部威胁和发现外部机会提供了资源基础[26]。李晓翔和刘春林认为，组织冗余是实际的或潜在的缓冲性资源，可以减轻企业面临的内外部压力，降低经营风险，提高变革的成功率[18]。当组织冗余程度较低时，由于缺少组织冗余作为资源缓冲，在外部环境发生变化或出现突发矛盾问题时，领导者和员工不能进行即兴发挥，难以应对环境的变化解决突发的问题，容易使企业陷入困境；当组织冗余程度较高时，领导者和员工能够利用这些冗余资源来即兴发挥，产生创造性行为，发现并利用资源新的属性和用途来应对环境变化，解决突发的矛盾问题。另外，于晓宇等认为组织冗余为资源拼凑提供了丰富的资源基础[12]。开发冗余资源潜在价值的过程也是资源拼凑的过程。当组织冗余程度较低时，企业的资源利用效率较高，已经识别并开发了现有资源的各种属性和用途，在这种情况下，即使领导者进行积极的引导，员工也很难发掘资源新的价值。当组织冗余程度较高时，企业对资源的利用效率低，存在大量的闲置资源，在这些资源中存在大量尚未开发的潜在价值，在这种情况下，领导者的积极引导能够发挥显著的作用。

互补型资源拼凑需要企业投入精力对异质性的资源进行识别和获取。Gong 等认为，为了了解外部环境的变化情况，获取新的信息和资源，企业往往需要消耗大量资源与外部利益相关者，如供应方、客户、竞争者、当地政府以及其他合作伙伴建立联系[27]。当组织冗余程度较低时，企业现有资源都得到了合理的利用，闲置资源较少，缺少与外部利益相关者建立联系所需要的资源，只能在特定范围内进行有限搜索[28]，不利于识别和获取与企业现存资源基础差异大的异质性资源。当组织冗余程度较高时，企业内部存在大量有待深入开发的闲置资源，这些冗余资源为企业与外部利益相关者建立联系，进行非本地搜索提供了资源基础[27]，在这种情况下，采取相应的领导方式能够指导企业有效地获取异质性资源，将新旧资源进行融合，显著促进互补型资源拼凑，帮助企业实现创新发展。因此，本文提出如下假设。

H5：组织冗余在差异化变革型领导与资源拼凑之间起重要的调节作用。

H5a：组织冗余正向调节一致性变革型领导对辅助型资源拼凑的影响。

H5b：组织冗余正向调节差异性变革型领导对辅助型资源拼凑的影响。

H5c：组织冗余正向调节一致性变革型领导对互补型资源拼凑的影响。

H5d：组织冗余正向调节差异性变革型领导对互补型资源拼凑的影响。

3 研究方法

3.1 样本和数据

本次问卷调研于 2020 年 6 月到 9 月期间进行，共发放问卷 500 份，收回有效问卷 273 份，有效问卷占总发放问卷的 54.6%。其中，成立时间在 3~4 年的企业占比为 66.67%，1~2 年的占比为 28.21%；企业规模在 200 人以下的企业占比为 93.28%。由此可见，本次调研对象主要为中小型新创企业。受访者中女性占比为 34.8%，男性占比为 65.2%。此外，受访者以企业的中高层管理人员为主，年龄多在 35 岁以上，他们在企业服务时间较长，长期接触与资源配置相关的工作，对企业内部的领导工作和资源利用情况有较为全面的了解。

3.2 变量测量

本文研究涉及的差异化变革型领导、组织冗余以及资源拼凑三个变量均存在成熟量表，本文以这些研究为基础，并结合研究特点对部分题项的语句和表述进行了调整。变革型领导是领导领域研究的热点问题，已经存在具有较高信度和效度的测度量表，本文以孙永磊等[5]、Bass 等[29]以及李超平和时勘[30]等学者的研究为基础，依照 Wu 等[31]和蔡亚华等[8]对差异化变革型领导研究过程中的建议，对一致性变革型领导和差异性变革型领导分别进行测量。在组织冗余的测度方面，同样是参照现有较为成熟的量表，主要参考了 Tan 和 Peng[32]的相关研究，代表性题项如“我们企业有大量的闲置资源还没有被利用”“我们企业目前的资源利用率低于预定目标”等。在资源拼凑的测度方面，以 Baker 和 Nelson[1]以及 Senyard 等[3]的量表为基础，进一步参考了魏江和徐蕾[14]的研究来分别对辅助型资源拼凑和互补型资源拼凑进行测量。为了控制其他变量的干扰，本文研究选择企业年龄、企业规模、被试者性别、被试者年龄作为控制变量。采用五级量表对变量进行测度，1=非常不同意，5=完全同意。

3.3 信度效度检验

本文研究借鉴国内外学者的相关研究成果，采用的量表都具有较高的信度和效度。同时，利用 SPSS 22.0 进行检验。结果如表 1 所示，各题项的因子载荷均介于 0.571~0.703。此外分析结果还显示，三个变量的 Cronbach’s α 系数值在 0.711~0.727，KMO 值均在 0.669~0.703，说明本文研究所使用的量表和数据具有较高的质量。此外，为了避免共同方法偏差，我们还采用了匿名调研、随机题项、交叉检验等方法来进行问卷调研。

表 1 探索性因子分析结果

变量	维度	题项	因子载荷
变革型领导	一致性变革型领导	我们企业领导激励员工在日常工作中思考解决问题的新方法、新思路	0.635
		我们企业领导经常提出一些新颖的观点与员工一同讨论	0.622
		我们企业领导会提出一些建议来促使员工重新探讨一些约定俗成的想法	0.617
		我们企业领导能够创造条件充分发挥员工的特长	0.594
	差异性变革型领导	我们企业领导不仅口授而且用自己的行为来领导员工	0.637
		我们企业领导会定期挑选一些高绩效员工作为标杆供其他员工学习	0.651
		我们企业领导会激励员工超越自我追求高水平的目标	0.614
		我们企业领导会经常向员工强调集体使命感的重要性	0.628
资源拼凑	辅助型资源拼凑	我们企业能够通过整合利用原本计划用于其他目的的手头资源来有效应对新挑战	0.703
		我们对资源的熟悉度高并能迅速采取行动	0.612
		我们企业能够利用廉价获取的新资源提高效率、降低成本	0.571
		我们企业比其他企业更能利用得到的一切资源应对新挑战	0.607
	互补型资源拼凑	我们企业有能力在内部传播和应用不同领域的资源来应对创业中的新问题或新机会	0.623
		主要合作伙伴愿意与我们企业互相分享互补资源来弥补各自能力的不足	0.671
		我们企业对于外部获取的异质性资源可以很快吸收掌握、熟悉理解	0.664
		我们企业能够利用获取的异质性资源激发原有资源发挥作用实现举一反三、新旧更替	0.630
组织冗余	—	我们企业有大量的闲置资源还没有被利用	0.653
		我们企业目前的资源利用率低于预定目标	0.647
		我们企业有充足的闲置财务资源应对突发的投资需求	0.593
		我们企业生产设备的生产能力没有得到最大程度的利用	0.617

表 2 是变量间关系的相关性分析结果，可以看到，变量间相关关系的临界值均在 0.4 以下，且相关系数远小于 AVE 值的平方根，说明量表的区分效度较好。

表 2 相关性分析结果

变量	均值	标准差	1	2	3	4	5	6	7	8	9
企业年龄	2.99	1.095	1								
企业规模	3.18	1.063	−0.111	1							
被试者性别	0.35	0.477	−0.039	0.002	1						

续表

变量	均值	标准差	1	2	3	4	5	6	7	8	9
被试者年龄	3.95	0.801	0.091	0.010	0.063	1					
一致性变革型领导	3.56	1.024	0.139*	0.106*	−0.080	0.096	1				
差异性变革型领导	3.45	1.347	0.111*	−0.071	−0.005	−0.028	0.031	1			
组织冗余	3.16	1.116	0.298***	0.167**	0.033	0.007	0.106	−0.093	1		
辅助型资源拼凑	3.24	1.312	0.136*	0.085	−0.135*	−0.073	0.191**	0.122*	0.134*	1	
互补型资源拼凑	3.87	0.953	−0.126*	−0.082	0.128*	−0.047	0.134*	0.352***	0.129*	−0.051	1

*、**、***分别表示显著性水平 $p<0.05$、$p<0.01$、$p<0.001$

3.4 回归分析结果及讨论

使用 SPSS 22.0 软件对研究假设进行回归分析检验，结果如表 3 所示。

表 3 回归分析结果

变量		辅助型资源拼凑				互补型资源拼凑			
		模型 1	模型 2	模型 3	模型 4	模型 5	模型 6	模型 7	模型 8
控制变量	企业年龄	0.150*（0.072）	0.125*（0.072）	0.093（0.076）	0.093（0.073）	−0.116（0.060）	−0.119*（0.060）	−0.127*（0.056）	−0.173*（0.075）
	企业规模	0.103（0.074）	0.070（0.075）	0.074（0.074）	0.074（0.073）	−0.046（0.062）	−0.075（0.066）	−0.061（0.061）	−0.075（0.061）
	被试者性别	−0.124*（0.164）	−0.111（0.163）	−0.113（0.162）	−0.102（0.158）	0.152*（0.118）	0.155*（0.118）	0.165**（0.110）	0.150***（0.110）
	被试者年龄	−0.080（0.098）	−0.940（0.097）	−0.088（0.097）	−0.086（0.094）	−0.128*（0.046）	−0.130*（0.046）	−0.111*（0.043）	−0.121*（0.043）
自变量	一致性变革型领导		0.160**（0.078）	0.160**（0.078）	0.169**（0.076）		0.128*（0.048）	0.128*（0.048）	0.131*（0.047）
	差异性变革型领导			0.102（0.060）	0.084（0.059）			0.356***（0.047）	0.342***（0.047）
	一致性变革型领导×组织冗余				0.204***（0.071）				0.065（0.083）

续表

变量		辅助型资源拼凑				互补型资源拼凑			
		模型 1	模型 2	模型 3	模型 4	模型 5	模型 6	模型 7	模型 8
自变量	差异性变革型领导×组织冗余				0.115^{*} (0.069)				0.133^{*} (0.058)
R^2		0.052	0.075	0.085	0.144	0.052	0.060	0.186	0.205
调整后的 R^2		0.038	0.058	0.064	0.118	0.038	0.042	0.168	0.181
ΔR^2			0.023	0.010	0.059		0.008	0.126	0.019
F		3.65^{**}	4.360^{***}	4.109^{***}	5.536^{***}	3.712^{**}	3.411^{**}	10.146^{***}	8.532^{***}
VIF 最大值		1.024	1.058	1.157	1.158	1.044	1.118	1.128	1.931

注：括号内为标准误

*、**、***分别表示显著性水平 $p<0.05$、$p<0.01$、$p<0.001$

先对回归分析过程中的共线性进行检验，结果发现，所有回归分析模型的 VIF 最大值为 1.931，可以认为本文研究数据不存在严重的共线性现象。使用分层多元线性回归分析检验假设，将企业规模、企业年龄、被试者性别、被试者年龄作为控制变量。

在差异性变革型领导与辅助型资源拼凑之间，实证分析结果显示一致性变革型领导与辅助型资源拼凑之间存在显著的正向相关关系（β=0.160，p<0.01），H1 得到验证。一致性变革型领导重视团队的作用，鼓励员工贡献个人的治理资本，能在企业内形成浓郁的创新创造氛围，促进辅助型资源拼凑。实证结果显示，差异性变革型领导对辅助型资源拼凑没有显著影响，H2 未通过检验。我们认为主要原因可能在于：差异性变革型领导能够提高员工的自主性，在这种领导方式下员工更倾向于进行探索性行为[33]，把工作的重点放在对新资源的探索和利用上，对辅助型资源拼凑则无明显的促进作用。

在差异性变革型领导与互补型资源拼凑之间，一致性变革型领导对互补型资源拼凑存在正向影响（β=0.128，p<0.05），H3 未通过检验。主要原因可能是：一致性变革型领导能够在组织中营造一种公平的气氛，提升组织的凝聚力，组织成员之间通过互相交流和配合可以产生有关获取和整合利用资源的新想法，促进互补型资源拼凑；互补型资源拼凑需要员工具备较强的创新思考能力以识别和整合利用异质性资源，而一致性变革型领导者本身具有丰富的创造性和变革性，能够驱动企业不断地追求新知识和新技术[34]，促进互补型资源拼凑。差异性变革型领导与互补型资源拼凑之间存在显著的正向相关关系（β=0.356，p<0.001），H4 得到验证。差异性变革型领导支持员工差异化的想法并为员工提供多样化的知识，有利于培养员工的创新思考能力，促进互补型资源拼凑。

为了进一步研究组织冗余对差异化变革型领导与两种资源拼凑之间关系的调节作用，本文研究将组织冗余与一致性变革型领导的交互项以及组织冗余与差异性变革型领导的交互项加入模型。实证结果显示，组织冗余与一致性变革型领导的交互项对辅助型资源拼凑有正向影响（β=0.204，p<0.001）。如图 1 所示，图中两条直线分别表示在不同组织冗余水平下一致性变革型领导与辅助型资源拼凑之间关系的情况，其中，高组织冗余水平下的直线斜率更大，即组织冗余在一致性变革型领导与辅助型资源拼凑之间起着正向调节作用，H5a 得到验证。组织冗余与差异性变革型领导的交互项对辅助型资源拼凑有正向影响（β=0.115，p<0.05）。如图 2 所示，图中两条直线分别反映在不同组织冗余水平下差异性变革型领导与辅助型资源拼凑之间关系的情况，其中，高组织冗余水平下的直线更陡。组织冗余的加入使得差异性变革型领导对辅助型资源拼凑的正向影响由不显著变为显著，在组织冗余较多时，领导者和员工能够利用这些冗余资源与外部利益相关者建立联系，促进非本地搜索[26, 27]，以识别和获取与企业现存资源基础差异大的异质性资源，并对这些资源进行整合和利用，H5b 得到验证。组织冗余与差异性变革型领导的交互项对互补型资源拼凑有显著的正向影响（β=0.133，p<0.05），如图 3 所示，图中两条直线分别表示在不同组织冗余水平下差异性变革型领导与互补型资源拼凑之间关系的情况，其中，高组织冗余水平下的直线斜率更大，即组织冗余在差异性变革型领导与互补型资源拼凑之间起着正向调节作用，H5d 得到验证。与预设内容相反，组织冗余与一致性变革型领导的交互项对互补型资源拼凑没有显著影响，H5c 未得到验证。可能的解释是：组织冗余较多时，企业需要对现有资源进行开发利用以减少闲置资源产生的成本，这时领导者会更加关注辅助型资源拼凑，引导员工把重心放在辅助型资源拼凑上以减少闲置成本，对互补型资源拼凑则无明显的促进作用。

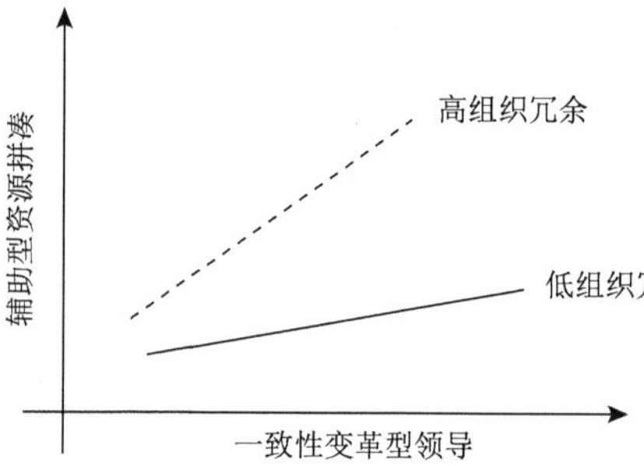

图 1　组织冗余对一致性变革型领导与辅助型资源拼凑之间关系的调节作用

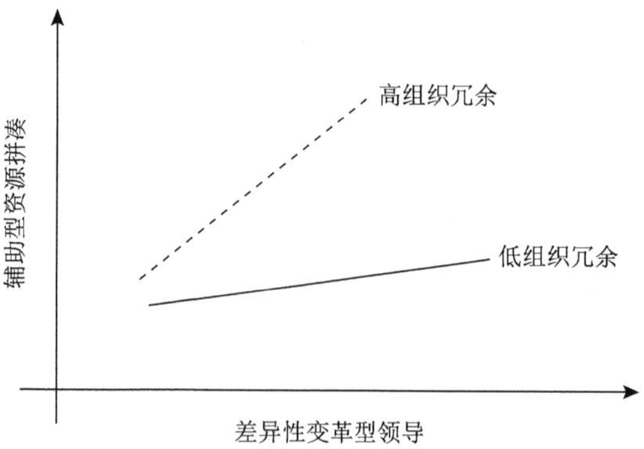

图 2　组织冗余对差异性变革型领导与辅助型资源拼凑之间关系的调节作用

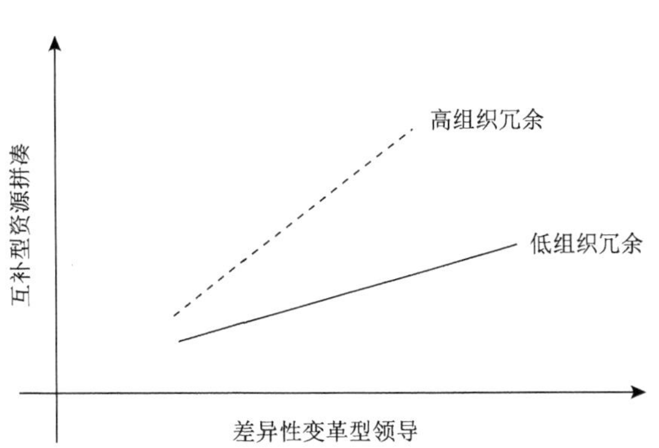

图 3　组织冗余对差异性变革型领导与互补型资源拼凑之间关系的调节作用

4　研究结论

本文主要研究差异化变革型领导对辅助型资源拼凑和互补型资源拼凑的影响，并探讨组织冗余的调节作用。在文献梳理和理论分析的基础上，提出相关研究假设，结合我国企业实践数据进行实证分析。主要结论包括：一致性变革型领导对辅助型资源拼凑具有正向促进作用，差异性变革型领导对辅助型资源拼凑则没有显著的影响；一致性变革型领导与差异性变革型领导对互补型资源拼凑都具有促进作用，但是差异性变革型领导对互补型资源拼凑的促进作用更强；组织冗余在差异性变革型领导与辅助型资源拼凑之间以及一致性变革型领导与辅助型资源拼凑之间均起着正向调节作用；在差异性变革型领导与互补型资源拼凑之间也起着正向调节作用。

本文的主要贡献包括：第一，将资源拼凑划分为互补型资源拼凑和辅助型资源拼凑，这是对资源拼凑研究的重要补充和扩展，为后续研究提供理论借鉴；第二，探索差异化变革型领导对资源拼凑的作用机制，丰富了对资源拼凑前因变量的研究，弥补了现有研究的不足；第三，通过探索不同组织冗余水平下，差异化变革型领导方式对两种资源拼凑的影响作用，得到了一些有意义的研究结果。例如，研究发现，在一般情况下，领导者采取差异性变革型领导方式能够有效地促进企业的互补型资源拼凑活动；在企业冗余资源较多时，领导者采用差异性变革型领导方式对辅助型资源拼凑行为的开展具有积极的促进作用。

本文研究得出的主要管理启示包括：首先，一致性变革型领导有利于互补型和辅助型资源拼凑地展开，当企业想要提升资源利用效率时，应当采取一致性变革型领导方式，在组织中营造公平的气氛，重视发挥榜样的作用；其次，差异化变革型领导对互补型资源拼凑有显著的促进作用，领导者应该针对员工的个性化特征，采取差异化的领导方式，以促进员工的创新行为；最后，组织冗余在差异化变革型领导与资源拼凑之间起着重要的调节作用，企业应当重视冗余资源的管理，通过在企业内部开展集体研讨和学习，加强对冗余资源的认知，增强企业柔性。

参考文献

[1] Baker T，Nelson R E. Creating something from nothing：resource construction through entrepreneurial bricolage[J]. Administrative Science Quarterly，2005，50（3）：329-366.

[2] 苏芳，毛基业，谢卫红. 资源贫乏企业应对环境剧变的拼凑过程研究[J]. 管理世界，2016，32（8）：137-149，188.

[3] Senyard J，Baker T，Steffens P，et al. Bricolage as a path to innovativeness for resource-constrained new firms[J]. Journal of Product Innovation Management，2014，31（2）：211-230.

[4] 朱秀梅，鲍明旭，王天东. 基于二元视角的变革领导力研究演进探析及未来展望[J]. 研究与发展管理，2015，27（2）：25-33.

[5] 孙永磊，宋晶，陈劲. 差异化变革型领导、心理授权与组织创造力[J]. 科学学与科学技术管理，2016，37（4）：137-146.

[6] Schriesheim C A，Wu J B，Scandura T A. A meso measure? Examination of the levels of analysis of the multifactor leadership questionnaire（MLQ）[J]. The Leadership Quarterly，2009，20（4）：604-616.

[7] Ansoff H I. The emerging paradigm of strategic behavior[J]. Strategic Management Journal，1987，8（6）：501-515.

[8] 蔡亚华，贾良定，尤树洋，等. 差异化变革型领导对知识分享与团队创造力的影响：社会网络机制的解释[J]. 心理学报，2013，45（5）：585-598.

[9] 何一清，崔连广，张敬伟. 互动导向对创新过程的影响：创新能力的中介作用与资源拼凑的调节作用[J]. 南开管理评论，2015，18（4）：96-105.

[10] Sirmon D G，Hitt M A，Ireland R D. Managing firm resources in dynamic environments to create value：looking inside the black box[J]. Academy of Management Review，2007，32（1）：273-292.

[11] 赵兴庐，刘衡，张建琦. 冗余如何转化为公司创业？——资源拼凑和机会识别的双元式中介路径研究[J]. 外国经济与管理，2017，39（6）：54-67.

[12] 于晓宇，李雅洁，陶向明. 创业拼凑研究综述与未来展望[J]. 管理学报，2017，14（2）：306-316.

[13] 孙永磊，陈劲，宋晶. 双元战略导向对企业资源拼凑的影响研究[J]. 科学学研究，2018，36（4）：684-690，700.

[14] 魏江，徐蕾. 知识网络双重嵌入、知识整合与集群企业创新能力[J]. 管理科学学报，2014，17（2）：34-47.

[15] Bourgeois L J. On the measurement of organizational slack[J]. The Academy of Management Review，1981，6（1）：29-39.

[16] 张玉利，田新，王晓文. 有限资源的创造性利用——基于冗余资源的商业模式创新：以麦乐送为例[J]. 经济管理，2009，31（3）：119-125.

[17] 贡文伟，袁煜，朱雪春. 联盟网络、探索式创新与企业绩效：基于冗余资源的调节作用[J]. 软科学，2020，34（7）：114-120.

[18] 李晓翔，刘春林. 困难情境下组织冗余作用研究：兼谈市场搜索强度的调节作用[J]. 南开管理评论，2013，16（3）：140-148，160.

[19] 廖中举，黄超，姚春序. 组织资源冗余：概念、测量、成因与作用[J]. 外国经济与管理，2016，38（10）：49-59.

[20] 梁阜，李树文，罗瑾琏. 差异化变革型领导对员工创新行为的影响:资源转化视角[J]. 管理科学，2018，31（3）：62-74.

[21] Wang P，Zhu W C. Mediating role of creative identity in the influence of transformational leadership on creativity：is there a multilevel effect?[J]. Journal of Leadership and Organizational Studies，2011，18（1）：25-39.

[22] 李圭泉，席酉民，刘海鑫. 变革型领导对知识共享的影响机制研究[J]. 科学学与科学技术管理，2014，35（9）：48-58.

[23] Braun S，Peus C，Weisweiler S，et al. Transformational leadership，job satisfaction，and team performance：a multilevel mediation model of trust[J]. The Leadership Quarterly，2013，24（1）：270-283.

[24] 冯彩玲. 差异化变革型领导对员工创新行为的跨层次影响[J]. 管理评论，2017，（5）：120-130.

[25] 刘景江，邹慧敏. 变革型领导和心理授权对员工创造力的影响[J].科研管理，2013，34（3）：68-74.

[26] Thomson N，Millar C C J M. The role of slack in transforming organizations：a comparative analysis of east German and Slovenian companies[J]. International Studies of Management & Organization，2001，31（2）：65-83.

[27] Gong Y P，Huang J C，Farh J. Employee learning orientation，transformational leadership，and employee creativity：the mediating role of employee creative self-efficacy[J]. Academy of Management Journal，2009，52：765-778.

[28] 赵亚普，张文红，陈斯蕾. 动态环境下组织冗余对企业探索的影响研究[J]. 科研管理，2014，35（2）：10-16.

[29] Bass B M，Avolio B J，Jung D I，et al. Predicting unit performance by assessing transformational and transactional leadership[J]. The Journal of Applied Psychology，2003，88（2）：207-218.

[30] 李超平，时勘. 变革型领导的结构与测量[J]. 心理学报，2005，37（6）：803-811.

[31] Wu J B，Tsui A S，Kinicki A J. Consequences of differentiated leadership in groups[J]. Academy of Management Journal，2010，53（1）：90-106.

[32] Tan J，Peng M W. Organizational slack and firm performance during economic transitions：two studies from an emerging economy[J]. Strategic Management Journal，2003，24：1249-1263.

[33] Zhang Y，Li H Y. Innovation search of new ventures in a technology cluster：the role of ties with service intermediaries[J]. Strategic Management Journal，2010，31（1）：88-109.

[34] Zhang Z，Peterson S J. Advice networks in teams：the role of transformational leadership and members' core self-evaluations[J]. The Journal of Applied Psychology，2011，96（5）：1004-1017.

Impact of Differentiated Transformational Leadership on Resources Bricolage: Regulatory Role of Slack Resources

Sun Yonglei, Liu Xinyu

(School of Economics and Management, Beijing University of Chemical Technology, Beijing 100029, China)

Abstract: This paper uses 273 domestic enterprises as research samples, and through hierarchical regression analysis, empirically tests the impact of different transformational leadership styles on auxiliary resources bricolage and complementary resources bricolage, and explores the differences in the impact under different levels of organizational slack. The study found that: consistent transformational leadership has a promoting effect on auxiliary resources bricolage, while differentiated transformational leadership has no significant promoting effect on auxiliary resources bricolage; both differentiated transformational leadership and consistent transformational leadership have a promoting effect on complementary resources bricolage, among which differentiated transformational leadership has a stronger promoting effect; organizational slack plays a positive moderating role between differentiated transformational leadership and auxiliary resources bricolage, between consistent transformational leadership and auxiliary resources bricolage, and between differentiated transformational leadership and complementary resources bricolage.

Keywords: transformational leadership; slack resources; resources bricolage

技术间知识流动：来自生物质能专利引证的实证分析

王江，郝怡然

（北京化工大学 经济管理学院，北京 100029）

摘要：本文以生物质能为例，采用德温特创新索引（Derwent Innovations Index，DII）数据库中的生物质能专利及其引用信息数据，以专利“引用对”关系数据表征知识流动的方向，基于负二项模型评估跨领域技术间及同领域不同技术间或同一技术内的知识流动及其对专利价值的贡献程度。实证结果表明，我国生物质能技术的知识流动仍以能源领域内部的知识流动为主，且领域相关性越强溢出越频繁，这与国际上通过跨领域知识流动、交叉融合促进创新的趋势形成对比；在生物质能技术知识流动中，固体生物质能专利价值依赖于跨领域的知识流入，这可能与固体生物质能技术固有的跨学科性有关，但并不能说明我国在固体生物质能技术创新能力高；在科学技术和创新研究领域，加强跨领域知识的深度交叉融合和知识流动是未来重要的研究趋势。

关键词：知识流动；专利引证；生物质能；学科交叉融合

中图分类号：F270　　　　**文献标识码：A**

1　研究背景和文献综述

技术间知识流动与技术创新之间关系研究一直是国内外研究者关注的重要领域。不同技术间知识流动、跨领域合作交流、多学科交叉融合日益成为当今科学研究和创新创造最显著的特征[1]。对诺贝尔奖获得者的统计发现，近 25 年来，学科交叉合作研究获诺贝尔奖的比例接近 50%。在世界科技前沿领域，多学科交叉汇聚与多技术跨界融合成为常态，不断催生新学科前沿、新科技领域和新创新形态。在我国，为了促进学科交叉和知识流动，国家自然科学基金委

作者简介：王江（1967—），男，甘肃环县人，北京化工大学经济管理学院教授，博士，研究方向为创新创业与战略管理、知识经济与管理、工业生态学与可持续发展、科技政策与管理等；郝怡然（1994—），女，山西左权人，北京化工大学经济管理学院硕士研究生，研究方向为创新与战略管理、数据分析与知识管理。

员会于 2020 年 11 月成立交叉科学部，该部门以交叉科学研究为特征，建立健全学科交叉融合资助机制，促进复杂科学技术问题的多学科协同攻关和科技突破。面向文理工交叉融合，清华 x-lab（清华 x-空间）依托清华大学经济管理学院，联合 17 个院系合作共建，覆盖全校学生、校友和教师，培养面向未来的创意创新创业人才，走出一条特色途径。

知识流动，是指在特定环境中，知识在有一定需求的主体之间（包括个人、组织和区域），从知识存量高者流向知识存量低者的过程。知识流动也被称作“知识转移”或“知识溢出”[2, 3]。由于知识在创造财富中起着重要作用，经济行为体往往希望使知识的流动朝向它们[4]。Nelson 和 Winter 认为创新在很大程度上是对已有概念和物质材料进行重组[5]。通过融合不同技术的知识可以为发明创造提供新方向，从而增加创新机会。技术领域间知识流动表明技术层面存在着强大的技术融合，因此衡量技术知识流动成为分析技术融合趋势的良好起点[6]。

在技术间知识流动程度的研究中，目前，常见的方法是利用专利引证关系来研究技术间知识流动情况。Jaffe 等被认为是最初利用专利引证关系来研究知识流动的学者，他们认为专利引用代表了一种学习轨迹，它为知识流动过程中发明人之间的沟通提供了一个很好的桥梁[7]。Jaffe 等还研究了新发明专利引用的知识流动过程显性化路径问题[8]。根据相关研究[4]，将专利引证作为知识流动的衡量标志主要是依据以下三个假设：①专利的前向引证数可以作为衡量专利价值的手段；②专利分类号可用于表征技术领域；③专利之间的引用代表知识流的方向。专利引文之所以被广泛用作知识流动的代表，是因为它们直接指向专利所依据的先有技术，因此作为“记录”有助于研究知识扩散[9-11]。

相关研究表明[4, 11-13]，被引专利的多样性对知识流动有重要影响，发明人及其同行引用的现有技术类型（技术专业性或多样性）是解释技术影响差异的一个因素[12]，那些引用低多样性、高专业化程度的独立发明人，能够达到与企业同行相同的水平，甚至超越企业同行。激进的发明是由更多知识领域的重组引起的，通常来自不相关领域的知识的结合会带来更激进的发明[11]。Nemet 使用专利引证数据，评估从不同种类技术流入能源专利，认为外部引用的影响显著大于其他类型的引用，重要的能源专利在很大程度上是从化学、电子和电气等外部现有技术中获取的[4]。Yoshikane 分析了基于不同分类号下专利引用的情况，也就是通常说的引用领域的多样性，揭示了不同领域发明之间的演化规律[14]。Yoshikane 的研究以专利的分类为重点，考察了每项专利引用的不同类别专利的数量，即引用领域的多样性，并在假设每个主题专利和引用之间潜在联系的强度时，观察累计引用次数的增加，领域间比较的结果表明，无论累计引用次数如何，引文领域多样性的转变是稳定的[14]。

许多学者利用专利引证来衡量和研究知识流动中的知识溢出效应[15]。Battke 等利用专利数据考察了知识的技术中心性程度对技术间知识流动的影响[16]。Noailly 和 Shestalova 利用可再生技术的专利引证数据，研究了可再生能源在技术内外部的知识溢出效应[17]。Nemet 使用专利引证数据，评估从不同种类技术流入能源专利的知识溢出效应[4]。知识溢出的国际研究尤其将知识流动作为技术转让的证据，为知识存量建模[18]和溢出[19]提供了信息。Braun 等评估风能和光伏行业的跨行业知识流，发现仅在前者中有重要影响[20]。Pizer 和 Popp 指出跨行业的知识溢出是未来工作的一个重要领域[21]。

在专利引证分析中，专利的前向引证数常作为衡量技术专利价值和技术创新程度的指标[22]，如 Lee 和 Sohn 采用前向引文计数评估技术转让初期的专利价值[23]；朱琳等通过构建基于 IPC（international patent classification，国际专利分类）号的技术多样性指数和基于前向引证专利 IPC 号的技术扩散宽度指数模型研究技术创新规模和技术创新质量[24]。还有学者采用专利计量及前向引证指标分析有重要影响力的核心专利、评估专利价值、确定技术研发方向[25]。蒋仁爱等基于专利视角进行中国技术前沿追赶研究，运用专利质量-数量的复合度量方法，构建总前向引用指标，测算中国对 7 个主要发达经济体的技术追赶程度，研究发现 2015~2017 年中国专利的 3 年平均前向引用大幅下降，大大削弱了将中国专利增量转化为技术追赶的能力[26]。Mueller 和 Culbertson 通过专利引用研究发现美国食品加工业的产业间技术流动是食品行业生产率提高的最重要决定因素[27]；而 Hanel 采用专利矩阵和投入产出矩阵分析揭示一个行业的创新发展可能在其他行业有更广泛的应用[28]。

技术融合正成为联合创新过程中的主流现象[29]，在跨学科技术融合分析中属于主动预测未来技术发展趋势的思想主要来源于 TRIZ 理论。TRIZ 这一术语源自拉丁文 teoriya resheniya izobreatatelskikh zadatch 的词头缩写，意为“解决发明问题的理论”。专利通过引用关系带来的“主动”知识流动行为[30]，为研究跨技术类别的融合提供了一个很好的切入点。目前在相关研究中，专利的引用关系被广泛地用来测度这种知识流动[31]，作为发掘新兴技术领域的一个系统性方法。积极的知识溢出效应意味着通过尝试多元化技术融合，产生新的交叉技术领域，这样的交叉领域不会衍生自已有的单一技术领域。魏红芹和周成提出一种结构化的技术融合分析方法，利用产业与专利的映射关系，构建不同技术领域间知识流动矩阵，从技术溢出、技术影响两个维度，构建技术融合趋势图，并通过时间序列分析技术融合的动态过程[32]。随着技术构成的复杂化，技术融合涉及的必要专利迅速膨胀，形成了重叠交织的专利群。Huang 等揭示了专利引用膨胀现象，并分析了其原因和累积效应，提出了一些更准确地反映引文真实价值的替代指标[33]。

Noailly 和 Shestalova 的研究表明，约 60%的可再生专利的正向引用来自同一技术领域的专利[17]；而 Nemet 认为，外部的知识溢出对能源技术发明的影响是显著的[4]。Jinji 和 Zhang 研究了产业内溢出和产业间溢出的国际知识流动与生产率，发现同一产业内的国际知识流动对部门全要素生产率有显著贡献[34]。Arvanitis 等研究了一种基于专利的知识溢出测度，发现知识溢出与创新产品的商业成功有着积极而显著的关联，揭示了市场条件对溢出效应与创新绩效关系的重要性，认为知识溢出在竞争对手数量适中的市场结构中显著，而在垄断或多头垄断的市场结构中则不显著[35]。

综上所述，尽管对技术间知识流动已有广泛的研究，但在我国，对不同领域之间或同一领域不同技术间的知识流动及其在技术发展过程中的作用仍然缺乏研究。本文使用专利引用关系代表知识的溢出方向，专利的前向引证数作为衡量专利价值和技术创新程度的手段，以清洁能源中生物质能为研究对象，尝试探索跨领域技术间，或同领域不同技术间或同一技术内的多层次知识流动情况。

2 研究方法

2.1 数据来源

生物质能是太阳能以化学能形式储存于生物质中的能量形式，可转化为常规的固态、液态和气态燃料，是一种可再生能源，也是唯一的一种可再生的碳源。生物质能根据来源的不同，适合能源利用的可分为农作物剩余物、林业剩余物、能源林、生活污水与工业有机废水、城市固体废弃物及畜禽粪便六大类。其中，城市固体废弃物又称城市生活垃圾，而近年来采用焚烧方法的城市垃圾发电，实现了城市垃圾的资源化利用，我国也将成为全球垃圾焚烧发电行业最活跃的市场。

在非化石能源中，水能、风能、太阳能以及核能等只能产生电与热，而生物质能既产生电与热，更有固、气、液三态绿色能源以及绿色材料与有机化工产品，很多石化基产品多能用生物基原料替代。生物质能具有资源丰富、可再生、清洁环保、低碳排放、储存和运输便利等特点，并且与“三农”关系紧密，在我国，大力发展生物质能意义重大。但生物质能技术的发展并不均衡，生物质能源产业发展面临诸多挑战。本文研究通过研究生物质能技术以及生物质能与其他技术间的知识流动规律，旨在促进生物质能技术创新和发展的实现。

本文的专利数据来源于 DII 数据库 1963~2017 年的专利数据，结合了源自德温特世界专利索引（Derwent World Patents Index）的专利信息和源自德温特专利引文索引（Derwent Patents Citation Index）的专利引文信息，是检索全球专利最权威的数据库[25]。本文采用主题词检索来获取生物质能技术专利。每件专利数据均包含了申请年份、IPC 代码（代表其技术领域）、引文信息、被引次数。本文使用的检索关键词是 bio*-gas or biogas or bio*-energy or bioenergy or biodiesel or bio*-diesel or biofuel or bio*-fuel。

由于专利的引证与被引证并非即时发生的，而是需要一定的时间年限，因此，本文使用数据时预设两个条件：第一，本文所使用的生物质能专利至少有 10 年的时间窗口去引用其他专利；第二，本文所使用的生物质能专利至少有 5 年的时间窗口被其他专利引用。综上两个条件，本文所使用的专利数据所属的年限在 1973（含）~2012 年（含）。本文研究过程中排除非相关领域的专利数据，并对剩余专利数据进行数据清洗，最终保留符合条件的 3542 件不同生物质能专利数据，同时通过每件生物质能专利二次检索出相应的被引专利，最终获得被引专利数据 9435 件，专利“引用对”（即每个专利引用关系）14 888 件。

2.2 变量的定义

2.2.1 被解释变量

专利引用用于测量知识的溢出效应时，首先选择的被解释变量为被生物质能专利引用的其他专利（下面简称被引专利）的被引用频率（A 组）。不同知识流对于生物质能专利价值的贡献并非与知识流的频率完全一致，因而通过专利价值来反映不同知识流的贡献大小。Trajtenberg 认为高度有价值的专利往往被更频繁地引用，专利的前向引用量是反映发明价值的重要特征[9]。因此，选择生物质能专利被其他专利引用的次数作为第二个被解释变量（B 组）。

2.2.2 解释变量

自变量用于衡量从一个技术领域流向另一个技术领域的知识流的变量。目前已经有比较成熟的观点认为，专利的引证关系代表了从一种技术到另一种技术的学习轨迹或知识流的形式。专利之间的引证能够体现不同国家、地区、技术领域以及技术之间的知识流动[36]。因此，本文研究使用专利的双解释变量信息来代表该专利所属技术与生物质能技术之间的知识流动。

每个知识流用一对专利“引用对”来表示[17]，基于每个“引用对”中被引专利的技术分类进行编码。Noailly 和 Shestalova 的研究已经表明可再生能源技术在能源领域会产生更多的技术溢出[17]，因此，先考虑生物质能在能源领域的知识流动。为了解决本文提出的问题，将主解释变量的专利技术分为：①领域内引用，即引用能源领域的技术，由于生物质能技术本身属于能源领域，而且能源领域通常被人们定义为清洁能源技术和化石能源技术两个大类，因此，将领域内引用细分为：领域内同类技术引用、领域内清洁能源引用、领域内化石能源引用。本文参考 Noailly 和 Shestalova[17]对能源领域的分类及相应的 IPC 对专利技术进行编码。②跨领域引用，即引用能源领域以外的其他技术专利，外部技术包含所有未涵盖在清洁能源技术和化石能源技术分类中的其他技术。

为明确专利引用的技术领域，加入了生物质能技术（同领域同一技术内）、垃圾发电技术［同领域（清洁能源）不同技术间］、煤炭技术［同领域（化石能源）不同技术间］、基础化学材料技术、化学工程技术、环境技术、食品化学技术（跨领域）7 个变量，详细说明见表 1。其他有价值的专利控制变量还包括专利家族[37]、授权年份[38]，以及引证时滞[39]。这里专利家族是指一件专利在不同国家申请的集合或者一件专利后续衍生的不同申请案；引证时滞是指专利的授权年份与其引证专利授权年份之间的时间差。

表 1 变量定义

变量类型	变量名	变量描述
因变量	被引用频率	被引专利的被引用频率
	被引量	生物质能专利的被引用量
自变量	领域内同类技术引用	引用生物质能技术内部的专利
	领域内技术间清洁能源技术引用	引用清洁能源技术的专利
	领域内技术间化石能源技术引用	引用化石能源技术的专利
	领域外技术引用	引用能源领域外其他领域的专利
	生物质能技术	引用生物质能技术专利
	垃圾发电技术	引用垃圾发电技术专利

续表

变量类型	变量名	变量描述
自变量	煤炭技术	引用煤炭技术专利
	基础化学材料技术	引用基础化学材料技术专利
	化学工程技术	引用化学工程技术专利
	环境技术	引用环境技术专利
	食品化学技术	引用食品化学技术专利
控制变量	专利家族	同族专利
	授权年份	专利授权年份
	引证时滞	不同专利间引用时滞

2.3 模型

生物质能技术接受来自领域内（技术内部、技术间）和领域外行业间的知识，领域内清洁能源技术知识包含了生物质能技术知识，领域内化石能源技术知识不包含生物质能技术知识，是领域内的外部性知识，能源行业外的其他技术知识对于生物质能技术而言是行业间引用的外部知识。生物质能技术专利引用如图 1 所示。

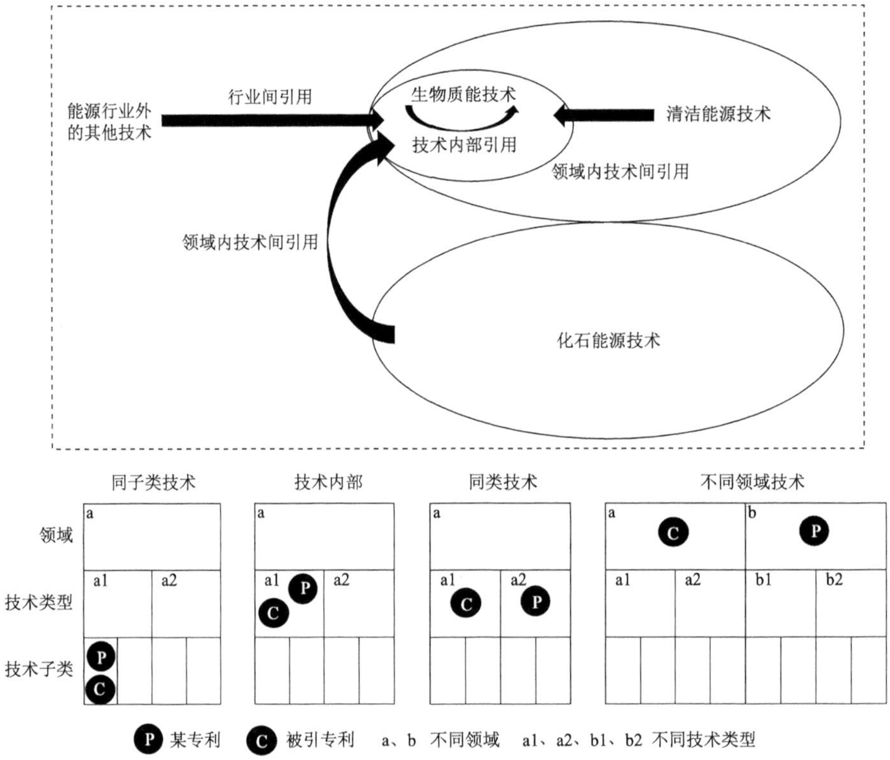

图 1　生物质能技术专利引用示意图

由于引用次数是计数变量，并且 42%的生物质能专利从未被引用，变量总体上呈离散分布（方差大于均值），因此，使用负二项计数模型回归[17]，见式（1）。

$$前引次数_{si} = \exp(C_0 + C_1 \times 专利授予年份_s + \sum_{i \in 技术领域} C_i \times 专利领域_i + \varepsilon_{si}) \quad (1)$$

其中，s 为某专利；i 为某技术领域；C_0、C_1、C_i 为参数项；前引次数$_{si}$ 为技术领域 i 的专利 s 在五年内的前引次数；专利授予年份$_s$ 为专利 s 的专利授权年份；专利领域$_i$ 为一个虚拟变量，表示专利属于技术领域 i 时它等于 1；ε_{si} 为误差项。授权年份对于专利质量可能存在差异，在回归中采用控制授权年份的固定影响，每个模型中都加入了专利家族和引证时滞作为控制变量。

3 结果分析

3.1 描述性分析

本文构建的数据集为：①1973~2012 年提交申请的 3542 件生物质能专利数据；②由每件生物质能专利与其对应的被引专利共同构成的 14 888 件专利“引用对”数据。

表 2 为所有变量的描述性统计结果。专利的被引量、专利家族、授权年份分别是对数据集①中所有生物质能专利的数据特征的统计，其中前向引用量最高为 191 件，平均每件专利被 3.475 件后续专利引用。此外，存在明显的引证时滞，平均值为 11.646 年。领域内外的知识流变量是对数据集②中所有“引用对”的统计，可以明显地看到，大部分专利引证来自清洁能源技术和其他外部技术。图 2 显示了因变量生物质能专利前向引用量的分布，该分布符合专利的统计规律[19]。

表 2 变量的描述性统计结果

变量	目标项	平均值	标准方差	最小值	最大值
被引量	3 542	3.475	9.352	0	191
专利家族	3 542	2.993	4.520	1	113
授权年份	3 542	2 008.922	3.632	1 973	2 012
引证时滞	14 888	11.646	9.830	0	44
领域内同类技术引用	14 888	0.022	0.146	0	1
领域内技术间清洁能源技术引用	14 888	0.272	0.445	0	1
领域内技术间化石能源技术引用	14 888	0.047	0.212	0	1
领域外技术引用	14 888	0.659	0.474	0	1

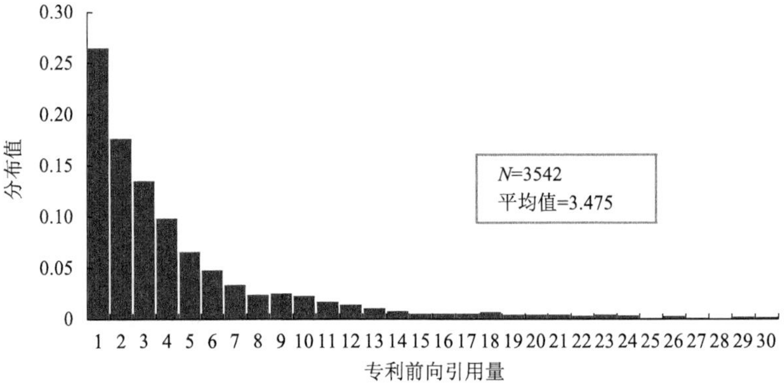

图 2　生物质能专利前向引用量分布

只有不到 1%的分布值高于 30，因而未在此图中显示

为方便分析，本文根据生物质能的形态将其分为液体、固体和气体三种。其中，生物质液体燃料是指生物质通过生化合成或发酵提纯的方式制取的乙醇或油类等液体燃料，主要包括生物燃料乙醇、可持续航空燃料、绿色甲醇、生物柴油等 4 类；生物质固体燃料是指由农林废弃物，如秸秆、稻壳、花生壳、木屑等，通过高温高压处理形成的环保固体燃料；生物质气体燃料是指经热化学或生物转化生成的可燃性气体，主要成分为一氧化碳、氢气、甲烷等。表 3 为三类生物质能专利的基本特征统计。其中，液体生物质能技术专利数量最多，共 2110 件，占所有生物质能专利数据总数的 59.6%；固体生物质能技术专利数量最少，仅占总数的 16.5%。在各类技术向后引证（即被引专利）中，固体生物质能技术的平均被引专利量最大，平均每件专利引用 5.15 件先前专利，比液体生物质能技术的平均被引专利量多 1.39 件，这表明固体生物质能技术可能吸收了更多其他先进技术。在向前引证（即施引专利）中，三类生物质能技术的平均施引专利量接近，最少的为固体生物质能技术，平均每件专利被 3.04 件后续专利引用；液体生物质能技术平均施引专利量最多，为 3.66 件。在三类生物质能中，研究和应用范围最广的是生物质液体燃料，这就不难解释液体生物质能技术的专利数量和平均施引专利量最多的缘由。

表 3　生物质能技术分类统计

形态	专利总量/件	占比	被引专利量/件		施引专利量/件	
			总量	平均值	总量	平均值
固体	584	16.5%	3008	5.15	1774	3.04
气体	847	23.9%	3941	4.65	2817	3.32
液体	2110	59.6%	7939	3.76	7723	3.66

为了分辨专利引用集中在哪些特定技术中，对被引专利中被引用频率排名前 100 的专利进行编码分类并汇总，数量最多的 6 种技术分别是：垃圾发电技术、基础化学材料技术、生物质能技术、化学工程技术、食品化学技术、煤炭技术，专利分布数量分别为 38 件、29 件、26 件、20 件、7 件和 4 件。由于一些技术同时被编码在不同的能源技术领域下，计数和大于 100。生物质能本质上是植物通过光合作用将太阳能转化为化学能存储在生物质内部的能量，是一种化学能，作为基础科学范畴而延伸出的化学技术与生物质能技术的发展息息相关，因而我国生物质能技术发展需要重视基础研究和原始创新，结合生物学、化学、工程学等技术，从生物质等原料出发，构建生产化学品、能源与材料的新工业模式[40]。

3.2 回归分析

表 4 显示了技术领域间回归模型的检验结果，每一列对应基于特定的因变量的不同模型的权重数值。A 组为前向引证专利的被引用频率，A 组的 3 列分别对应固体、液体、气体生物质能专利的回归结果。B 组的 3 列为生物质能专利的前向引用次数分析，同样对应了固体、液体、气体生物质能专利的回归结果。C 组数据使用全部的生物质能专利数据，其中，第（8）列，将授权年份作为一个独立变量引入分析，两组结果的差异并不明显。在前述回归结果中不包括外部引用的虚拟变量，因而在第（9）列中将其加入对比分析。

表 4　技术领域间的负二项计数模型回归结果

变量	A 组：被引用频率			B 组：被引量			C 组：参照组		
	（1）	（2）	（3）	（4）	（5）	（6）	（7）	（8）	（9）
	固体 1	液体 1	气体 1	固体 2	液体 2	气体 2	总体	参照–1	参照–2
领域内同类技术引用	−0.054	0.564^{***}	0.384^{***}	0.287^{*}	0.179	−0.203	0.060	0.038	
	（−0.80）	（4.75）	（4.02）	（2.49）	（0.79）	（−0.87）	（0.64）	（0.64）	
领域内技术间清洁能源技术引用	0.823^{***}	0.745^{***}	0.321^{***}	0.143	−0.068	-0.299^{***}	−0.049	-0.180^{***}	−0.108
	（11.01）	（21.81）	（5.23）	（1.83）	（−1.39）	（−4.11）	（−1.32）	（−7.51）	（−1.13）
领域内技术间化石能源技术引用	-0.491^{***}	-0.483^{***}	−0.035	-0.250^{*}	−0.276	-0.312^{***}	-0.314^{***}	-0.269^{***}	-0.373^{***}
	（−5.95）	（−3.80）	（−1.04）	（−2.06）	（−1.32）	（−4.22）	（−5.42）	（−5.50）	（−3.52）
领域外技术引用									−0.060
									（−0.64）
专利家族				0.038^{***}	0.036^{***}	0.067^{***}	0.042^{***}	0.039^{***}	0.042^{***}
				（9.69）	（24.04）	（27.35）	（26.64）	（26.42）	（26.64）
引证时滞				−0.001 60	−0.001 62	$-0.015\,3^{***}$	$-0.004\,76^{***}$	$-0.005\,08^{***}$	$-0.004\,76^{***}$
				（−0.55）	（−0.77）	（−7.73）	（−3.48）	（−4.64）	（−3.48）

续表

变量	A 组：被引用频率			B 组：被引量			C 组：参照组		
	（1）	（2）	（3）	（4）	（5）	（6）	（7）	（8）	（9）
	固体 1	液体 1	气体 1	固体 2	液体 2	气体 2	总体	参照–1	参照–2
授权年份								−0.187***	
								（−45.38）	
外部虚拟变量	1.002***	1.555***	0.428***	1.545***	1.834***	1.616***	1.735***	376.4***	1.795***
	（24.93）	（73.06）	（22.09）	（25.24）	（44.47）	（36.48）	（59.19）	（45.56）	（19.52）
样本量	3 008	7 939	3 941	3 008	7 939	3 941	14 888	14 888	14 888

注：括号内为标准误

*表示 $p<0.05$，***表示 $p<0.001$

上述回归结果用于回答生物质能技术的研究进展和创新贡献问题。在 A 组 3 组数据中，领域内技术间清洁能源技术引用对前向引证专利的被引用频率的影响最大，说明清洁能源技术知识流入对生物质能技术的影响最为显著。在 B 组 3 组数据中，结果并不明显，因此，单纯从领域内、跨领域引证分类中并不能确定生物质能技术对哪种类型的知识流动的专利质量产生更大的影响。控制变量的回归结果与预期方向相同。授权年份对专利引用的影响是负向的，意味着最新授权的专利被更多地引用。专利引证时滞的影响也是负向的，意味着引用更新的现有技术更有可能增加正向被引量。而专利家族对前引次数产生了正向影响，即专利家族数越大越容易被后续专利引用。

知识流动细分为七种技术类型。其中，生物质能技术属于技术内部引用，垃圾发电技术属于领域内清洁能源引用，煤炭技术属于领域内化石能源引用，基础化学材料技术、化学工程技术、环境技术、食品化学技术均属于跨领域引用。七种技术类型之间的回归结果见表 5，其中 A 组和 B 组的设置与表 4 相同。

表 5　七种技术类型之间的负二项模型回归结果

变量	A 组：被引用频率			B 组：被引量		
	（1）	（2）	（3）	（4）	（5）	（6）
	固体	液体	气体	固体	液体	气体
生物质能技术	0.251**	0.669***	0.393***	0.751***	0.017 6	0.063 4
	（2.74）	（5.01）	（4.12）	（4.60）	（0.07）	（0.27）
煤炭技术	−0.024 0	−0.688***	−0.078 5	0.422*	0.317***	−0.033 1
	（−0.22）	（−4.10）	（−1.72）	（2.28）	（1.08）	（−0.30）
垃圾发电技术	1.130***	0.805***	0.319***	0.642***	−0.169	−0.032 7
	（11.30）	（10.15）	（4.66）	（4.44）	（−1.21）	（−0.34）

续表

变量	A 组：被引用频率			B 组：被引量		
	(1)	(2)	(3)	(4)	(5)	(6)
	固体	液体	气体	固体	液体	气体
食品化学技术	−0.219**	−0.672***	0.101	0.950***	0.132	−0.272*
	(−2.58)	(−8.75)	(1.52)	(6.73)	(1.10)	(−2.19)
基础化学材料技术	0.325***	0.145	0.068 5	0.405**	−0.116	0.154*
	(3.42)	(1.82)	(1.30)	(2.91)	(−0.84)	(1.99)
化学工程技术	0.455***	0.114	−0.091 0**	0.197	−0.133	0.092 5
	(5.44)	(1.62)	(−2.67)	(1.50)	(−1.02)	(1.41)
环境技术	−0.434***	−0.691***	−0.022 1	0.897***	−0.233	0.521***
	(−4.47)	(−8.90)	(−0.71)	(4.85)	(−1.73)	(7.93)
专利家族				0.040 6***	0.035 9***	0.067 7***
				(10.07)	(24.14)	(27.33)
引证时滞				0.000 255	−0.001 79	−0.014 8***
				(0.09)	(−0.86)	(−7.48)
外部虚拟变量	0.699***	1.496***	0.435***	1.011***	1.935***	1.340***
	(9.04)	(20.04)	(12.38)	(7.36)	(14.05)	(17.12)
样本量	3 008	7 939	3 941	3 008	7 939	3 941

注：括号内为标准误

*表示 p<0.05，**表示 p<0.01，***表示 p<0.001

观察表 5 中 A 组数据，来自生物质能技术、垃圾发电技术、基础化学材料技术和化学工程技术领域的（1）组固体专利引证影响更加显著，尤其是垃圾发电技术。观察每一列的数据，固体生物质能技术被引用频率最高的是垃圾发电技术，且远远超过其他技术；液体生物质能技术被引用频率正向影响较高的是垃圾发电技术和其他类生物质能技术，液体生物质能技术被引用频率负向影响显著的为煤炭技术、食品化学技术和环境技术；而气体生物质能技术被引用频率影响最高来源于其他类生物质能技术和垃圾发电技术。总体上，垃圾发电技术是生物质能技术最密切的知识流动来源技术，煤炭技术、食品化学技术和环境技术等周边技术削弱了液体生物质能技术被引用频率的正向增长。

观察表 5 中 B 组数据，影响生物质能专利价值的技术知识来源差异较大。对固体生物质能技术专利价值影响较大的知识流动技术分别是食品化学技术、环境技术、生物质能技术和垃圾发电技术，这些技术间关系最为密切。液体生物质能技术的知识流动影响最为显著的是煤炭技术，气体生物质能技术的知识流动影响最为显著的是环境技术。

对比表 5 中的 A、B 两组结果，某一技术被生物质能技术引用的频率与该引用产生的价值并不完全一致，尤其是煤炭技术。尽管煤炭技术专利被生物质能技术引用的频率相对表中的其他技术较低，但该溢出表明后续引用的生物质能技术更具价值，主要表现在固体生物质能和液体生物质能上，对气体生物质能影响较小。与煤炭技术结果相似的还有环境技术以及食品化学技术，食品化学技术和环境技术 A 组固体和液体被引频率溢出显著，但 B 组被引量的知识流动主要产生影响的是固体生物质能技术和气体生物质能技术。相反地，垃圾发电技术领域尽管被引用频率最高，但对后续引证专利的质量影响却较低。其余几项技术对技术流入的频率和专利价值影响相对一致。

生物质能领域内外技术间知识流动结果如图 3 所示。生物质能技术内部知识互相融合，与垃圾发电技术等领域内清洁能源技术的知识互动频繁，生物质能技术主要吸收来自基本化学材料技术和化学工程技术等能源行业外的技术的知识流动，生物质能技术知识主要向煤炭技术等领域内的化石能源技术和领域外的食品化学技术和环境技术输出知识，说明以生物质能技术为节点的知识流动路径并不局限于领域内，对外部行业专利价值也起到积极的贡献。上述结果也与我国生物质能发展现状相吻合[37]，跨学科领域的前向引用的专利创新贡献价值从数据分析中得不到支撑，缺乏多学科的交叉应用，与近年来我国平均总体前向引用量下降的趋势一致[26]，因而只有加强原始创新和多学科交叉应用，开拓生物质能技术与信息技术、互联网技术、智能制造技术和高分子材料技术的深度融合[40]，生物质能技术开发利用才能与现代社会发展同步，呈现多元化、智能化和网络化的发展态势。

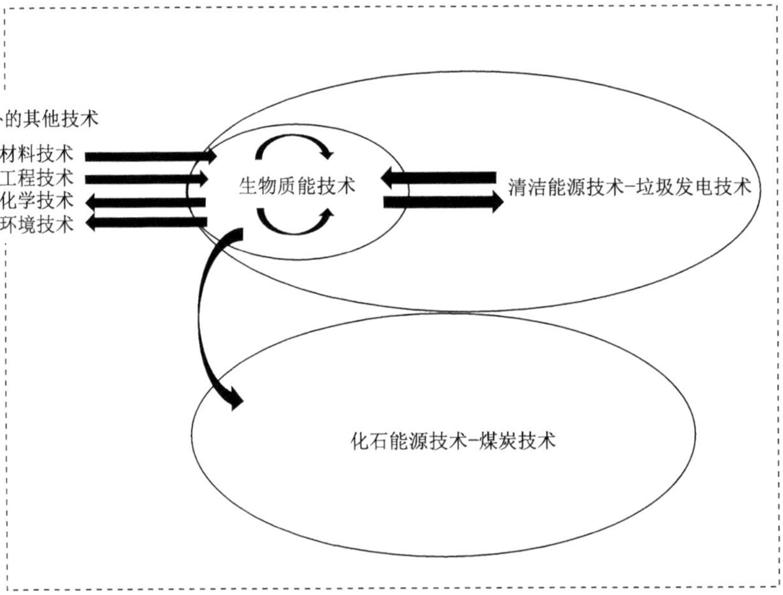

图 3　生物质能领域内外技术间知识流动结果示意图

从实证研究结果可以看出，目前生物质能技术专利的引用主要来自能源领域内部，尤其是生物质能技术内部和清洁能源技术，而且，生物质能技术专利引用的结果显示，生物质能领域内化石能源引用、跨领域引用对后续专利产生的价值没有显著差异，这与国际上跨领域专利引用趋势不同，因此，加强跨领域知识流动、融合和交叉促进原始创新成为一项紧迫的任务，特别需要开拓生物质能技术与信息技术、互联网技术、智能制造技术和高分子材料技术的深度技术融合。

实证研究还显示，固体生物质能技术专利对于知识流动的依赖性最强，固体生物质能技术和来自食品化学技术领域的专利“引用对”贡献最大，这可能与固体生物质能技术固有的跨学科性有关，并不能说明我国在固体生物质能技术领域的创新性大。从世界范围看，当今生物质能技术的最前沿集中在生物航油、生物乙醇、生物柴油等液体形态的生物质能技术的研究开发上。

4 结论与讨论

4.1 结论

知识流动可以划分为跨领域知识流动、领域内不同技术间知识流动、领域内技术内部知识流动三类。为揭示技术间知识流动情况，本文以生物质能技术为研究对象，采用 DII 数据库收录的生物质能专利及其引文信息，利用被引专利的技术类别分为跨领域引用和领域内引用，领域内引用又分为领域内同类技术引用、领域内清洁能源引用、领域内化石能源引用，以此来表征不同技术间的知识流动，分析不同技术的溢出影响及对后续专利价值产生的影响。

实证研究表明，与国外情况不同，在我国，生物质能技术在能源领域内的知识流动比在不同领域技术间的知识流动频率更高，而且在能源领域内，在技术内部、领域内清洁能源技术之间的知识流动程度又高于其与领域内化石能源技术之间的流动程度。但在生物质能技术的知识流动中，固体生物质能技术却依赖于跨领域的知识流入，这可能与固体生物质能技术固有的跨学科性有关。研究还显示，尽管技术间知识流动程度与领域高度相关，但对生物质能技术而言，技术间知识流动的贡献程度与领域相关性却不大。

本文的研究旨在揭示，尽管我国一直倡导学科交叉融合与创新，但实际效果与期望目标还有一定差距。在组织中由于信息和知识资源得不到有效的分享、传播、交叉和融合，知识板块之间相互割裂而形成“知识孤岛”。这种现象在我国的行业之间、机构之间、部门之间以及个人之间大量存在，导致组织或机构效率低下、透明度差、资源浪费，影响创新效益。因此，为促进我国创新突破和原始创新，加强跨领域知识的深度交叉融合成为极为重要而又紧迫的战略任务。

4.2 讨论

本文的实证研究揭示，在我国，生物质能技术的知识流动仍以能源领域内部的知识流动为主，且领域相关性越强溢出越频繁，这与国际上通过跨领域知识流动、交叉融合促进创新的趋势形成了对比[40]。在国外，知识流动中跨技术领域的知识流动是技术发明最重要的因素。从国外对能源专利的分析中可以看出，外部引用的系数在不同模型之间是正的和显著的，且外部引用的系数明显大于其他类型的引用。技术上接近现有技术的引用系数对前向引用频率却是负面影响[3]。

一个问题是，为什么技术间的知识流动对技术发展尤为重要？这可以从生物质能技术本质来揭示其原因。首先，生物质能技术的多学科融合性需要技术间的知识流动。生物质能技术存在一些内在的边界跨越。在生物质能技术开发中，存在着多种技术融合和集成现象，它们天生具有集成性和组合性，这些集成和组合技术包括机械工艺、化学过程、新材料技术以及信息技术等。在生物质能技术类别中的许多技术都跨越了多个技术类别。生物质能技术开发可以通过不同技术间知识流动相对容易地获得其他领域的技术。生物质能技术领域的一个独特现象是有大量来自其他相关技术领域的科学和技术人才，特别是生物和信息行业人才转向生物质能技术研发。笔者所在的北京化工大学生物质能研究队伍，从成立之初，就由来自化工、材料、生物等不同领域的研究人员组成，而今又融合了信息技术、合成生物学等新兴学科。当今，随着生物制造技术的蓬勃发展，与生物技术相关的许多科技工作者都被吸引到该技术领域。人们可以从生物行业发布的报告看到，生物质能技术领域中人力资本供给和需求情况，这种人力资本供给和需求的变化常常被用作公共政策制定的基础。生物质能技术越来越成为具有吸引力的行业。生物质能技术领域人力资本的频繁流动促进了新的思想、专门知识和其他领域的技术的交叉融合和创新。例如，北京中关村“生物制造”行业，其中大部分人都是来自生物和信息技术行业。

其次，生物质能技术发展是不断迭代改进和创新的结果。新颖和重要的生物质能技术需要新的知识，特别是不同技术间知识流动。前文研究显示，生物质能技术发展不仅依赖于内部知识流动，外部知识流动在生物质能技术领域同样重要，生物质能技术发展是外部知识和内部知识融合发展的过程。生物质能技术内部流动可能会提高内部技术竞争程度，而进一步的内部竞争压力又会促进生物质能技术研发企业向外寻找有用的知识。

在产学研合作中，高校和政府在生物质能技术吸收外部知识方面发挥着独特作用。当今世界科技强国不断加大对科学和技术领域的投资力度，可以说大学和政府研究机构是最广泛和重要的核心技术知识的来源地。有研究发现[41]，政府研究机构专利被引用的频率并不比非政府专利高，但引用政府研究机构专利的专利本身被引用的频率更高。仍待解决的问题有：政府资助的生物质能技术在多大程度上使用了外部现有技术？其受益程度如何？民营部门的交叉研究动机强烈程度（如关于冒险）在多大程度上能够吸引和支持外部知识流动？在我国的产学研合作中，大多是同领域或同行之间的合作，如何促进跨技术领域合作和知识流动？等等，鉴于外部知识流动的重要性，新技术发展的政策设计对这些问题的解决有待进一步研究。

本文局限性在于，由于本文的分析结果是依靠负二项模型对引用计数数据的处理分析，还无法确定很多技术之间复杂的关联性，倾向于认为在技术发展过程中，对于其他技术的专利引用情况可能有所变化，因而可以在后续研究中继续使用复杂模型进行适当评估和分析，更加细致地揭示技术间知识流动规律以及对创新发展的影响。另外，本文仅以生物质能技术为例，得到的结论有一定的局限性，将在后续研究中扩展研究范围，进一步进行验证并加以完善①。

参考文献

[1] 赵鸿玉，王旭. 开放科学背景下跨学科研究的知识流动特征与演化趋势：以“五计学”研究为例[J]. 情报科学，2022，40（4）：107-117.

[2] Diemer A，Regan T. No inventor is an island：social connectedness and the geography of knowledge flows in the US[J]. Research Policy，2022，51（2）：1-25.

[3] 董坤，许海云，崔斌. 知识流动研究述评[J]. 情报学报，2020，39（10）：1120-1132.

[4] Nemet G F. Inter-technology knowledge spillovers for energy technologies[J]. Energy Economics，2012，34（5）：1259-1270.

[5] Nelson R R，Winter S G. An Evolutionary Theory of Economic Change[M]. Cambridge：The Belknap Press of Harvard University Press，1982.

[6] Ko N，Yoon J，Seo W. Analyzing interdisciplinarity of technology fusion using knowledge flows of patents[J]. Expert Systems with Applications，2014，41（4）：1955-1963.

[7] Jaffe A B，Trajtenberg M，Fogarty M S. Knowledge spillovers and patent citations：evidence from a survey of inventors[J]. American Economic Review，2000，90（2）：215-218.

[8] Jaffe A B，Trajtenberg M，Henderson R. Geographic localization of knowledge spillovers as evidenced by patent citations[J]. The Quarterly Journal of Economics，1993，108（3）：577-598.

[9] Trajtenberg M. A penny for your quotes：patent citations and the value of innovations[J]. The Rand Journal of Economics，1990，21（1）：172-187.

[10] Verspagen B，de Loo I. Technology spillovers between sectors and over time[J]. Technological Forecasting and Social Change，1999，60（3）：215-235.

[11] Schoenmakers W，Duysters G. The technological origins of radical inventions[J]. Research Policy，2010，39（8）：1051-1059.

[12] Lettl C，Rost K，von Wartburg I. Why are some independent inventors “heroes” and others “hobbyists”? The moderating role of technological diversity and specialization[J]. Research Policy，2009，38（2）：243-254.

[13] Nemet G F，Johnson E. Do important inventions benefit from knowledge originating in other technological domains?[J]. Research Policy，2012，41（1）：190-200.

[14] Yoshikane F. Comparative analysis of patent citations of different fields：in consideration of the data size dependency of statistical measures[J]. Procedia-Social and Behavioral Sciences，2014，147：153-159.

① 在该文的修改过程中，王丽娟高级工程师在内容修订、文字和数据校对等方面做了大量细致的工作，特此致谢！

[15] Choe H，Lee D H，Seo I W，et al. Patent citation network analysis for the domain of organic photovoltaic cells：country，institution，and technology field[J]. Renewable and Sustainable Energy Reviews，2013，26：492-505.

[16] Battke B，Schmidt T S，Stollenwerk S，et al. Internal or external spillovers—which kind of knowledge is more likely to flow within or across technologies[J]. Research Policy，2016，45（1）：27-41.

[17] Noailly J，Shestalova V. Knowledge spillovers from renewable energy technologies：lessons from patent citations[J]. Environmental Innovation and Societal Transitions，2017，22：1-14.

[18] Löschel A，Otto V M.Technological uncertainty and cost effectiveness of CO_2 emission reduction[J].Energy Economics，2009，31（Supplemement 1）：S4-S17.

[19] Bosetti V，Carraro C，Massetti E，et al. International energy R&D spillovers and the economics of greenhouse gas atmospheric stabilization[J]. Energy Economics，2008，30（6）：2912-2929.

[20] Braun F G，Hooper E，Wand R，et al. Holding a candle to innovation in concentrating solar power technologies：a study drawing on patent data[J]. Energy Policy，2011，39（5）：2441-2456.

[21] Pizer W A，Popp D. Endogenizing technological change：matching empirical evidence to modeling needs[J]. Energy Economics，2008，30（6）：2754-2770.

[22] Aristodemou L，Tietze F. Citations as a measure of technological impact：a review of forward citation-based measures[J]. World Patent Information，2018，53：39-44.

[23] Lee J，Sohn S Y. What makes the first forward citation of a patent occur earlier?[J]. Scientometrics，2017，113（1）：279-298.

[24] 朱琳，汪雪锋，朱东华，等. 基于技术多样性及扩散宽度的专家技术创新能力评价[J]. 情报杂志，2018，（4）：176-182.

[25] 赵蓉英，李新来，李丹阳. 专利引证视角下的核心专利研究：以人工智能领域为例[J]. 情报理论与实践，2019，42（3）：78-84.

[26] 蒋仁爱，金哲楠，Jefferson G H. 基于专利视角的中国技术前沿追赶研究[J]. 中国科技论坛，2020，（8）：24-32，51.

[27] Mueller W F，Culbertson J D. Inter-industry technology flows in the US food-processing industries[J]. Managerial and Decision Economics，1986，7（3）：163-168.

[28] Hanel P. Interindustry flows of technology：an analysis of the Canadian patent matrix and input-output matrix for 1978-1989[J]. Technovation，1994，14（8）：529-548.

[29] Jin J H，Park S C，Pyon C U. Finding research trend of convergence technology based on Korean R&D network[J]. Expert Systems with Applications，2011，38（12）：15159-15171.

[30] Choe H，Lee D H，Kim H D，et al. Structural properties and inter-organizational knowledge flows of patent citation network：the case of organic solar cells[J]. Renewable and Sustainable Energy Reviews，2016，55（2）：361-370.

[31] Choi S，Park H，Kang D，et al. An SAO-based text mining approach to building a technology tree for technology planning[J]. Expert Systems with Applications，2012，39（13）：11443-11455.

[32] 魏红芹，周成. 专利间知识流动与技术融合趋势研究[J]. 科技进步与对策，2018，35（22）：17-22.

[33] Huang Y，Chen L X，Zhang L. Patent citation inflation：the phenomenon，its measurement，and relative indicators to temper its effects[J]. Journal of Informetrics，2020，14（2）：1-14.

[34] Jinji N，Zhang X Y. International knowledge flows and productivity：intra- vs. inter-industry spillovers[J]. International Economic Journal，2015，29（3）：451-474.

[35] Arvanitis S，Seliger F，Woerter M. Knowledge spillovers，competition and innovation success[J]. Oxford Bulletin of Economics and Statistics，2020，82（5）：1017-1041.

[36] 祁延莉，李婧. 用于知识流动测度的专利引文指标分析[J]. 中国基础科学，2014，16（2）：25-33.

[37] 卞雅莉. 科学引文对企业专利质量的影响：以纳米材料产业为例[J]. 情报杂志，2013，32（1）：50-54.

[38] Dai Y X，Popp D，Bretschneider S. Institutions and intellectual property：the influence of institutional forces on university patenting[J]. Journal of Policy Analysis and Management，2005，24（3）：579-598.

[39] Criscuolo P，Verspagen B. Does it matter where patent citations come from? Inventor vs. examiner citations in European patents[J]. Research Policy，2008，37（10）：1892-1908.

[40] 叶鹰，张家榕，张慧. 知识流动与跨学科研究之关联[J]. 图书与情报，2020，（3）：29-33.

[41] Popp D. They don't invent them like they used to：an examination of energy patent citations over time[J]. Economics of Innovation and New Technology，2006，15（8）：753-776.

Inter-Technology Knowledge Flows：Empirical Research on Patent Citation Analysis of Bioenergy

Wang Jiang，Hao Yiran

（School of Economics and Management，Beijing University of Chemical Technology，Beijing 100029，China）

Abstract：This paper uses the citation data of related patents from Derwent Innovations Index(DII), takes patent couple to express knowledge flows direction, and builds negative binomial regression model to analyze inter-sector, intra-sector or intra-technology knowledge flows. The results of the empirical study show as follows: the knowledge flows of biomass energy technology are still dominated by the knowledge flows within the energy field in China, and the more relevant the field, the more frequent the knowledge flows, this is in contrast to the international trend of promoting innovation through cross-domain knowledge flows and cross-fusions; in the knowledge flows among biomass energy technologies, the patent value of solid biomass energy depends on cross-domain knowledge flows, which may be related to the inherent interdisciplinary nature of solid biomass energy technology, but it does not necessarily mean that we have high innovation capabilities in solid biomass energy technology; in the field of science, technology and innovation research, strengthening the study on the deep interdisciplinary fusion and knowledge flows are the important research direction in future.

Keywords：knowledge flows；patent citation；bioenergy technology；interdisciplinary integration